艺海撷珍

天津市文物交流中心文物精品集

天津市文物交流中心　编著

文物出版社

图书在版编目（CIP）数据

艺海撷珍：天津市文物交流中心文物精品集 / 天津市文物交流中心编著. --北京：文物出版社，2022.3
ISBN 978-7-5010-7412-9

Ⅰ. ①艺… Ⅱ. ①天… Ⅲ. ①文物—中国—图录
Ⅳ. ①K870.2

中国版本图书馆CIP数据核字（2022）第006532号

艺海撷珍——天津市文物交流中心文物精品集

编　　著：天津市文物交流中心

责任编辑：冯冬梅
文物摄影：宋　朝
装帧设计：谭德毅
责任印制：苏　林

出版发行：文物出版社
社　　址：北京市东城区东直门内北小街2号楼
邮　　编：100007
网　　址：http://www.wenwu.com
经　　销：新华书店
制版印刷：文物出版社印刷厂有限公司
开　　本：889mm×1194mm　1/16
印　　张：25
版　　次：2022年3月第1版
印　　次：2022年3月第1次印刷
书　　号：ISBN 978-7-5010-7412-9
定　　价：580.00元

《艺海撷珍——天津市文物交流中心文物精品集》
编辑委员会

前　言

风雨砥砺，岁月如歌。六十年前，在天津这片具有深厚文物收藏传统的大地上，在文物收藏名家云集、文物传世珍品荟萃的独特文化氛围中，天津市文物交流中心前身“天津市文物公司”应运而生，随后艺林阁、文苑阁、萃文斋等门市部相继成立，文物商品经营规模和范围不断扩大。20世纪90年代，天津市文物公司率先举办全国性文物展销会，较早举行文物竞买会，创设的“天津文物”竞买专场，天津逐渐成为中国北方重要的文物艺术品交易集散地，“天津文物”也逐步成为深受广大文物爱好者、文物艺术品收藏家和业内人士关注与信任的知名品牌。

六十年栉风沐雨，一甲子春华秋实。作为我国最早成立的国有文物艺术品经营单位，天津市文物交流中心在六十年发展历程中，征集了红山文化马蹄形器、林良《芦雁图》轴、朱耷《行书》册页、石涛《观松图》轴等大量珍贵的社会流散文物，为各大博物馆提供各类文物艺术品近万件（套）。在活跃和繁荣文物艺术品市场的同时，文物交流中心积极开展多种多样的公益性活动，先后举办了“南张北溥”精品展、“金铜佛像展”、“敦煌写经展”、“齐白石书画展”、“松风新韵·溥氏家族及传人书画作品展”、“京津画派书画作品展”等专题文物展，不断满足人民群众日益增长的美好文化生活需要，受到社会各界的欢迎和好评。邀请有关专家学者，举办多场文物鉴定名家讲座；组织业务人员面向社会开展公益性文物鉴定咨询服务，宣传文物法律法规，普及文物知识，产生了良好的社会反响。编著或参与编著了《金铜佛像》《敦煌写经》《集古赏今》《中国古代书画图录》《一世朗润》等多部精品图书。

薪火相传六十载，春风化雨谱新篇。天津市文物交流中心从无到有、从小到大，从计划经济到市场经济，几度艰辛与曲折，几度辉煌与失落，有巅峰也有低谷，但一代又一代文物人秉持传承中华民族优秀传统文化的初心使命，克服困难，全心投入，在文物商品征集、鉴定、保管等工作中贡献了青春与智慧，不断创造新的辉煌。文物正是在一代代人保护、利用、传承的过程中实现了代际间的永续，而保护、利用、传承的水乳交融、交替延续，又见证、支撑了津沽大地历史文化积淀的深厚与丰饶。

进入新时代，习近平总书记站在坚定文化自信、传承中华文明的战略高度和中国共产党是中华优秀传统文化的忠实传承者、弘扬者的历史高度，就文化遗产保护利用作出一系列重要论述，对文物工作作出重要指示批示，为新时代文物事业改革发展提供了科学指引。

为更好适应文物事业改革发展需要，进一步激发文物事业生命力和创造力，2020年5月，“天津市文物公司”更名为“天津市文物交流中心”。至此，在走过半个多世纪风雨历程之后，文物交流中心带着对中华传统文化的认同和热爱，在新的发展起点上扬帆启程。

雄关漫道真如铁，而今迈步从头越。未来，文物交流中心将继续以习近平新时代中国特色社会主义思想为指导，以加强党的全面领导为统领，紧紧抓住改革机遇，围绕民生所愿、百姓所需，找准历史和现实的结合点，进一步拓展文物合理利用途径，充分发挥民众在文物保护利用中的积极性和主动性，提供更加丰富的文化产品和更加优质的公共服务。逐步构建“公益职能充分发挥、珍贵文物有效保护、自身资源合理利用、业务发展良性循环”的事业单位发展新格局。在新时期，我们将继续发挥自身职能，在贯彻执行好文物保护工作方针和政策的基础上，坚持创造性转化、创新性发展，探索走出一条深化改革、创新体制、重新焕发生机与活力的新发展道路，以更好构筑中国精神、中国价值、中国力量为目标，推动文物资源成为坚定文化自信的力量源泉，使人民群众不断加深对中华文化宝贵价值的认同，使中华民族不断从丰厚文明和历史长卷中获得精神滋养。书写社会进步与文明发展的美好诗篇，奋力推动天津文物事业实现新跨越，以崭新的姿态迈向新的辉煌！

回顾六十年不平凡历程，天津市文物交流中心创造了突出成绩，这段辉煌的历史，无不凝结了历代专家学者和全体职工的心血和汗水，也承载着各级领导和社会各界的关心与厚爱。值此天津市文物交流中心成立六十周年之际，谨以此书向所有做出过贡献的同志和朋友们，表达崇高的敬意和诚挚的感谢！

目　录

瓷　器

玉 器

杂 项

书 画

瓷器

艺海撷珍

天津市文物交流中心文物精品集

明洪武（1368—1398）

青花缠枝菊纹折沿盘

口径 19.5 厘米　足径 12.7 厘米　高 1.6 厘米

平折沿，弧腹，矮圈足，砂底。通体以青花为饰，沿面绘一周卷草纹，盘心双圈内绘轮状花卉纹，其外围以一周缠枝菊纹，六朵菊花等距排列，风姿绰约，外壁绘一周变形莲瓣纹。整器釉色白中泛青，釉质莹润，青花呈色较浅淡，但多处纹饰局部显露与元青花和永乐青花一样的铁锈斑，盘底火石红色泽浓艳。此器形亦见有釉里红品种，盘内花卉多为菊纹与牡丹纹的组合，且盘心基本都是折枝朵花，如此盘所绘之轮状图案花卉较少见。存世另有一批尺寸相仿的青花或釉里红菱口盏托，应属同类组合器具。此盘虽具一定元代特征，如外壁相邻的莲瓣纹没有共用同一边线、内壁缠枝菊纹的每朵花瓣几乎都以青花涂满而非部分留白等，但整体看来仍为典型洪武朝制品。

明永乐（1403—1424）

青花缠枝莲纹执壶

口径 6.7 厘米　足径 9.6 厘米　高 28.3 厘米

盘口，束颈，溜肩，垂腹，圈足，器身呈玉壶春瓶式样，前有弯流与颈部以云形横板相连，后有曲柄，原应有盖，与器柄上端所附圆孔以链条拴系。通体装饰青花纹样，颈部中央饰三道弦纹，其上下分别绘缠枝牡丹纹和缠枝石榴纹，肩部亦饰三道弦纹，其下绘一周如意云头纹。器腹两侧各饰一如意头状开光，开光轮廓线内绘卷草纹，开光内外均绘缠枝莲纹。流部顶端绘如意云头纹，底端绘卷云纹，余处亦绘缠枝莲纹。柄部绘缠枝花卉纹。整器造型俊秀，釉质肥润，青花浓艳，为典型的苏麻离青呈色，纹饰疏密有致，画工流畅洒脱。

明宣德（1426—1435）

青花海水纹渣斗

口径 8.8 厘米　足径 11 厘米　高 9.2 厘米

大明宣
德年製
2-164

颈部以上缺失，剩余部分呈高足罐状，扁腹，高圈足外撇，平切足，底为多层台阶式样，署青花“大明宣德年制”六字二行双圈楷书款。通体以青花为饰，上部绘一周如意云头纹，器身绘海水江崖纹，波涛滚滚，气势非凡，胫足相交和近足跟处饰以弦纹。整器釉质肥厚，釉色泛青，青花系国产料，色泽灰淡，不见永乐朝制品上的浓重铁锈斑，所绘纹饰充满力度与动感，彰显了明代立国之初的雄浑气魄。

明正统（1436—1449）

青花通景高士图梅瓶

口径 4.7 厘米　足径 10.6 厘米　高 33.3 厘米

唇口，短颈，溜肩，腹斜收，假圈足，砂底。通体以青花为饰，肩部和颈部分别绘一周缠枝莲纹和蕉叶纹，腹部主题纹饰绘一站立的高士伸出一手指向其身前的童子，似正在说话，童子弯腰作揖，对高士作施礼状，二人的头发、发带、腰带、衣摆等被风吹起，形象写实生动。大片云纹掩住了远处的群山，只露出几个峰头，另一面苍松劲挺，兰草飘曳，具有一种空灵深远之感。此瓶虽胎质较粗，青花发色略显灰暗，器身因烧成温度偏低显露开片，但画工卓绝，寥寥数笔而能神采奕奕、栩栩如生，为典型的明代“空白期”时期制品。

明正德（1506—1521）

黄釉盘（一对）

口径 15.4 厘米　足径 8.5 厘米　高 3.5 厘米

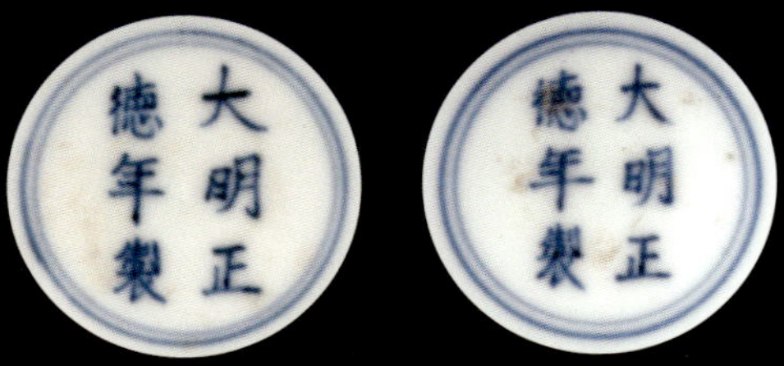
大明正德年製
大明正德年製

撇口，弧腹，圈足，底署青花“大明正德年制”六字二行双圈楷书款。内外满施黄釉，釉色较深，釉质略厚。景德镇自明初洪武时期即有黄釉烧制，此后历朝延烧，直至万历年间御窑厂停止生产。因与“皇”字同音，黄釉向为皇家所垄断，相较其他颜色釉品种有着特殊而重要的地位。

大明嘉
靖年製

明嘉靖（1522—1566）

黄釉盘

口径 20.9 厘米　足径 12.3 厘米　高 4.4 厘米

撇口，弧腹，圈足，底署青花“大明嘉靖年制”六字二行双圈楷书款。内外满施黄釉，釉面平滑，颜色较浅淡，虽无成化、弘治时期黄釉的娇嫩感，但亦均匀纯净。底釉亮青，款字劲秀，系嘉靖早期之作，书款工匠应与正德朝为同一人，如将款识中的“嘉靖”二字换为“正德”，则俨然和前朝制品一般无二。

平宽沿，斜腹渐收，假圈足，砂底，口沿横书青花“大明万历年制”六字一行楷书款，尺寸硕大，胎体厚重。通体以青花为饰，绘两条行龙腾跃于云纹之间，一龙回首张望，一龙前趋追赶，皆双目圆睁，张口吐舌，毛发上扬。龙鼻粗长，顶端呈灵芝状，全身鳞片刻画细致，龙爪锋利，尖锐无比。青花料为回青，发色蓝中泛紫，时代特征显著。龙缸向为明清两代御器（窑）厂最难烧成的瓷器品种之一，据蓝浦、郑廷桂《景德镇陶录》卷五记载，明初即设有专门烧造各式龙缸的龙缸窑，也称大龙缸窑，入窑后需先用溜火烧七昼夜，然后用紧火烧两昼夜，再经冷却十天后才能开窑，每烧一窑大约用柴一百三十扛，如遇到阴雨天则消耗量更大。由于龙缸成品率很低，往往不敷应用，万历帝后定陵出土的三件用作长明灯的青花大龙缸即仍使用嘉靖朝制品。此缸作为万历早期官窑之作，虽较定陵出土品尺寸稍小，但保存基本完整，已属十分难得。

明万历（1573—1620）

青花云龙纹缸

口径 62.3 厘米　足径 44.5 厘米　高 32.7 厘米

大明萬曆年製

明万历（1573—1620）

青花通景荷塘鸳鸯纹罐

口径 17 厘米　足径 20.5 厘米　高 36 厘米

圆唇口，短粗颈，丰肩，鼓腹渐收，平砂底。通体以青花为饰，颈部绘朵花纹，肩部绘如意云头纹，器身通景绘荷塘鸳鸯纹，莲花亭亭玉立，荷叶翻转有致，数只鸳鸯畅游其间，顾盼自如。构图繁缛，密不透风，画工粗犷，动感十足。整器造型饱满，胎骨厚重，釉色泛青，青花灰暗，呈典型石子青发色。此类荷塘鸳鸯纹又名“满池娇”，自宋代开始便广泛出现在瓷器上，此后历元明清各代经久不衰。

明万历（1573—1620）

青花龙凤纹葫芦瓶

口径 5.5 厘米　足径 14.5 厘米　高 53.4 厘米

器呈葫芦状，体型硕大，直口，束腰，上圆下方，隐圈足，寓天圆地方之意。通体以青花为饰，口沿满绘锦地席纹，其下绘一周如意云头纹，束腰处绘锦地席纹开光牡丹纹，其下亦绘一周如意云头纹。器身上部和下部绘间隔排列的双龙双凤纹，龙凤均呈一升一降的姿态，上部隙地饰以十字云纹、卷云纹和火焰纹，下部则满绘花枝。整器构图繁密，画工粗放，青花浓淡不一。晚明嘉靖、万历二帝笃信道教，故其时御器厂大量烧造器形、纹饰带有浓郁道教色彩的器物，且多以“官搭民烧”的方式完成。

明万历（1573—1620）

青花通景高士图梅瓶

口径 8.8 厘米　足径 13.3 厘米　高 44.7 厘米

盘口，束颈，溜肩，长腹下收，假圈足。通体以青花为饰，外口沿绘一周卷云纹，颈部和胫部绘洞石花卉纹，肩部以席纹为地，等距绘三组开光螭龙纹，两两间各绘以直线相连的仰覆开光如意云头纹。腹部绘通景人物图，一高士凭靠在岸边树前，似与一童子交谈，其身边另有一童子正在烹茶。祥云缭绕，仙鹤飞舞，群峦起伏，奇石嶙峋，虬枝旁逸，瑞鹿欢驰，一派洞天福地的仙境之感。整器造型秀丽端庄，青花发色深浅有致，人物刻画生动传神。

盘口，束颈，溜肩，直腹渐收，胫足相交处斜削，平砂底，肩部与胫部分别暗刻一周卷草纹和折线纹。通体以青花为饰，颈部交替绘两组竹纹和两组兰草纹，间绘几只飞虫和一轮太阳，器身绘钟馗正牵系一个小鬼过桥，身后一人负鹿，再后一队人马，声势浩大，紧紧相随。整器造型周正，青花虽略有晕散，但发色鲜丽明快，系宋应星《天工开物》中所称的“上品细料器”。人物神态、动作刻画细腻传神，括号云、地皮锦及山石、树木等的画法均彰显典型的明末时代特征。崇祯精品瓷器上所绘的人物故事题材大多可以在同时期版画作品上找到图像来源，此瓶画面不见于目前已知最早关于钟馗故事的版画小说——明万历年间安正堂补正、刘双松梓行《鼎锲全像按鉴唐钟馗全传》中所配插图，或另宗稍晚时期的其他版本，亦有可能出自某部情节内容涉及钟馗的通俗小说。

明崇祯（1628—1644）

青花通景人物故事图筒瓶

口径 13.5 厘米　足径 12.3 厘米　高 42.6 厘米

清康熙（1662—1722）

青花福寿云龙纹碗

口径 13.1 厘米　足径 5.1 厘米　高 5.6 厘米

大清康
熙年製

壽

敞口，弧腹，圈足，底署青花“大清康熙年制”六字二行双圈楷书款。内里素白，外壁以青花为饰，口沿和足墙各绘两道弦纹，胫部绘双层莲瓣纹，器身绘两条同向行龙，张牙舞爪，穿行于云间，两条龙前方均有一灵芝，灵芝头内分别书写“福”“寿”二字。整器釉面泛青，釉光润泽，画面繁密，寓意吉祥，款识为典型臧窑写法，系清代开国大烧瓷器品种之一，后各朝延烧。此品种亦见有外壁施黄釉为地者。

2-381
大清
康熙
年製

清康熙（1662—1722）

豇豆红釉笔洗

口径 8.4 厘米　足径 7.5 厘米　高 3.7 厘米

敛口，扁圆腹，矮圈足，底署青花“大清康熙年制”六字三行楷书款。器身满施豇豆红釉，亦即《陶成纪事碑记》《南窑笔记》《景德镇陶录》等清代论瓷专著中所称之“吹红”品种。釉色娇艳鲜嫩，与泛出的点点绿苔或片片绿雾相生相映，更显妍丽秀雅、恬淡文静。许之衡《饮流斋说瓷》载：“豇豆红之所可贵者，在莹润无比、居若鲜若黯之间，妙在难以形容也。”康熙朝豇豆红釉制品多为小件文房用具，除笔洗外还有太白尊、柳叶瓶、莱菔瓶、菊瓣瓶、蟠龙瓶、印泥盒等器形。余戟门《增补古今瓷器源流考》载：“康瓷之精美而可确定为官窑者，除有康熙御制款之珐琅彩碗外，厥惟豇豆红之尊、瓶、合、洗四种。”

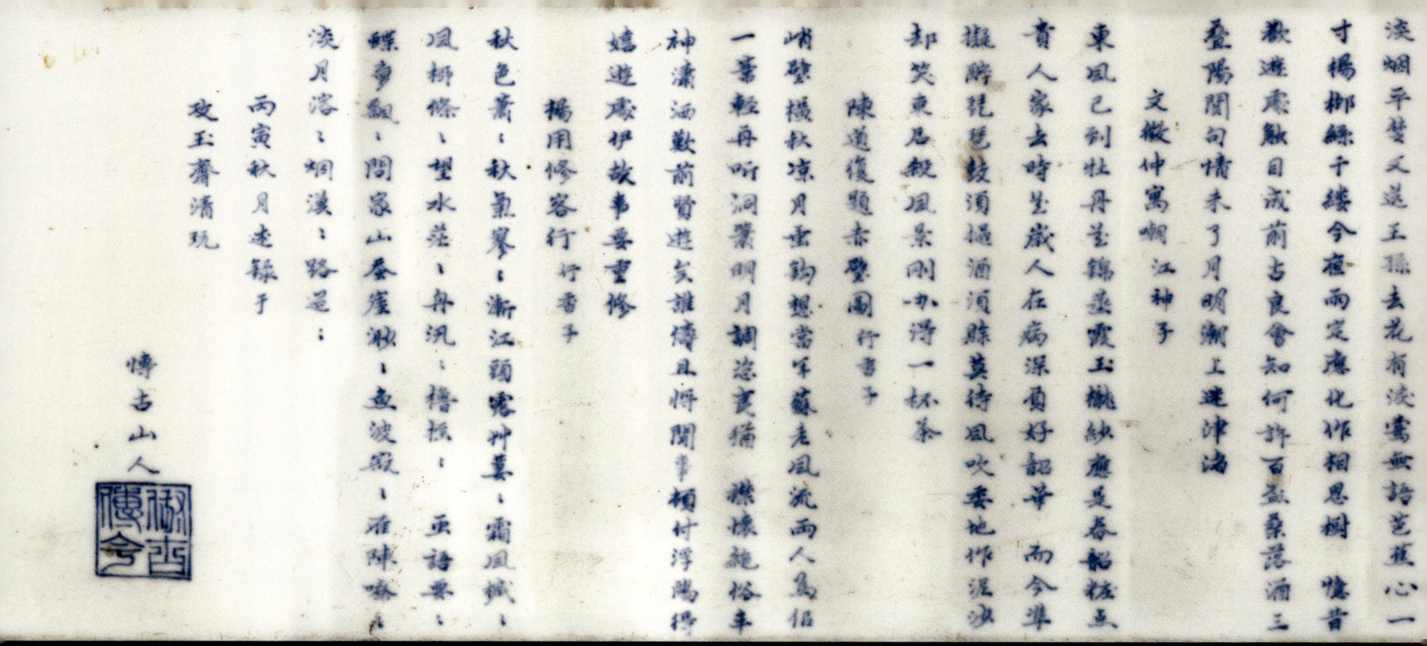

圆口，直壁，玉璧底，脐心磨釉。器身以青花书写明代著名文人刘基（字伯温）、文徵明（后更字徵仲）、陈淳（字道复，后以字行）、杨慎（字用修）四人所作的七首曲词，依次为：

刘伯温写情　金人捧露盘

水如蓝，山如黛，草如丝。正去年双燕来时，衡门昼掩，日长惟有睡相宜。午风吹破，北窗梦，檐影参差。

李花开，梅花谢，榴花放，杏花稀。枉教人两鬓双垂，毛栏（阑）伫立，空将愁眼盼斜晖。断云迢递，趁征鸿（雁），直到天涯。

寄钱孔周　风入松

日长无事掩精庐，绕屋树扶疏。南窗雨过湘帘卷，烟霍帐冰簟平铺。午困全消茗碗，宿酲自倒冰壶。

虚堂风定一尘无，香袅博山炉。何时去觅山公笑，花间醉树底樗蒲。见说香生丹桂，莫教秋近庭梧。

简阳（汤）子重　前调（风入松）

西斋睡起雨蒙蒙，双燕语帘栊。平生行乐都成梦，难忘处碧风枋（坊）中。酒散风生棋局，诗成月在梧桐。

近来多病不相逢，高兴若为同。清樽白苎交新厦（夏），应辜负绿树阴浓。凭杖柴门莫掩，兴来拟扣墙东。

刘伯温送别　千秋岁

淡烟平楚，又送王孙去。花有泪，莺无语。芭蕉心一寸，杨柳丝千缕。今夜雨，定应化作相思树。

忆昔欢游处，触目成前古。良会知何许，百杯桑落酒，三叠阳关句。情未了，月明潮上迷津渚。

文徵仲寓嘲　江神（城）子

东风已到牡丹花，锦蒸霞，玉笼纱。应是春韶妆点贵人家。去时是岁（去岁花时）人在病，深负（却），好铅华。

而今准拟醉琵琶，鼓须挝，酒须赊。莫待风吹委地作泥沙。却笑东君杀风景，刚办得，一杯茶。

陈道复题赤壁图　行香子

峭壁横秋，凉月垂钩。想当年苏老风流，两人为侣，一苇轻舟。听洞箫，明月调，恣夷犹。

襟怀绝俗，丰神潇洒。叹前贤逝矣谁俦，且将闲事，顿付浮鸥。得嬉游处，伊故事，要重修。

杨用修客行　行香子

秋色萧萧，秋气寥寥。渐江头露草萋萋，霜风（枫）槭槭，风柳条条。望水茫茫，舟泛泛，橹摇摇。

虫语要要，蝶梦飘飘。问家山蚕崖渺渺，鱼波寂寂，雁阵嘹嘹。淡月溶溶，烟漠漠，路迢迢。

末题“丙寅秋月述录于攻玉斋清玩 博古山人”，底署“仿古传今”篆书印章。康熙中期，景德镇盛烧器身题写长篇文字的笔筒，以汉、唐、宋代诗赋名篇为主，装饰明人曲词题材者较少见。由纪年可知，此笔筒烧制于康熙二十五年，观其字体应为当时景德镇著名瓷器书手攻玉子之作，所录七篇曲词全部出自明末吴郡沈际飞评选、钱允治原编的《古香岑草堂诗余新集》卷三，其中有个别异字、脱字情况。

清康熙二十五年（1686）

青花明人曲词笔筒

口径 18.8 厘米　足径 18.3 厘米　高 15.4 厘米

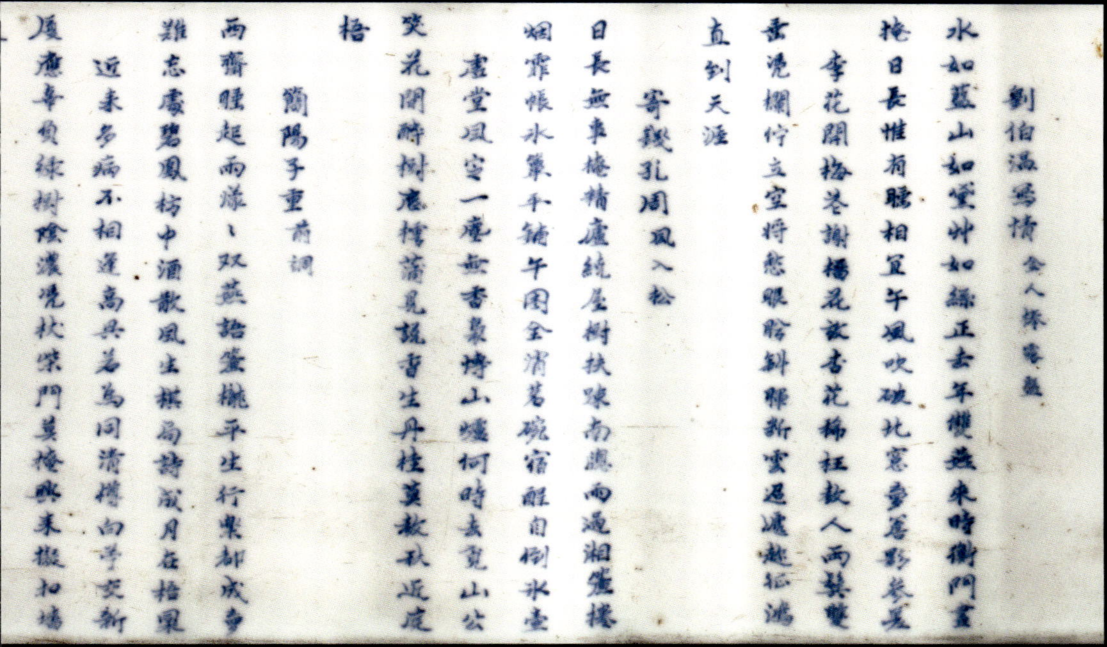

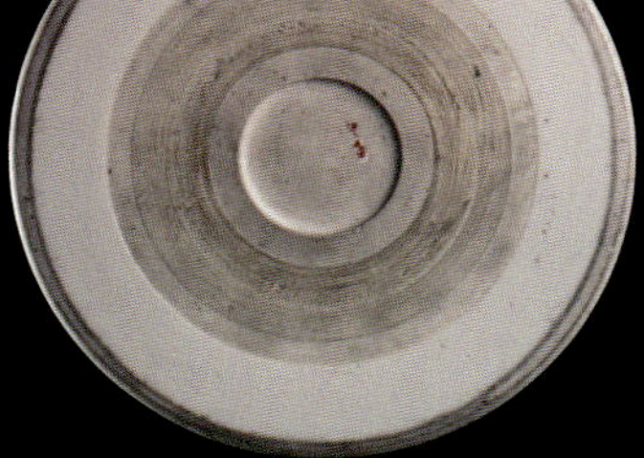

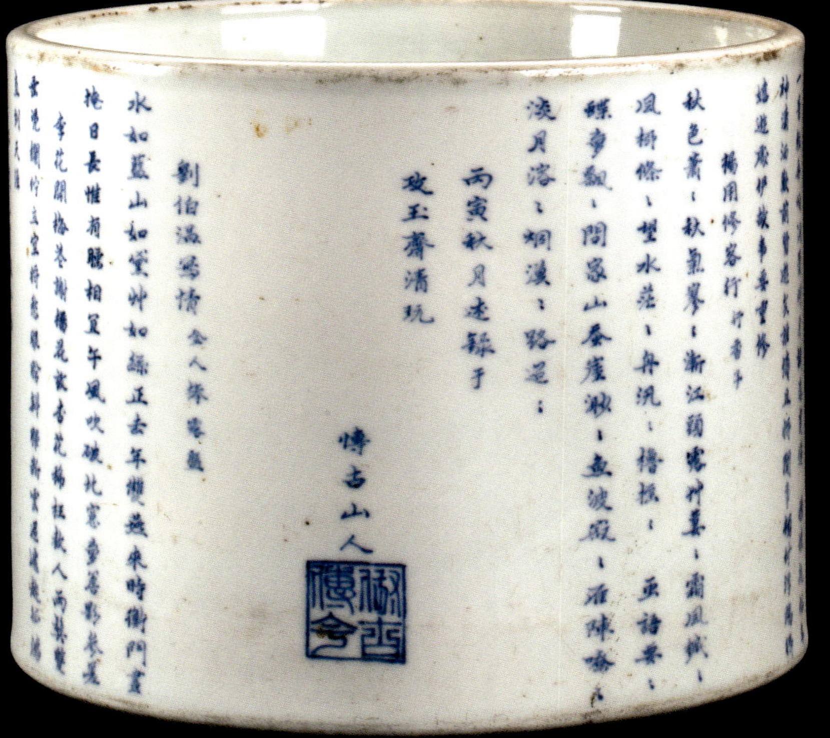

大清
康熙
年制

清康熙（1662—1722）

五彩牡丹花神杯

口径6.5厘米　足径2.4厘米　高5厘米

晓艳远分金
掌露
暮香深惹玉
堂风

撇口，深弧腹，圈足，底署青花“大清康熙年制”六字二行双圈楷书款。内里素白，外壁一面以青花绘洞石、部分侧枝和一朵牡丹，黑彩绘地苔、主干、主枝、部分侧枝并勾勒叶子和一朵牡丹的轮廓，赭彩填枝干，绿彩填叶苔，黄彩填花卉，矾红彩涂绘四朵牡丹，另一面以青花书写楷体“晓艳远分金掌露，暮香深惹玉堂风”，出自唐代诗人韩琮七言律诗《牡丹》，句末署篆体“赏”字方印。整器胎体轻薄，釉质温润，画面清丽雅致，蝇头小楷字迹俊秀。清宫旧藏十二件成套的康熙五彩时令酒杯数量甚丰，而能够在市面上流通的整套作品早在晚清民国之际即已寥寥无几。清宫档案中称此品种为“时令酒元”“时令酒盅”或“时令瓷杯”，“花神杯”之名亦不见于民国论瓷专著，或为较晚近形成的叫法。实际上“花神”是古代民间将某些历史或神话人物与十二个月的月令花加以结合的产物，应为神祇形象，而不应指代具体的花卉纹饰。

大清
康熙
年製

清康熙（1662—1722）

五彩月季花神杯

口径 6.5 厘米　足径 2.5 厘米　高 5 厘米

不隨千種盡
獨放一年紅

撇口，深弧腹，圈足，底署青花“大清康熙年制”六字二行双圈楷书款。内里素白，外壁一面以青花绘山石，五彩绘月季，另一面书青花楷体“不随千种尽，独放一年红”，句末署篆体“赏”字方印。月季花花期超长，一年四季大半时间都在开放，故有“长春花”“月月红”之雅称，与诗文内容正相契合。康熙时令酒杯在民国瓷书中多有述及，如陈浏《匋雅》“康熙青花酒杯，画十二个月花卉，一杯一花，铢两颇轻，其施彩绘者，价尤昂贵”、许之衡《饮流斋说瓷》“康窑……绘十二月花之全副酒盏……亦均铮铮有名”、余戟门《增补古今瓷器源流考》“……又官窑五彩（亦有青花）十二月花卉酒杯（余曾得其全套而失去）皆马铃式，胎薄画精……”等，皆评价甚高。

清康熙（1662—1722）

青花贯套寿纹盘

口径 11.4 厘米　足径 6.5 厘米　高 3 厘米

大清康
熙年製

撇口，弧腹，圈足，底署青花“大清康熙年制”六字二行双圈楷书款。通体以青花为饰，内外口沿各绘两道弦纹，盘心双圈内绘一篆体团寿字，其外等距绘四组云纹，两两云纹间绘贯套桃纹。外壁等距绘五组贯套托篆体团寿字纹，间以五组贯套桃托云纹，足墙绘一周卷草纹。整器小巧精致，绘画一丝不苟，寓意长寿绵绵。

大清康
熙年製

大清康
熙年製

清康熙（1662—1722）

矾红墨彩群仙祝寿图碗（2件）

口径 17.1 厘米　足径 6.5 厘米　高 7.7 厘米

敞口，弧腹，圈足，底署青花“大清康熙年制”六字二行双圈楷书款。两器装饰手法相同，所绘纹饰相似，均为内里素白，外壁以矾红彩和墨彩绘十四位样貌各异的仙人，手持酒瓶、爵盘、寿桃、锦绸、如意、羽扇、拂尘、葫芦等鲜果宝物，或相互交谈，或同观其中一仙从葫芦中释出一只仙鹤，另有两只仙鹿亦驮负寿桃灵芝，其中矾红彩为主色调，墨彩点缀仙人的须发眉睛和腰带、仙鹿的背蹄眼鼻、仙鹤的头颈喙羽等部位。整器白釉莹润，人物面容俊秀，意境高雅，仙气十足。陈浏《匋雅》载：“康熙抹红其色正朱，鲜明夺眼，断非雍乾所能及，若官窑彩碗尤为佳绝。”存世见有多件装饰风格相近、或加以彩绘且人物形象较小、画面布局更显疏朗之作，器形、尺寸、款识不一，均应为郎窑为庆贺康熙帝六十寿诞所烧造。

大清康熙年製
2-195

清康熙（1662—1722）

外霁蓝釉内五彩花鸟纹盘

口径 20 厘米　足径 12 厘米　高 4.3 厘米

撇口，弧腹，圈足，底署青花“大清康熙年制”六字二行双圈楷书款。外壁施霁蓝釉，色泽深沉透亮。内壁满绘五彩花蝶纹为地，等距饰四开光，开光内各绘一矾红彩鱼纹，盘心以五彩绘梅竹双清生自巨石之后，两只喜鹊立于枝头，空中另有三只鸟正在盘旋，山石皴法凌厉，墨竹红梅用笔老辣，画工极其精湛。康熙五彩画手精妙，堪称有清之冠，所绘图像多奇诡恣肆、波澜老成。从款识写法与外壁的霁蓝釉来看，此盘应为康熙后期的官窑之作，或因盘底与盘壁的窑缝之故，未被拣选呈送入宫，后由五彩绘事高手添加纹样，由此别具一格。

清康熙（1662—1722）

洒蓝地填红釉三果纹碗

口径 15.2 厘米　足径 6 厘米　高 6.7 厘米

大清康熙年製

撇口，弧腹，圈足，底署青花“大清康熙年制”六字二行双圈楷书款。内里素白，外壁等距饰填红釉枇杷、桃、石榴三果纹，余处满施洒蓝釉。填红釉系先将纹饰所处器表位置的白釉剔除，复以铜红料按形状整体填充，烧成后纹饰图案凸出釉表，浑然一体，不见细节。此种装饰技法始见于明代宣德时期，亦即唐英《陶成纪事碑记》中所记“宣德宝烧”。洒蓝釉亦出现于宣德朝，以其浅蓝色地上显现深蓝色水渍状斑点而得名，惟此碗釉色凝重，釉面多现蚯蚓走泥纹般痕迹，呈色似介于霁蓝与洒蓝之间。从款识写法来看，此碗属标准郎窑制品，因宣德朝并无填红釉与洒蓝釉合施于一器的先例，故应为郎廷极任江西巡抚负督陶职责期间的摹古创新之作。

大清康
熙年製

清康熙（1662—1722）

青花缠枝莲开光万寿无疆纹碗

口径 18.3 厘米　足径 7.4 厘米　高 9.4 厘米

撇口，深弧腹，圈足，底署青花“大清康熙年制”六字二行双圈楷书款。通体以青花为饰，外口沿饰一周如意状卷云纹，器身等距绘四个由如意云头纹包围的圆形开光，内书“万”“寿”“无”“疆”四个篆体字，开光外满绘缠枝莲托八吉祥纹，八吉祥两侧均有如意云纹相连，胫部饰一周变形莲瓣纹，足墙绘两道弦纹。内壁素白，碗心青花双圈内饰一个篆体团寿字，围以八吉祥纹。整器青花发色深沉，纹饰繁而不乱，从款识写法来看应为康熙末年制品。此品种乾隆、嘉庆、道光三朝多见，光绪时也有制作，惟康熙朝较为少有。

清康熙（1662—1722）

豆青地青花矾红彩海天浴日纹碗（一对）

口径 15.7 厘米　足径 6.9 厘米　高 7 厘米

大清康熙年製

大清康熙年製

敞口，弧腹，圈足，底署青花“大清康熙年制”六字二行双圈楷书款。通体施浅淡的豆青釉为地，内外口沿和足墙各饰两道青花弦纹，外壁以深浅浓淡不一的青花绘茫茫大海中矗立着两座巨峰，波涛汹涌，海浪滔天，空中的云纹先以浅淡青花绘就，其上复以矾红彩勾绘，一轮红日升起在海面之上，格外耀目。器里青花双圈内亦作同样装饰，山海云日各要素俱全。整器纹饰新颖，画工精湛，蕴含福山寿海、海天浴日之意，应为康熙末年贺寿题材制品。

大清
雍正
年製

圆口，直壁，玉璧底，底整体微微内凹，中间有一圈露胎，脐心内署青花“大清雍正年制”六字三行楷书款。内外口沿、胫部和内底均施仿木纹釉，呈深棕色，纹理逼真。器身以深浅不一的墨彩绘几间屋舍建在河岸边，房前屋后老树参差，巨石斜倚，远山连绵，烟波浩渺。三人行走在路上，为首一人正手指前方，似在告诉身后两人前面有休息落脚之处或已到目的地，最后一人腋夹长琴，当为随从。整器纹饰布局疏密相间，画工高超，皴法精妙，极似一幅雅饬的文人水墨画。此类署有雍正官窑款识的仿木纹釉彩绘笔筒多为雍正四年以前安尚义以私人身份在景德镇督烧进贡的制品。

清雍正（1723—1735）

仿木纹釉墨彩通景山水人物图笔筒

口径 16.4 厘米 足径 16.3 厘米 高 12.8 厘米

清雍正（1723—1735）

青花通景渔翁泛舟图笔筒

口径 20.2 厘米　足径 17.4 厘米　高 16.8 厘米

清雍正（1723—1735）

青花山水亭阁图盘

口径 33 厘米　足径 20.5 厘米　高 6.7 厘米

大清
雍正
年製

敞口，弧腹，圈足，底署青花“大清雍正年制”六字三行双圈楷书款，尺寸硕大，胎体厚实。通体以青花为饰，内口沿绘一周锦地，其间等距饰六开光，开光内绘如意头和云纹，锦地为菱形内卍字和朵花两种，交错排列。盘心双圈内绘几座亭阁掩映在山石树木之间，远处群峰巍峨，祥云缭绕，一帘宽阔的瀑布自山间飞泻而下，撞击到岩石后迸起点点浪花，湍急的水流逐阶倾泻，整体画面充满动感，无声胜似有声。外壁等距绘五只肥硕的蝙蝠展翅翱翔在波涛滚滚的海面之上，两两之间以祥云相隔，蕴含福寿之意。此盘绘工精湛，具有极强的艺术性。

清雍正（1723—1735）

五彩人物图瓷板（两件）

长 24 厘米　宽 15.7 厘米

尺寸适中，应为条案上的插屏。两件均绘五彩人物图，所绘人物容貌无异，似为同一人。一件绘其头戴斗笠，高挽裤腿，赤脚坐在一棵从岸边斜刺里生长出来的树干上钓鱼，两脚盘绕在一起，轻松惬意，悠然自得。另一件绘其坐在一棵枯树下，斗笠置于地上，翘着二郎腿，一手撑地，一手搭膝，似在休息。画面大片留白，人物、景物设色较柔和，不如康熙时期硬朗，更显清雅隽永、意境悠远。雍正五彩器物中多见绘相似人物姿态之作，宫廷绘画《雍正行乐图》中也有胤禛的类似形象出现，或为当时所流行的艺术创作风尚。

大清
雍正
年製

清雍正（1723—1735）

粉彩花蝶纹碗

口径 12.6 厘米　足径 6 厘米　高 5.6 厘米

撇口，弧腹，圈足，底署青花“大清雍正年制”六字三行双圈楷书款。内里素白，外壁一侧以红、粉、蓝、黄诸彩绘盛放的牡丹和菊花，另一侧绘一只翩翩飞舞的蛱蝶，构图疏密有致，动静相宜。整器胎釉细洁，白胜霜雪，彩绘艳丽，色泽饱满，为雍正民窑中的佳作。

清雍正（1723—1735）

粉彩荷花纹碗

口径 9.1 厘米　足径 3.2 厘米　高 4.8 厘米

大清雍
正年製

敞口，弧腹，圈足，底署青花“大清雍正年制”六字二行双圈楷书款，形似莲子，小巧秀雅。内里素白，外壁绘粉彩荷莲，一朵粉色荷花正在盛开，另有一朵尚含苞待放，大绿和苦绿绘就大片荷叶与弯曲的荷梗，似在随风飘舞，袅娜多姿，动感十足，茎叶顶端下垂的粉、紫、黄色穗状纹样晶莹剔透，娇艳欲滴。整器彩精釉润，清新亮丽。

清雍正（1723—1735）

斗彩缠枝花卉纹碗

口径 10.2 厘米　足径 3.4 厘米　高 5.6 厘米

大清雍正年製

敛口、弧腹、圈足，底署青花“大清雍正年制”六字二行双圈楷书款。通体装饰斗彩纹饰，内外口沿和足墙各绘两道青花弦纹，外壁等距饰三组洋花，两两之间隔以贯套花卉，每组洋花和贯套花卉间再隔以图案化的朵花，错落有致，内壁光素无纹，碗心青花双圈内亦饰图案化卷枝贯套花卉。整器釉光莹润，设色淡雅，填彩细致，层次感强，极为精巧可爱。

大清雍正年製

大清雍正年製

清雍正（1723—1735）

斗彩寿字纹碗（一对）

口径 12.6 厘米　足径 4.3 厘米　高 6.2 厘米

敞口，弧腹，圈足，底署青花“大清雍正年制”六字二行双圈楷书款。内里素白，外口沿和足墙各绘两道青花弦纹，器壁等距饰五个青花篆体寿字，其上端和下端均绘一周斗彩缠枝藤蔓，并在两寿字间装饰与藤蔓相连的“8”字形纹样和红蝠，寓意福寿连绵。整器白釉温润，青花淡雅，红、绿、黄、紫各色敷填工整，妍丽精致。

大清雍正年製
大清雍正年製

清雍正（1723—1735）

斗彩夔龙寿字纹卧足碗（一对）

口径 14.8 厘米　足径 3.7 厘米　高 5.3 厘米

大清雍正年製

敞口，弧腹，卧足，底署青花“大清雍正年制”六字二行双圈楷书款。釉面白净光润，内外口沿各饰两道青花弦纹，碗心青花双圈内饰斗彩图案花卉，四朵缠枝花环绕中心的一朵盘状花，双圈外绘一周贯套纹。外壁等距饰四个青花团篆体寿字，间以四条斗彩夔龙，两黄两绿，每条均加红彩装饰，其中与背面款识上下方正相对应的两个寿字左右为龙头，呈双龙拱寿之姿，胫部饰一周斗彩石榴状贯套纹，间有交替排列的红彩和青花圈点纹。整器釉质莹润，彩绘淡雅，品种较为少见。

清雍正（1723—1735）

斗彩缠枝花卉纹碗

口径 14.9 厘米　足径 5.5 厘米　高 7 厘米

大清雍
正年製

撇口，深弧腹，圈足，底署青花“大清雍正年制”六字二行双圈楷书款。外口沿一周饰连续的瓣状开光，内绘三根蝌蚪状花蕊，中间一根以青花绘就，左右两根涂以矾红彩，开光内黄釉白釉交替为地，开光外满涂青花。腹部以斗彩装饰六朵等距排列的缠枝花卉，花蕊呈五根蝌蚪状，中间一根和左右四根分别以青花和矾红彩绘就。胫部饰一周斗彩如意云头纹，青花、黄彩、矾红彩、淡绿彩交替排列。内口沿饰两道青花弦纹，碗心青花双圈内以斗彩装饰相同花卉，惟蝌蚪状花蕊均涂以矾红彩。整器纹饰清新，色泽淡雅。此品种见有明万历官窑制品，亦见有清代署成化寄托款和雍正官款、以矾红彩和深浅绿彩装饰相同纹饰的盘。

清雍正（1723—1735）

青花云龙纹碗

口径 16.8 厘米　足径 6.7 厘米　高 7.9 厘米

大清雍
正年製

直口斜收内折，弧腹，圈足，底署青花“大清雍正年制”六字二行双圈楷书款。通体以青花为饰，内外口沿和足墙各绘两道弦纹，内底双圈内绘一条立龙，外壁绘两条行龙，一龙前望，一龙回首，中间以云纹相隔。整器白釉光润，青花浓重深沉，明显模仿明代回青料发色效果，亦即唐英《陶成纪事碑记》和清宫档案中所称的“（仿）嘉窑青花”品种。

大清雍正年製

大清雍正年製

清雍正（1723—1735）

青花暗刻海水龙纹碗（一对）

口径 23.7 厘米　足径 9.8 厘米　高 11.1 厘米

敞口，深弧腹，圈足外撇，底署青花“大清雍正年制”六字二行双圈楷书款，碗形硕大。通体以青花为饰，内外口沿各绘两道弦纹，碗心双圈内暗刻海水纹，上绘一条翼龙，外壁亦暗刻海水纹，上绘两升两降间隔排列的四条行龙前后追逐，似在波涛汹涌的海面上翻腾，足墙绘一周卷草纹。整器白釉清亮，龙纹不同于常见样貌，刻画精妙入神，极具威姿。

清雍正（1723—1735）

青花太极八卦纹镗锣洗

口径 15.5 厘米　足径 5.3 厘米　高 3.2 厘米

大清雍
正年製

直壁、平腹、圈足，底署青花“大清雍正年制”六字二行双圈楷书款。通体以青花为饰，洗心绘太极阴阳鱼，围以八卦纹，其外再饰八朵莲纹，外壁和胫部各绘一周图案纹饰。此品种因形似乐器镗锣而得名，亦有写作“锡锣”者。陈浏《匋雅》载：“碟之檐浅而直上者，不作边墙坡陀之形，俗谓之糖锣洗。”

清雍正（1723—1735）

青花缠枝八吉祥纹瓶

口径 6.9 厘米　足径 9.6 厘米　高 27 厘米

洗口，直颈，中部鼓起两道凸棱，溜肩，斜腹直收，胫部外撇，台阶式圈足，底署青花“大清雍正年制”六字二行双圈楷书款。通体以青花为饰，外口沿等距绘四朵菊纹，颈部上端和下端分别绘卷枝纹和蕉叶纹，肩部绘四朵缠枝莲纹，下饰一周如意云头纹，器身等距绘八吉祥纹，法轮法螺、宝伞白盖、莲花花瓶、双鱼盘长两两一组，余处满饰缠枝纹饰，胫部亦鼓起一道凸棱，上绘如意头纹，下绘变形莲瓣纹。此瓶器形与甘露瓶相若，修长优美，纹饰繁密，画工规整，青花发色深浅有致。

2-239
大清雍
正年製

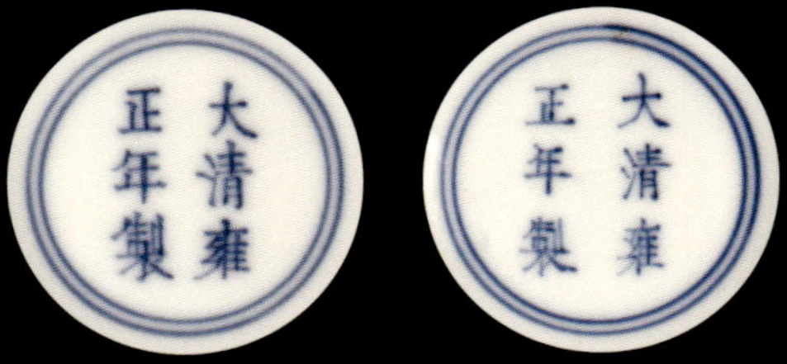
大清雍正年製
大清雍正年製

清雍正（1723—1735）

霁红釉碗（一对）

口径 11.1 厘米　足径 5.4 厘米　高 5.5 厘米

直口微侈，深弧腹，圈足，底署青花“大清雍正年制”六字二行双圈楷书款，器形小巧秀丽又不失端庄。内里素白，外壁施霁红釉，近口沿处釉层因高温熔融垂流而显露一圈白边。整器发色红艳纯正，釉光鲜亮透润，光可鉴人。高温红釉以铜为着色剂，对烧成温度和气氛要求极严。明初永乐、宣德两朝的鲜红釉为时人所重，视若珍宝，堪称一代名品。清康熙朝逐步恢复了晚明失传的高温红釉烧造技术，所制产品面貌多样，其中尤以霁红釉品种最为深沉稳定。唐英《陶成纪事碑记》中开列了五十七种仿古采今釉水，内有一项“仿宣窑霁红，有鲜红、宝石红二种”，两者之区别或在于釉色和釉质感的些微不同。

2-261

清雍正（1723—1735）

仿官釉胆瓶

口径 1.8 厘米　足径 4 厘米　高 14.5 厘米

圆口，直颈，溜肩，鼓腹，圈足，底署青花“大清雍正年制”六字三行篆书款，器形古朴，状若垂胆。通体施仿官釉，釉面温润，开片隐现，足端漆黑，以仿宋官窑“铁足”效果。唐英《陶成纪事碑记》载“仿铁骨大观釉，有月白、粉青、大绿等三种，俱仿内发宋器色泽”，此瓶釉色即为其中之月白。雍正朝仿传统所谓“五大名窑”的颜色釉品种基本均署篆书款，摹古意味浓郁。

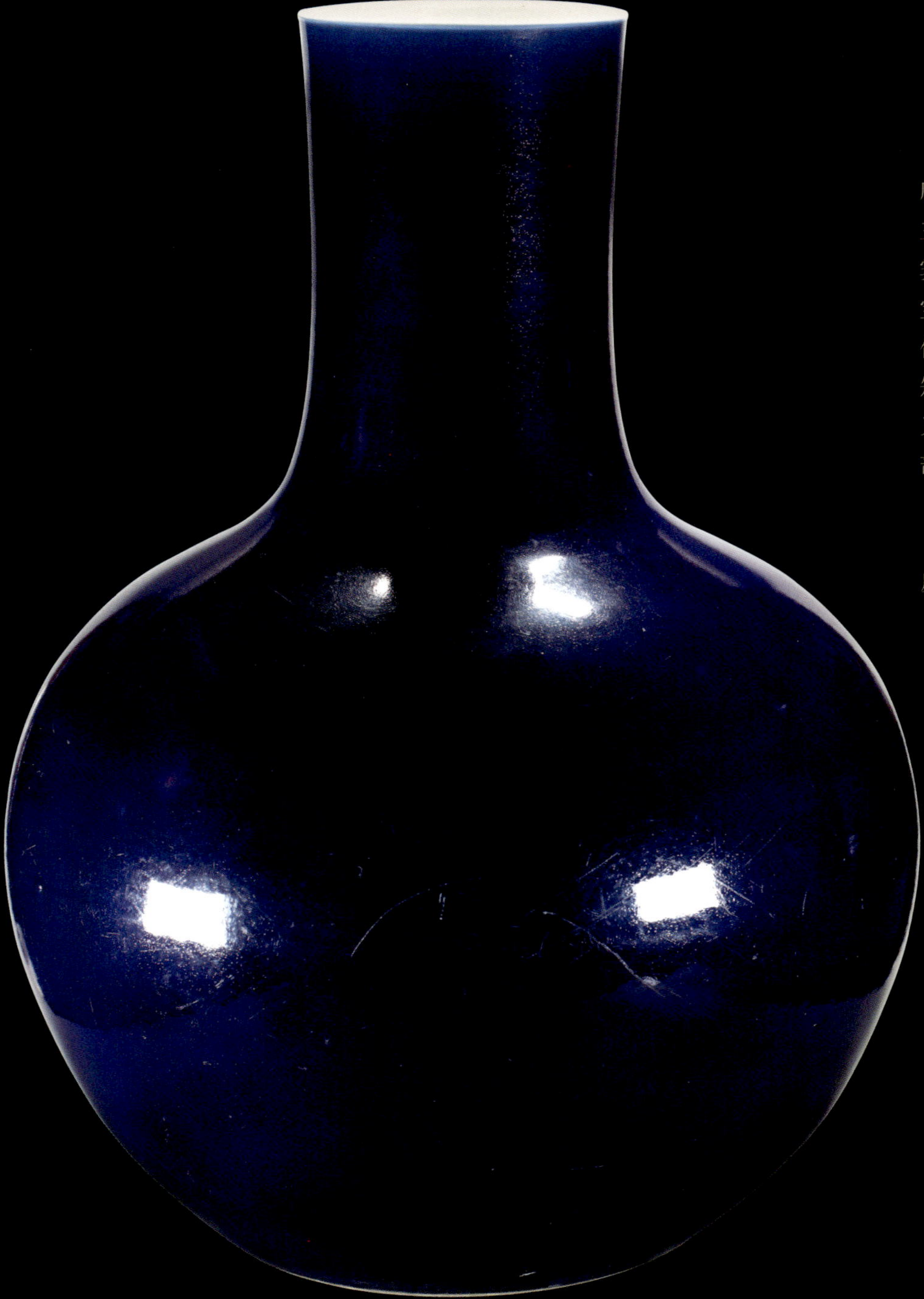

清雍正（1723—1735）

霁蓝釉天球瓶

口径 16.9 厘米　足径 24.5 厘米　高 66.2 厘米

圆口，粗颈，鼓腹，假圈足，底署青花“大清雍正年制”六字三行篆书款，器形壮硕。通体施霁蓝釉，颜色深沉匀净，有如蓝宝石一般。天球瓶造型始见于明代永乐时期，明初制品颈部较粗短，器腹圆鼓如球。清代天球瓶又多称作天球尊，颈部增长、各部位比例适当，更显端庄。唐英《陶成纪事碑记》中载霁蓝釉系“仿宣窑霁青，色泽浓红，有橘皮棕眼”。

清乾隆（1736—1795）

粉青釉罐

口径 5.5 厘米　足径 6.1 厘米　高 9.9 厘米

圆口，短颈，鼓腹渐收，假圈足，底署青花“大清乾隆年制”六字三行篆书款，器形圆润，线条柔和曼妙。通体施粉青釉，晶莹纯净，宛如一泓清水。款识不同于常见的乾隆官窑篆款，为笔道较为柔软的软篆体，多见书于乾隆朝一些单色釉祭器和陈设类琢器之上。由于“年”字为典型雍正时期写法，故可知这类器物均应为乾隆初年的唐窑制品。

清乾隆（1736—1795）

仿官釉八方贯耳瓶

口径 5.4×4 厘米　足径 5.1×4.1 厘米　高 14.3 厘米

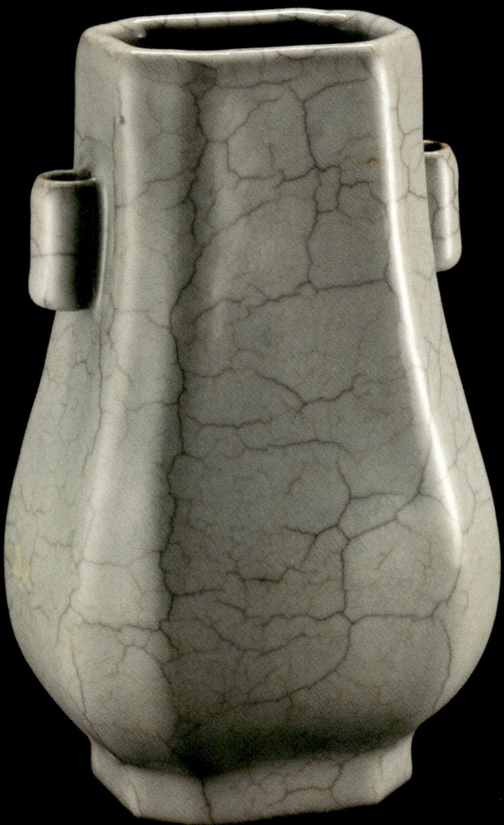

八方瓶口，直颈，两侧各饰一贯耳，直腹渐丰，至下收敛，圈足，底署青花“大清乾隆年制”六字三行篆书款。通体施仿官釉，釉色青灰，开片遍布器身，底足露胎处漆黑，“铁足”效果明显，古朴素雅。此品种乾隆初年即有烧制，乾隆三年大规模颁样烧造的样瓷中，见有“哥釉收小八方双管瓶一件”。光绪三十年十二月立《梨花伴月收存不在印档瓷器清册》中，永恬居西书房和梨花伴月西围房分别存乾隆年款大观釉小八方双管瓶一百件和五十件。光绪三十四年热河都统衙门造送签出梨花伴月瓷器数目清册中，第八起第十一桶、十二桶、八十八桶、八十九桶分别有大观釉小八方双管瓶二十件（内一件有璺）、二十九件、四十六件、五十件，第十一起有四件。宣统三年十二月立《梨花伴月收存撤下未运瓷器等项清册》中，有大观釉瓷小八方双管瓶一件（缺釉，有璺）。

清乾隆（1736—1795）

粉青釉六联瓶

口径 3.5 厘米　足径 2.4 厘米　高 16.5 厘米

造型别致，由六个腹部相连的观音瓶组合在一起，中间一个较高，另外五个呈环绕状。各瓶均为撇口，长直颈，颈部中央凸起一道弦纹，溜肩，斜腹下收，假圈足，中间的瓶底署青花“大清乾隆年制”六字三行篆书款。通体施粉青釉，釉色匀净，釉光莹澈。清代多管瓶依样式不同可分为两种，单一器身的为多孔瓶，数个器身的为多联瓶，以雍正、乾隆两朝最为常见，但清宫档案中均记作多孔瓶。乾隆六年十月初八日，内府曾传命给一件“冬青釉六孔瓶”配座。此造型亦烧有厂官釉、月白釉、哥釉、青花等品种。

清乾隆（1736—1795）

茶叶末釉荸荠扁瓶

口径 7.2 厘米　足径 14 厘米　高 32.9 厘米

圆口，直颈，溜肩，扁腹，圈足略外撇，底刻“大清乾隆年制”六字三行篆书款。通体施茶叶末釉，釉面失透，釉色深沉。此品种因形似荸荠而得名，清宫档案中称为“厂官釉太极纸槌瓶”，始见于乾隆朝，属大运琢器，历朝皆烧，至光绪三十一年被“青云红蝠纸槌瓶”取代。由于釉色存在不同深浅变化，乾隆、嘉庆、道光时期又有“黄厂官釉”“绿厂官釉”“花厂官釉”名称之别，其中黄者亦称“鳝鱼黄”，绿者近似“蟹甲青”，“花厂官釉”和“厂官釉”则是此类太极纸槌瓶最常用的表述。与晚清制品相比，乾隆朝器物颈部较修长，腹部较扁，更显挺拔庄重。

清乾隆（1736—1795）

青花缠枝莲纹七孔瓶

大孔口径 2.9 厘米　小孔口径 1.2 厘米　足径 4.6 厘米　高 8.6 厘米

器身上部为七个圆柱状管，周围六个小而细直，中间一个较粗大、稍高且略微束腰，均与器内相通，鼓腹，圈足，底署青花“大清乾隆年制”六字三行篆书款。通体绘青花缠枝莲纹，与洁净莹润的釉色蓝白相映，格外雅致。此瓶盈手可握，精致秀巧，虽高不及三寸，却小器大样，或为消遣玩赏之物，而非像其他尺寸较大的多管瓶一样作花器之用。据清宫档案记载，雍正十年二月初九日，娄近垣、刘芳、钱正林、于成龙每人获赐一件“青花磁七孔瓶”；乾隆二十三年六月二十三日，内府传命给一件“青花白地七孔瓶”配做楠木座。

大清乾隆年製

清乾隆（1736—1795）

青花十字宝杵纹镗锣洗

口径 15.3 厘米　足径 6.5 厘米　高 3.5 厘米

斜直壁，平折腹，高圈足外撇，底署青花“大清乾隆年制”六字三行篆书款。通体以青花为饰，洗心双圈内绘如意云头状结带十字宝杵纹，内壁绘结带八吉祥纹，外壁绘一周回纹，胫部绘变形莲瓣纹。整器造型规整，绘画精细，釉面白净，青花发色深沉浓重。

清乾隆（1736—1795）

青花地五彩云龙纹碗

口径 14.1 厘米　足径 5.7 厘米　高 6.4 厘米

撇口，弧腹，圈足，底署青花“大清乾隆年制”六字三行篆书款。外壁绘前后追逐的矾红彩、绿彩行龙各一条，其间隔以火珠和壬字云纹，以红、绿、黄彩绘就，胫部至足墙上端饰双层莲瓣纹，器身纹饰以外的所有空间均涂绘青花为地。碗心青花双圈内绘一条绿彩立龙，亦作同样装饰。此碗构图繁密，画工高超，龙纹的凶猛姿态呼之欲出，动感十足。整器色泽浓重，对比鲜明，由于隙地满施青花，一定程度上带有斗彩装饰效果。

清乾隆（1736—1795）

青花折枝花卉纹折沿碗

口径 26.1 厘米　足径 9 厘米　高 8.7 厘米

斜折沿，浅弧腹，圈足较高且外撇，底署青花“大清乾隆年制”六字三行篆书款。通体以青花为饰，内外口沿分别绘一周朵花和回纹，内外壁均等距绘六朵莲、菊、牡丹和其他图案化折枝花卉，碗心双圈内亦绘一折枝花卉，足墙绘一周卷草纹。整器釉光滋润，青花色泽沉稳，绘画整饬。此品种亦见有施黄釉为地者，其造型、尺寸、纹饰布局应仿自明宣德青花折枝花果纹葵口碗并加以演变而来。

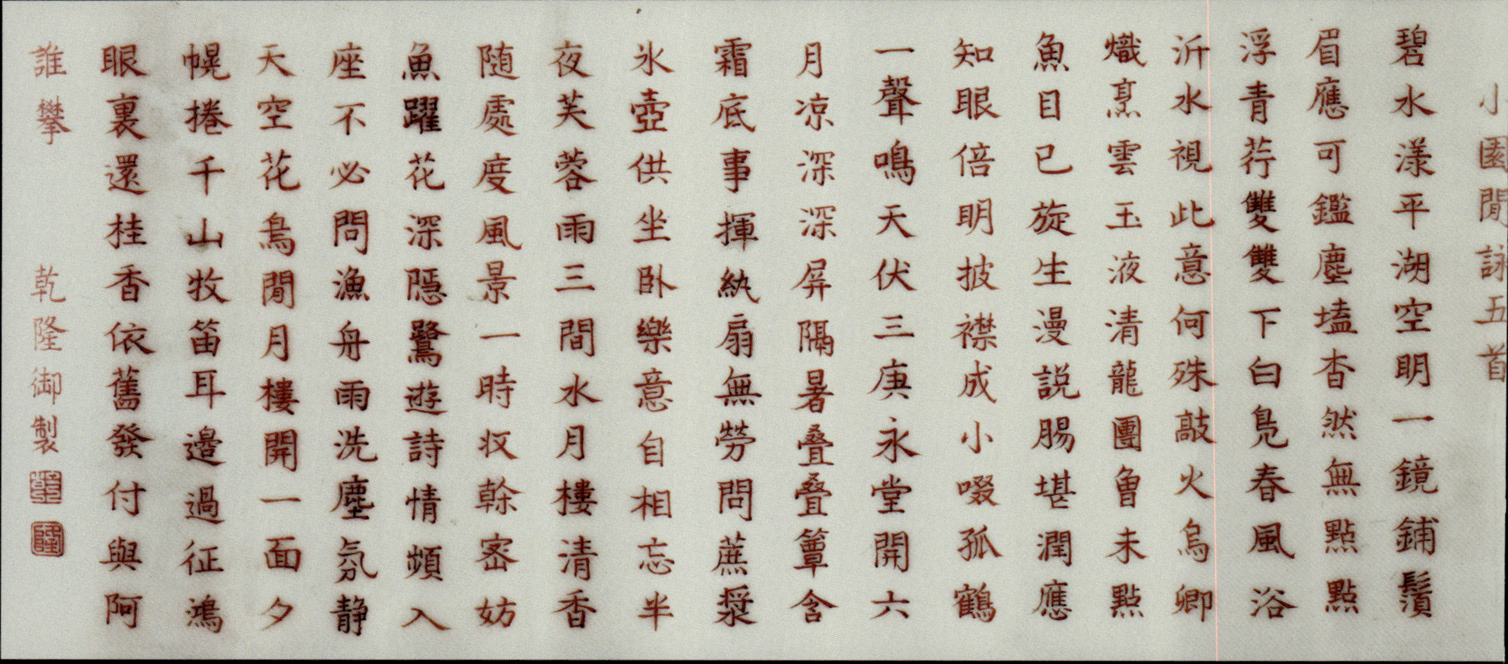
小園閒詠五首
碧水漾平湖空明一鏡鋪鬚
眉應可鑑塵壒杳然無點點
浮青荇雙雙下白鳧春風浴
沂水視此意何殊敲火烏卿
熾烹雲玉液清龍團曾未點
魚目已旋生漫說腸堪潤應
知眼倍明披襟成小啜孤鶴
一聲鳴天伏三庚永堂開六
月涼深深屏隔暑疊疊簟含
霜底事揮紈扇無勞問蔗漿
冰壺供坐臥樂意自相忘半
夜芙蓉雨三間水月樓清香
隨處度風景一時收榦密妨
魚躍花深隱鷺遊詩情頻入
座不必問漁舟雨洗塵氛靜
天空花鳥閒月樓開一面夕
幌捲千山牧笛耳邊過征鴻
眼裏還桂香依舊發付與阿
誰攀
乾隆御製

圆口，直壁，平底，下承四梯状小足，通体白釉滋润，器身以矾红彩书写楷体《小园闲咏五首》。该组五言诗系乾隆帝仍为宝亲王时于雍正十一年秋所作《小园闲咏十五首》中的五首，先后收录于《乐善堂全集》卷三十五和《乐善堂全集定本》卷二十七，依序分别为第六首《春湖涵碧》："碧水漾平湖，空明一镜铺。须眉应可鉴，尘壒杳然无。点点浮青荇，双双下白凫。春风浴沂水，视此意何殊"、第七首《石坂烹云》："敲火乌卿炽，烹云玉液清。龙团曾未点，鱼目已旋生。漫说肠堪润，应知眼倍明。披襟成小啜，孤鹤一声鸣"、第八首《广厦冰壶》："天伏三庚永，堂开六月凉。深深屏隔暑，叠叠簟含霜。底事挥纨扇，无劳问蔗浆。冰壶供坐卧，乐意自相忘"、第九首《镜水荷香》："半夜芙蓉雨，三间水月楼。清香随处度，风景一时收。干密妨鱼跃，花深隐鹭游。诗情频入座，不必问渔舟"和第十首《月楼夕幌》："雨洗尘氛静，天空花鸟闲。月楼开一面，夕幌卷千山。牧笛耳边过，征鸿眼里还。桂香依旧发，付与阿谁攀"，句末署"乾隆御制"和"乾"字白文、"隆"字朱文方印，字迹工整娟秀。乾隆初年所作御制诗瓷器上的诗文多选自《乐善堂全集》，乾隆十七年十月十六日，内府下发四套乾隆御制诗（初集），谕命唐英"嗣后烧造瓷器应用诗之处，即用此诗拣选烧造，不必用乐善堂诗文"，故存世此类书写乾隆帝身为皇子时期所作诗文的瓷器，其制作年代应大多集中于乾隆十七年以前。

清乾隆（1736—1795）

矾红彩御制诗文笔筒

口径6.4厘米　足径6.4厘米　高10.2厘米

2-309

幌捲千山牧笛耳邊過征鴻
眼裏還挂香依舊發付與阿
誰攀
乾隆御製
小園閒詠五首
碧水漾平湖空明一鏡鋪鬟
眉應可鑑塵壒杳然無點點
浮青荇雙雙下白鳧春風浴

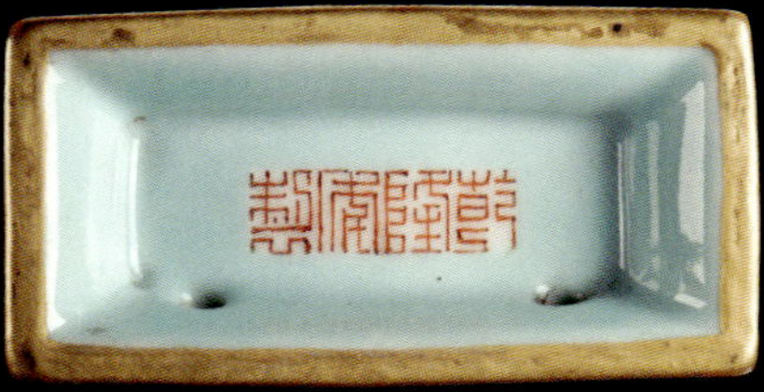

清乾隆（1736—1795）

酱地开光御制诗文壁瓶

口径 5.1×2.9 厘米　足径 6×3 厘米　高 21 厘米

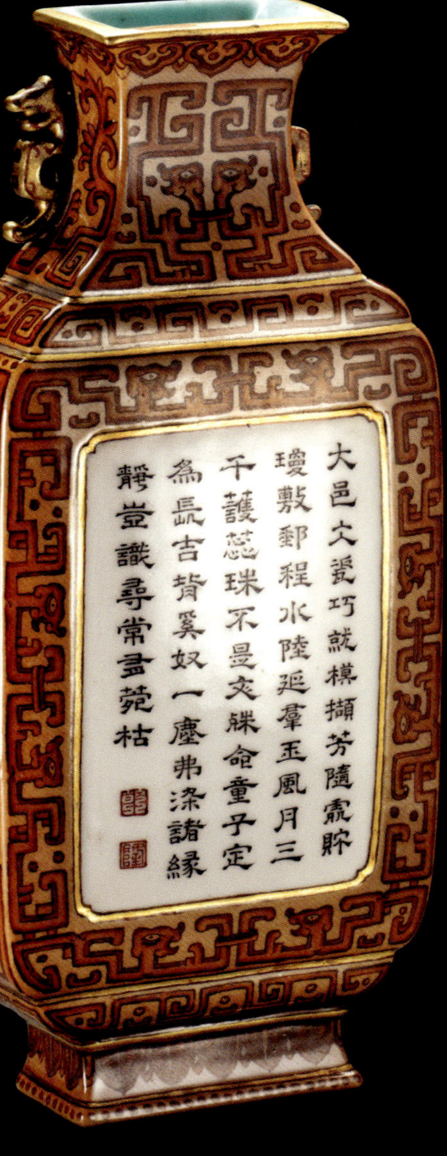

方口，束颈，两侧各饰一夔龙耳，坡状肩，直腹略弧，坡状胫，圈足外撇，足内施松石绿釉，底署矾红彩“乾隆年制”四字一行篆书款。背面中部开有两圆形小孔和一个斜坡状凹槽，足部亦开两圆形小孔，以方便穿挂。口沿、足端描金，通体以浅酱色为地，除背面绘十四个矾红彩朵花、正面器腹留有描金长方委角开光外，两侧和正面余处均绘矾红彩夔龙纹，古意盎然。腹部开光内以墨彩书篆体《咏壁瓶》：“大邑冰瓷巧就模，撷芳随处贮琼敷。邮程水陆延群玉，风月三千护蕊珠。不是文殊命童子，定为长吉背奚奴。一尘弗染诸缘静，岂识寻常有菀枯”，末署“乾”字白文、“隆”字朱文方印。壁瓶又名轿瓶，乾隆年间曾大量烧制，釉彩各异，式样丰富。此诗作于乾隆二十三年八月，可视为题写相同诗文之器的年代上限。

清乾隆（1736—1795）
青花矾红彩云龙纹笔管（一对）

管径 6 厘米　长 21.2 厘米

管身呈圆柱状，顶端拱起，底端开阔如斗。釉色白净，上以青花绘缭绕祥云，以矾红彩绘两龙穿行云间，一俯视一仰视，相互呼应，矫健威猛，其旁有数只红蝠飞舞。青花发色沉稳，矾红色泽深浅不一，层次感突出，纹饰刻画精细。存世另见有器身为直管状者，顶端署有乾隆官窑款识。此类笔管多制于乾隆中后期，系九江关监督节贡之器，如乾隆四十七年和四十九年，额尔登布分别进贡“青云红龙磁笔十枝”和“青云红龙瓷管笔十枝”，乾隆五十六年，福昌进贡“青云红龙大笔四枝”。

山光照檻水繞廊舞雩歸詠春風香
好鳥枝頭亦朋友落花水面皆文章
蹉跎莫遣韶光老人生惟有讀書好
讀書之樂樂何如綠滿窗前草不除
新竹壓簷桑四圍小齋幽敞明朱曦
晝長吟罷蟬鳴樹夜深燼落螢入幃
北窗高臥羲皇侶秖因素稔讀書趣
讀書之樂樂無窮瑤琴一曲來薰風
昨夜窗前葉有聲籬荳花開蟀蟋鳴
不覺商意滿林薄蕭然萬籟涵虛清
牀頭賴有短檠在對此讀書功更倍
讀書之樂樂陶陶起弄明月霜天高
水靜木落千崖枯迥然吾亦見真吾坐
對遺編燈動壁高歌夜半雪壓廬地爐
茶鼎烹活水心清足稱讀書子讀書之
樂何處尋數點梅花天地心

（春）山光照槛水绕廊，舞雩归
咏春风香。好鸟枝头亦朋友，落花水
面皆文章。蹉跎莫遣韶光老，人生惟
（唯）有读书好。读书之乐乐何如？
绿满窗前草不除。

（夏）新竹压檐桑四围，小斋幽
厂（敞）明朱曦。昼长吟罢蝉鸣树，
夜深烬落萤入帏。北窗高卧羲皇侣，
只因素稔读书趣。读书之乐乐无穷，
瑶琴一曲来薰风。

（秋）昨夜窗（庭）前叶有声，
篱豆花开蟋蟀鸣。不觉商意满林薄，
萧然万籁涵虚清。床头（前）赖有短
檠在，及（对）此读书功更倍。读书
之乐乐陶陶，起弄明月霜天高。

（冬）水静木落（木落水尽）千
崖枯，迥然吾亦见真（真见）吾。坐
对遗（韦）编灯动壁，高歌夜半雪压庐。
地炉茶鼎烹活水（火），心（一）清
足称读书子（者）。读书之乐何处寻？
数点梅花天地心。

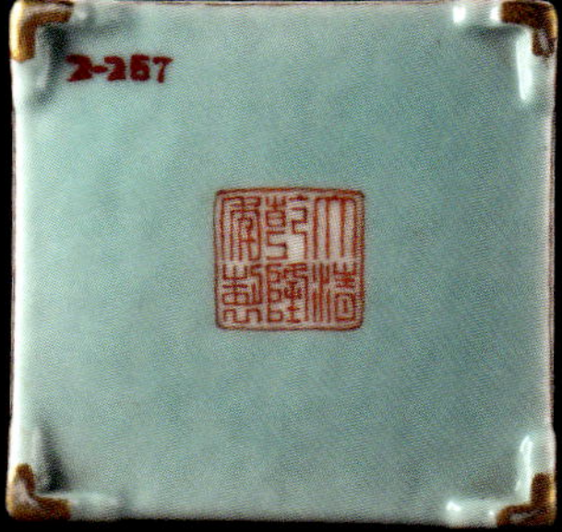
2-267

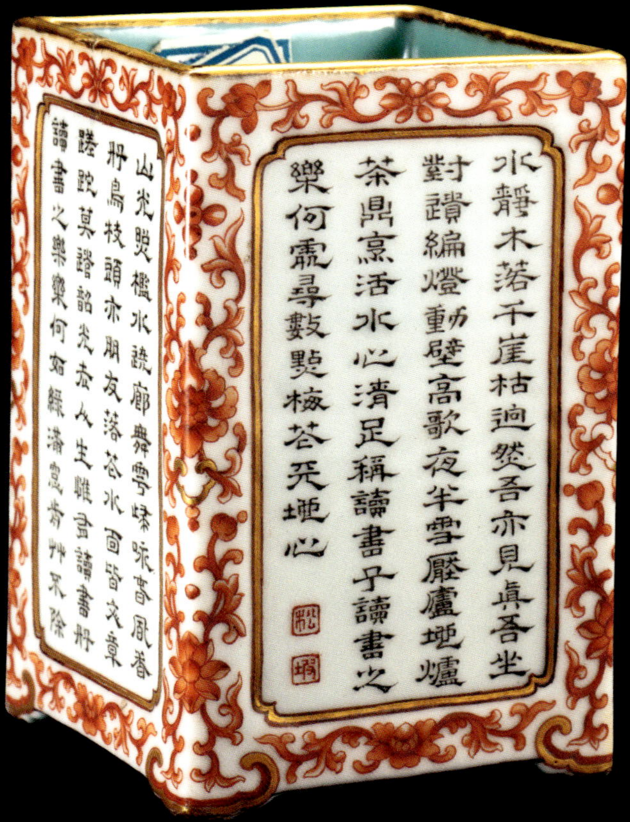
水瘦木落千崖枯迥然吾亦見真吾坐
對讀編燈動壁高歌夜半雪壓廬地爐
茶鼎烹活水心清足稱讀書子讀書之
樂何處尋數點梅花天地心
松
坡
山光照檻水繞廊舞雩歸詠春風香
好鳥枝頭亦朋友落花水面皆文章
蹉跎莫遣韶光老人生惟有讀書好
讀書之樂樂何如綠滿窗前草不除

四方器身，下承四折角小足，口沿描金，器里和器底施松石绿釉，底署矾红彩
框篆书款。器身四面矾红彩描金长方委角双框开光内以墨彩书宋末元初文人翁森所
矾红彩满绘缠枝花卉纹。各面诗文以隶书写就，冬景句末署“松”“坡”朱文方印
长一段时间内被认为出自南宋理学大家朱熹之手，元明清多有书画家据此创作，或
中出现数处字句变动，形成不同版本。康熙朝官窑亦曾烧制相同题材、题为《四景读

清乾隆（1736—1795）

青花缠枝莲纹赏瓶

口径 9.5 厘米　足径 12.2 厘米　高 37 厘米

撇口，束颈，鼓腹，圈足稍外撇，底署青花“大清乾隆年制”六字三行篆书款。通体以青花为饰，口沿绘海水纹，其下绘如意云头纹，颈部与肩部依次绘蕉叶纹、回纹、缠枝莲纹、如意云头纹，其中缠枝莲纹上下各绘一道弦纹，上弦纹上部和下弦纹下部均鼓起一道凸棱，如意云头纹下绘三道弦纹，弦纹间鼓起两道凸棱，腹部主题纹饰为一周缠枝莲纹，胫部绘变形莲瓣纹，足墙绘卷草纹。此品种在清宫档案中称为“青花起线玉堂春瓶”，自雍正朝至宣统朝始终烧造，系大运瓷器经典式样。

清乾隆（1736—1795）

青花缠枝莲纹赏瓶

口径 9.7 厘米　足径 11.8 厘米　高 36.3 厘米

撇口，束颈，鼓腹，圈足稍外撇，底署青花“大清乾隆年制”六字三行篆书款。通体以青花为饰，除腹部绘双层缠枝莲纹、器身不起三处凸棱外，余处均与“青花起线玉堂春瓶”一样。清宫档案中称此品种为“青花玉堂春瓶”，多见于乾隆、嘉庆、道光三朝，后于道光二十五年停烧，存世亦见有此式样的雍正款残器。据清宫档案记载，雍正八年十月三十日，雍正帝传命将赏用磁瓶样画样呈览，交御窑厂烧造。十二月初四日，内务府呈览磁瓶大样五张、小样七张，雍正帝又命另画几张，交御窑厂烧造，花样、磁釉不必太细致，做赏用。十二月十一日，内务府将画得的磁瓶样九张交往御窑厂。由此可知，雍正朝时有多款式样的赏瓶，惟此玉堂春瓶或因历代烧造数量较盛之故，民国以来几乎成为赏瓶的特指品种。

清乾隆（1736—1795）

青花竹石芭蕉纹玉壶春瓶

口径 8.3 厘米　足径 11.5 厘米　高 28.7 厘米

撇口，束颈，垂腹，圈足稍外撇，底署青花“大清乾隆年制”六字三行篆书款。通体以青花为饰，颈部绘蕉叶纹，其下绘卷草纹和如意头纹，腹部主题纹饰为竹石栏杆芭蕉纹，颈部绘变形莲瓣纹，足墙绘朵花纹。此品种始见于明永乐朝，清代自康熙朝至光绪朝均有烧造。康雍两朝制品忠实摹仿永乐母本，乾隆朝开始纳入大运琢器行列，器型和纹饰构图正式定型，并在器底书写年款，直至光绪十一年改烧其他品种。

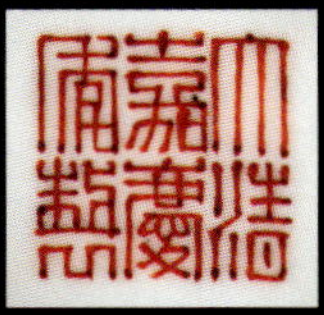

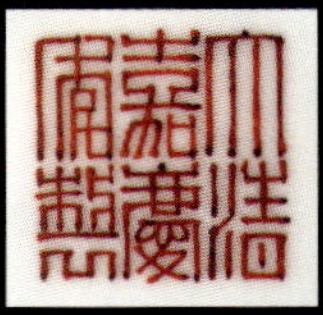

清嘉庆（1796—1820）

粉彩上清胜境图碗（一对）

口径 14.5 厘米　足径 5 厘米　高 5.7 厘米

上清勝境

敞口，弧腹，圈足，底署矾红彩“大清嘉庆年制”六字三行篆书款。内口沿饰一周矾红地留白如意云头纹，碗心矾红彩双圈内绘松树、梅花、佛手。外壁绘粉彩通景山水图，空隙处墨彩书“上清胜境”四字。清代嘉道年间的官窑和民窑盘碗类器物上流行装饰系列成套的风景名胜纹饰，如“江西十景”“西湖十景”等，此对碗所绘即为“江西十景”之一，位于今江西鹰潭龙虎山下的上清宫，最早系东汉张道陵修道场所，后成为正一道历代天师供祀神仙所在，亦即古典小说《水浒传》开篇洪太尉误走妖魔之处。画面开阔写实，龙虎山层峦叠嶂，祥云缭绕，泸溪河曲折蜿蜒，自宫前流过，上清宫殿宇、山门清晰可见，仙境感十足。

清道光（1821—1850）

粉彩缠枝莲纹海棠式花盆（一对）

口径 21.5×15.3 厘米　足径 14.5×10.2 厘米　高 8.3 厘米

器呈海棠式，平折沿，弧腹，圈足，底署青花“大清道光年制”六字三行篆书款。通体以粉彩为饰，内里素白，沿面绘缠枝花卉纹，外口沿绘一周交错排列的圈点纹和弧线纹，下绘如意云头纹，胫部绘变形莲瓣纹，足墙绘回纹，外壁主题纹饰绘繁密的缠枝莲纹，间有粉色蝠纹，寓意“福连”。此对花盆造型规整，釉洁彩艳，款识写法多见于道光朝等级较高的陈设或文房类用器，整体品质不输于同时期著名的慎德堂款器物。

大清咸
豐年製

清咸丰（1851—1861）

仿哥釉模印八卦纹琮式瓶

口径 8 厘米　足径 10.5 厘米　高 28 厘米

圆口，短颈，四方器身，圈足，底署青花“大清咸丰年制”六字二行楷书款。通体施仿哥釉，釉色青灰、开片密布。瓶身每面均依“乾、坎、艮、震、巽、离、坤、兑”的后天八卦次序模印纹饰，前四阳卦居右，后四阴卦居左。此品种为清代大运琢器经典式样，清宫档案中称为“哥釉四方八卦瓶”，自乾隆朝至宣统朝始终生产，但由于釉料配方、烧造技术等工艺变化原因，从咸丰朝制品开始，其器身开片由之前的色深、细碎渐趋浅淡、疏朗，以至光绪朝时烧成了通体无开片的粉青釉品种。受太平天国运动影响，咸丰朝官窑瓷器只烧造了四年，故存世数量较少。此品种咸丰元年、二年各烧有上色十件，三年、四年共烧有上色十九件，另咸丰元年次色变价二十一件，二年次色变价三十一件。

清同治（1862—1874）

黄地粉彩描金福寿万代纹盘

口径 16.5 厘米　足径 10.1 厘米　高 4.3 厘米

敞口、弧腹、圈足，底署矾红彩“同治年制”四字二行楷书款。内里以黄釉为地，盘壁等距绘四组五福捧寿纹饰，均为五只蓝彩蝙蝠环拱一个金彩篆体团寿字，四组纹饰两两之间绘粉彩描金卍字飘带，飘带上方和下方分别为四个和两个折枝寿桃，盘心亦饰一个金彩篆体团寿字，外壁等距绘三组粉彩折枝花卉。整器彩绘工整、纹饰精细，寓意福寿万代，尽显华贵富丽。此品种属同治帝大婚用瓷，清宫档案中称为“黄地万福万寿五寸盘”，同治六年内府下发画样，命造办处传令御窑厂照样烧造，相同纹饰另见装饰于不同尺寸的碗、盘、盅、盒及盖碗、茶缸、渣斗、羹匙、刖头缸、花盆、水仙奁等器形。同治七年，该品种烧造呈进四十件，但因质量未达清室要求，故与其他品种的大婚用瓷一道全部重烧，于同治十一年重新呈进四十件。从品质上看，此盘应为第二次烧造之作。

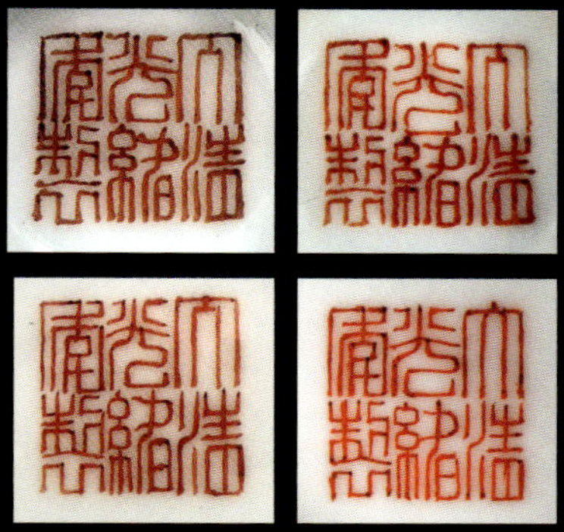

清光绪三十年（1904）

矾红彩御制诗文盖碗（一对）

口径 10.4 厘米　足径 4 厘米　通高 8.5 厘米

敞口，弧腹，圈足，盖顶、碗底署矾红彩“大清光绪年制”六字三行篆书款，通体以矾红彩为饰，碗心绘松树、梅花、佛手，内外口沿、胫部和内底各饰一周矾红地留白如意云头纹，外壁书写楷体御制诗文，盖面与碗身装饰一致。所书御制诗为嘉庆帝作于嘉庆二年的《烹茶》：“佳茗头纲贡，浇诗必月团。竹炉添活火，石铫沸惊湍。鱼蟹眼徐扬，旗枪影细攒。一瓯清兴足，春盎避轻寒”，句末署“光绪甲辰季秋月之中浣御制”和“光”字圆印、“绪”字方印。此对盖碗制于光绪三十年，系慈禧太后七十万寿庆典传办用瓷，其装饰纹样仿自嘉庆朝制品，另见有盖顶和碗底署六字二行楷书款、器身文字完全模仿嘉庆原样的青花品种。据清宫档案记载，光绪三十年烧造“御制诗茶碗”上色一百二十件、次色七十五件、破损二百六十件，烧造“御制诗盖碗”上色二百件、次色三百一十八件、破损一百八十件。

清宣统（1909—1911）

粉彩八吉祥纹杯（一对）

口径 10.3 厘米　足径 3.9 厘米　高 6.2 厘米

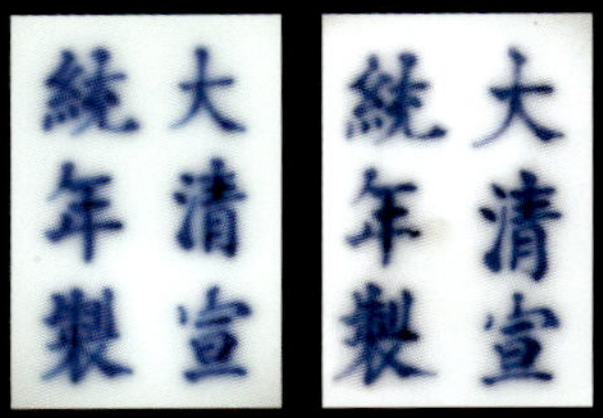
大清宣
統年製
大清宣
統年製

敞口微撇，深弧腹，圈足，底署青花“大清宣统年制”六字二行楷书款。内里素白，外口沿两道蓝彩弦纹间饰一周矾红彩几何纹，胫部以矾红彩绘一周如意云头纹，其下亦饰两道蓝彩弦纹，弦纹间满施黄釉，上绘一周蓝彩圈点，外壁等距绘粉彩八吉祥纹，法轮法螺、宝伞白盖、莲花花瓶、双鱼盘长两两结对成组。此品种始见于乾隆朝，后历代延烧，清宫档案中称为“彩八宝茶碗”，宣统元年烧造上色十件、备用两件、次色二十三件、破损三件，二年烧造上色十件、次色十八件、破损五件，三年亦有烧造，惟具体数目不详。

民国（1912—1949）

珐琅彩牡丹纹碗（雍正胎）（一对）

口径 14.1 厘米　足径 4.6 厘米　高 6.7 厘米

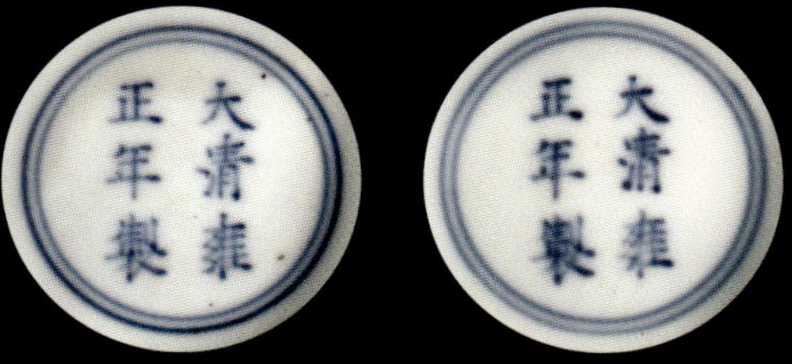

大清雍正年製
大清雍正年製

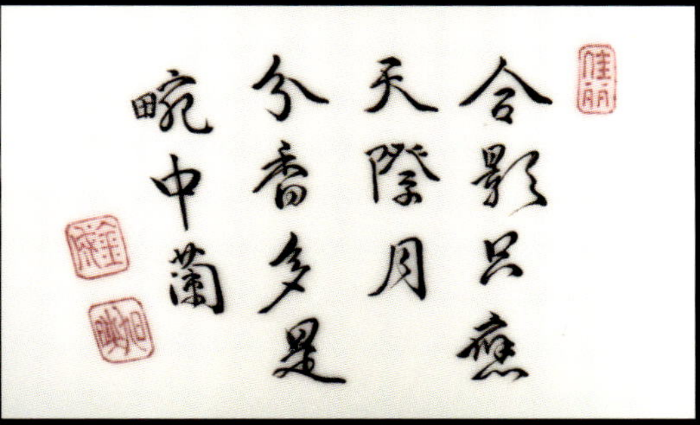

合影只应天际月分香多是畹中兰

敞口，弧腹，圈足，底署青花“大清雍正年制”六字二行双圈楷书款。内里素白，外壁多半面绘或含苞或盛放的各色牡丹，花丛间有两只昆虫飞舞，生机勃勃，空白处题墨彩行书“合影只应天际月，分香多是畹中兰”，为唐代诗人吴融七律《僧舍白牡丹二首》之二的颔联，引首饰胭脂水彩“佳丽”朱文长方印，句后饰胭脂水彩“金成”“旭映”朱文方印。此对碗色彩艳丽，系民国初年景德镇工匠在署有雍正官窑青花款的白釉素器上完全按照雍正朝瓷胎画珐琅的制式绘就，存世见有多件相类之作。据余戟门《增补古今瓷器源流考》和其他民国时人记载，1915 年，袁世凯为改帝制需要，曾派郭葆昌携带清宫内府旧藏的珐琅色料到景德镇，对比从古物陈列所武英殿中提出的雍正、乾隆朝瓷胎画珐琅器照样烧造。目前关于洪宪瓷器的具体品种和面貌仍存争议，此类雍正胎、民国加彩的器物也应置于民国早期仿古瓷的考察视野内予以重点关注。

民国（1912—1949）

珐琅彩开光西洋妇女图印盒

口径 7 厘米　足径 4.2 厘米　高 3.4 厘米

乾隆御製

子母口，器身扁圆，圈足，内有一周凹槽，底署蓝彩“乾隆年制”四字二行双框楷书款。盖面顶端蓝彩和胭脂水彩交织组成的边饰开光内绘一西洋妇女头戴礼帽，项系珠链，一手持花，一手挽链，正面对前方出神凝望，其面部和肌肤略加晕染，明暗层次显著，衣着光鲜，雍容华贵。盖身以蓝彩等距绘百合、莲、梅、菊四组花卉，每组两朵，各组间满绘卷枝纹，花卉带上下各饰一周蓝彩回纹。盒身口沿亦绘一周蓝彩回纹，下绘胭脂水彩倒三角状三圈点纹，胫部饰蓝彩与胭脂水彩绘就的变形莲瓣纹，足跟饰蓝彩回纹。乾隆朝瓷胎画珐琅和洋彩制品多以西洋人物入画，此器从纹饰、款识到彩料均明显表现出仿乾隆珐琅彩风格，精致殊常。

民国（1912—1949）

粉彩西洋人物图瓶

口径 4 厘米　足径 5.5 厘米　高 24.5 厘米

撇口，短颈，丰肩，直腹下收，圈足，底署矾红彩“乾隆御制”四字二行双框篆书款。器身绘通景西洋人物图，一头戴礼帽、身穿长裙的贵妇一边双手托举一个手擎旗子的年幼男孩，一边回身俯视，身旁一稍微年长的男孩将帽子和采花的花篮放在地上，半跪着边用手抚摸一只黑色小狗的背部，边与之交流，仿佛小狗惊吓到年幼男孩，被其母亲抱起保护，年长男孩正在安抚哄训小狗，画面极具情节感。整器白釉洁净、彩绘鲜丽，人物衣服以料彩绘就，树木、坡草、篱花、石地、屋舍等所施彩料油性较强，带有浓郁的珐琅料味道，题材新颖，别具风味。

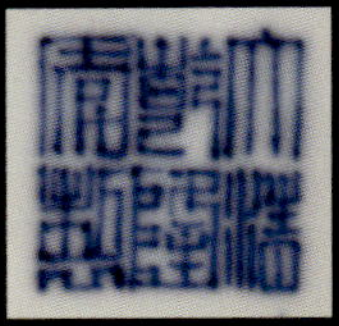

口径 5.6 厘米　足径 5.6 厘米　高 7.5 厘米

圆口，直壁，口底相若，假圈足，底署青花“大清乾隆年制”六字三行篆书款。通体绘粉彩婴戏图，十六
高矮不一的孩童在庭院中分组嬉戏，或捉迷藏，或斗蟋蟀，或拔杠，或斗草，姿态各异，活泼可爱，欢声笑语
热闹非凡。此笔筒的底部胎釉极似乾隆朝制品，所绘婴戏图案也有乾隆官窑母本可循，属民国仿乾隆的精细之作

康德
二年

民国二十四年（1935）
外黄釉内矾红彩万寿龙纹盘

口径 17.2 厘米　足径 9.5 厘米　高 3.1 厘米

敞口，弧腹，圈足，底署蓝彩“康德二年”四字二行单框楷书款，款字或因氧化原因已变色。外壁施黄釉，内口沿和内壁饰两道矾红彩弦纹，盘壁绘两条相向的矾红彩行龙，龙头、龙尾分别朝向矾红彩开光篆书“万”字和“寿”字，盘心矾红彩双圈内饰金彩兰花御纹章。“康德”是清代逊帝溥仪在东北伪满洲国称帝时使用的年号，“康德二年”为1935年。存世另见有蓝彩“康德二年”楷书款黄釉矾红彩开光万寿纹杯、红彩“康德三年”单框篆书款彩兰花纹带把方斗杯和蓝彩“康德三年”单框篆书款珊瑚红釉金彩兰花御纹章双耳杯、矾红彩“康德四年”篆书款外珊瑚红釉或黄釉内金彩兰花御纹章高足碗和蓝彩“康德四年”单框楷书款外黄釉内彩兰花纹盘等品种，其胎釉特征普遍与景德镇传统瓷器区别较大，而带有显著的日本风格。此盘作为见证伪满洲国历史的实物资料，颇具学术研究价值。

玉器

艺海撷珍

天津市文物交流中心文物精品集

红山文化（前4000—前3000）

黄玉马蹄形器

11.2厘米×9.2厘米

该器玉质呈黄绿色，有红褐色沁斑，通体磨制光润平滑，内壁可见线形磨痕。整体呈椭圆筒状，上口稍撇，为斜坡形，下端平齐，整体器形上大下小，似倒置的马蹄，故称马蹄形器。红山文化主要分布在内蒙古东南部和辽宁西部地区，其年代为距今6500—5000年，该器形即为红山文化的典型器，常出自大中型石棺墓内，出土位置多横置在墓主人的头部，其具体功能学术界尚未有定论，大多持有两种观点，一种认为束发的冠饰，另一认为是巫觋所执的法器。

早商（前17—前11世纪）

玉刀

50厘米×6.2厘米

玉质青色，温泽通润，多处沁斑，刀身宽阔，形状扁平为长条梯状，顶部宽厚为背，转角打磨成弧形，底部平直为刃，刃口光滑匀称，器身钻有三孔，其中两小孔位于刀背附近，大孔则更靠近刀身一端，孔内旋痕明显，整体器身光素无纹，琢制精细，无明显使用痕迹。玉刀，最早可追溯到新石器时代，商代颇为流行，周代以后趋于不见，此时玉刀已不再兼有兵器或工具的功能，而变为象征部族首领权力的礼仪仪仗器，彰显君王对内统治、对外征伐的王权与军权。

商（前16—前11世纪）

玉　琮

21.5厘米 ×11.2厘米

青玉质地，多处受沁，外方内圆，呈长方柱体，器形硕大，光素无纹，器表有些许毛道划痕。射高直坚挺，上下两射的口径规格基本相同并各有一处破损缺口，孔内有明显琢磨台痕。该玉琮整体风格古朴自然，具有明显的商代风格。玉琮作为重要礼器之一，出现于距今四千多年的新石器时代晚期，是一种外方内圆、上下两端贯以通孔的器物，反映了古人“天圆地方”的朴素世界观。

春秋（前770—前476）

白玉环

13厘米×13厘米

白玉，玉质温润，局部有褐色沁斑。半透明，器表光洁，扁平体，圆环形。此环内外沿雕有轮廓线，通体雕琢勾云纹。制作工艺精湛。

汉（前206—220）

白玉兽面纹剑璏

10.7厘米 ×3.7厘米

玉质温润，局部受沁。长方形，两端下垂内卷，孔偏一侧，上下厚薄分明。璏面采用阳文技法，琢压地兽面纹、云纹。左端为兽面，兽眼硕大，眼角出线，眼睑下垂，浓眉上扬内曲，并用细线阴刻，均一根到底，无断续现象。在汉代，剑璏纹饰以云纹居多，排列构思巧妙，或相互勾连，或左右上下对称。此器云纹左右对称，中轴线上饰菱形网格纹、如意云纹等。

一柄完整的玉具剑上共有四个玉饰物，分别为剑首、剑格、剑璏、剑珌。此器即为剑璏，镶嵌于剑鞘上，供穿带佩系之用，俗称"昭文带"。

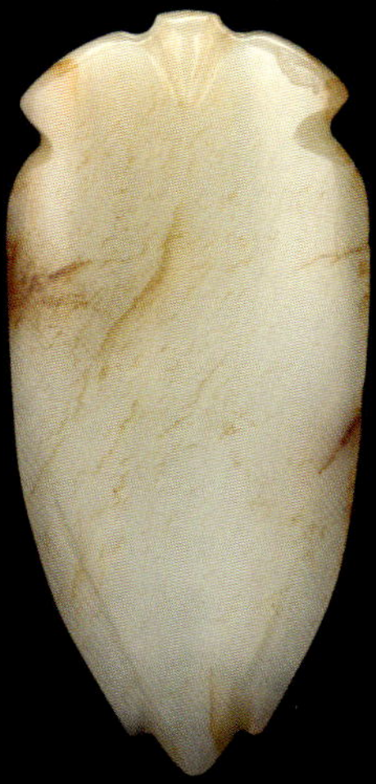

西晋（265—316）
白玉蝉
6.3厘米 ×2.8厘米

白玉，黄褐色沁，扁圆形，正面弧形凸起，顶端两侧双眼斜凸，用阴刻的长方形和菱形图案勾勒出头部和上部，尾部出尖、不扎手，背面光素无纹，有牛毛沁，整体做工简洁古朴。

六朝（222—589）
白玉瑞兽
3.4厘米 ×2.3厘米

白玉，呈跪卧状，双耳竖起，橄榄形眼，阔嘴，嘴上有一横穿孔，额头隆起，鼻子上有三道阴刻线，胸部隆起，臀部肥大，尾部在两腿之间，肌肉骨骼丰满，采用写实手法。

六朝（222—589）
白玉子母螭纹珮
6.8厘米×4.8厘米

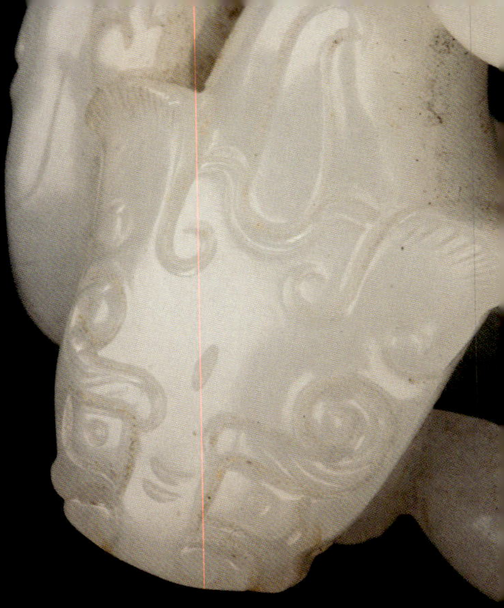

玉质洁白，温润细腻。采用镂雕技法琢大小二螭，阔扁方首，头顶一角后抿，四边形眼，长眉连鼻，身躯细长，长尾分叉卷起，肢爪撑地。双螭相互依偎，神态生动，身姿矫健。

螭本为龙的一种，或可言螭即龙也。龙作为一种特殊的神物，历来被视为华夏民族的象征，炎黄子孙则被称为“龙的传人”。龙其实代表了一种精神，生生不息，绵延不绝，自强不屈，意在祈庇佑、求吉祥、求安泰。此器刻画活灵活现的螭，含义亦当如此。

南北朝（420—589）

白玉瑞兽

7厘米 ×3厘米

白玉，黄褐色沁。水滴眼，大鼻，阔嘴张开，突舌露齿，四肢抓地，足上有圆圈作为装饰，肚子下垂，骨骼肌肉隆起，尾巴夹在双腿之间，作凶猛状。

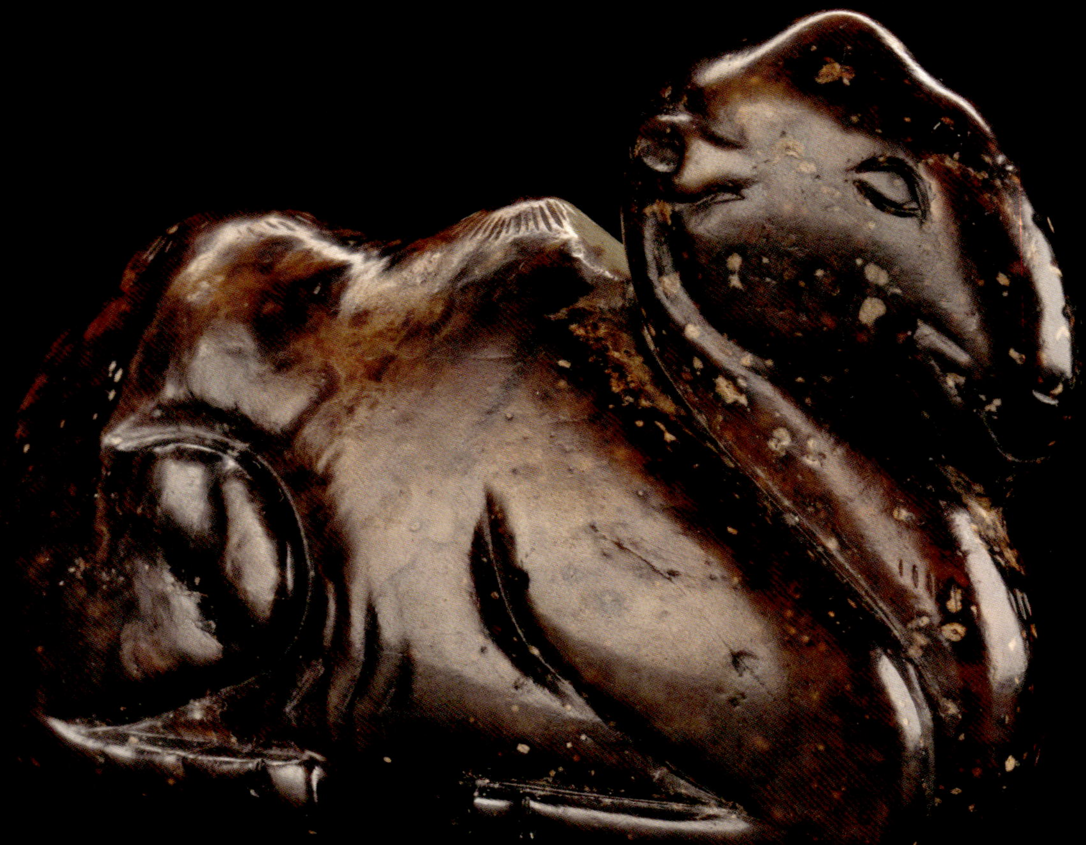

唐（618—907）
青白玉骆驼
6.3 厘米 ×2.1 厘米

青白玉质地，局部受沁呈褐色。圆雕，骆驼呈卧姿，曲颈，头顶有峰，眼睛凸起两角出梢，短耳，背上双峰，驼峰和腿部处用细阴刻线表示毛发，两侧身躯各琢三道深弧线以示肋骨，腿部肌肉凸起，身体比例大，臀部丰满，四肢较细但刚劲有力。即便是腹下蜷缩的四肢，亦清晰地雕出了偶蹄。短尾。骆驼雕琢细腻生动，骨感传神，应是同类作品中的精品。

骆驼被誉为“沙漠之舟”，在唐代已成为商贸运输的交通工具，为丝绸之路的畅通起到非常重要的作用。唐代常以三彩陶器塑造骆驼形象，玉质骆驼少见。

唐（618—907）
白玉卧牛
5.9 厘米 ×3.6 厘米

玉质温润洁白，光泽度较强。局部有褐黄色沁。圆雕一只昂首的卧牛。卧牛梭形眼，眼线并前后延伸，尖耳内勾，鼻孔以短阴线表示，以长阴线表示嘴，颈部短粗，双角，四肢有蹄，屈于腹下。两侧身躯各琢四道深弧线以示肋骨，身躯壮硕丰腴，以粗斜刀刻画蹄足，尾长曲卷。通体光素无纹，肌理线条流畅。整器造型圆润可爱，神态怡然自得，极具趣味性。

唐（618—907）

青玉母子独角卧兽

7.4厘米 ×3.5厘米

青玉。圆雕子母二兽，呈跪卧状，四肢收于腹下，小兽紧贴母兽臀部，彼此回首相望，依偎在一起。兽首微微昂起，橄榄形眼略突，独角上扬，呈螺旋状，臀部丰满，身体多处使用阴刻线表示肌肉轮廓、皮肤褶皱，并用细小平行阴线表现出毛发。整体造型丰满，母兽爱抚的神态，从眼睛里流露出慈祥的目光，表现得惟妙惟肖，具有典型唐代风格。

宋（960—1127）

白玉杵形珮

9.7 厘米 ×2.5 厘米

白玉，玉质温润细腻。呈长圆杵形，两面雕琢。运用透琢、浮雕、阴刻技法。器上部雕琢一正面神鸟，圆眼、挖耳、双手于胸前；器中部琢绞丝孔，两边为云纹；空琢底部琢杵形。整器纹饰雕琢精细，形态逼真，圆润厚实。

金刚杵佛教题材，象征着所向无敌、无坚不摧的智慧和真如佛性。

宋（960—1127）

青玉独角卧兽

7厘米 ×4.2厘米

青玉，圆雕。兽作伏卧状，浓眉压眼，双目前视，眼眶斜磨，圆眼突起，大鼻阔嘴，双耳下垂，独角，胸部挺起，背部琢多条深弧线以示脊骨，身躯两侧各饰三条阴线表示肋骨，前爪前伸，后腿弓卧，腿部肌腱凸起，绞丝尾分两股向两侧卷曲。卧兽采用写实手法，神态平和安详，雕琢细腻生动，骨感传神，自然逼真。

宋（960—1127）

白玉子母螭纹璏

10.2厘米 ×2.1厘米

白玉，玉质温润细腻，有红褐色沁。此器运用浮雕、阴刻线雕琢技法。剑璏正面高浮雕一大一小子母螭，相对而视，方脸圆眼，头顶一角后抿，五官清晰，身体呈匍匐穿云状，弯曲长尾。璏的背面光素无纹。

剑璏是古代装饰在宝剑上的玉饰之一，穿系于腰带上，即可将剑固定于腰间。《说文》："璏，剑鼻玉饰也。"又名剑鼻。

宋—明（960—1644）

旧玉多宝串

尺寸不一

白玉，受赭黄沁。用四件旧物串连组成，上部为系腰带饰端头的扣环，中部为寿龟、瓜楞形勒，下部为翁仲。扣环为宋代风格，寿龟、瓜楞形勒、翁仲为明代风格。四器以珠、绳串联，此串饰古朴雅致。

多宝串由数件玉器用线绳串连而成，从玉组佩衍化而来，但不同于玉组佩和玉项饰，系后人依据个人的收藏重新加以组合编制。既有同时代的，也有不同时代的。以之佩于腰间，把玩欣赏，以增雅趣，并寄思古之幽情。

宋（960—1127）

白玉螭纹韘形珮

7.6厘米×5厘米

白玉质地，局部受沁。器形近似椭圆形，上部出尖，正中有一孔，采用浮雕和透雕技法琢制而成。正面饰大小二螭，大螭位于上方，方首、大眼，五官较靠前，独角，长发后飘，肩臂厚实，腿部肌肉用细密阴线刻画，身体屈曲，长尾舒展，尾端卷曲，具矫健之态。小螭位于右下方，与大螭相望而视，造型基本相同，体态舒展、温顺。器背面阴刻卷云纹。整器构图主次分明，情趣横生，巧见匠心。

韘形佩由韘演变而来，是装饰用器，而韘则是实用器具。韘形佩又叫鸡心佩，始见于汉，魏晋南北朝后少见，宋以后有仿制。

宋（960—1127）

青玉龙凤珮

7.3厘米 ×5.3厘米

青玉，褐色沁。龙凤附合体。凤冠上卷，凤冠上阴刻线排列有序，凤眼为管钻眼，喙弯曲有力，凤羽分四部分，上面用阴刻线和蜗纹装饰。夔龙卧于凤下，龙角上卷，管钻眼，龙鼻隆起，嘴张开，下颌用阴刻线刻划出胡须，整体用阳纹作出轮廓线。

宋（960—1127）
白玉执莲童子
6.5厘米 ×3.1厘米

白玉。童子五官清秀，双眼呈橄榄形，直鼻，小口，双耳紧贴在颊部，蜗旋形发髻盘于头部两侧，发丝阴刻线排列整齐、丝丝不乱，双手与衣袖线条相连，掌宽与袖口相同，双手执荷，荷花饱满，衣服为对襟长袍，紧袖口、腰部束带，衣褶纹飘逸。

宋（960—1127）
白玉贯耳瓶
7.5厘米 ×3厘米

白玉，黄褐色沁。长颈，鼓腹，直口，两侧贯耳，瓶颈部有四道突起的弦纹作为装饰，器腹饱满，椭圆形足，抛光精细，造型简洁大方。

宋（960—1127）

白玉勾云形环

4.7厘米×4.7厘米

白玉，受黄褐色沁。圆形，圈外部用勾云纹作为装饰，圈内起两道脊线作为边界，整体纹饰仿春秋，但不如春秋繁复。

金（1115—1234）

白玉禽鸟珮

5厘米×5厘米

白玉，带黄色皮。圆形环上有一横梁，横梁下面有两个竖梁，都用绳索纹装饰。有一鸟立于横梁上，鸟写实逼真，短喙，圆点眼，长尾，用阴刻线刻出双翅，双翅自然舒展。整体工艺简洁古朴，有动感。

金（1127—1279）

白玉龙纹绦环

7.1 厘米 ×11.7 厘米

白玉，晶莹温润，立体多层次镂雕而成。长方形，四方倭角边框，内饰盛开的葵花，百花齐簇，飞龙从天而降，穿梭其间，潇洒自如。龙首扁长，浓眉压眼，眼睛圆睁如小圆珠，炯炯有神，鼻子饱满，张口，露出两对獠牙，下颚有短须，龙发向后飞扬，细颈曲折，有褶皱环纹，四肢丰盈有力，龙身细长弓起，以阴刻线饰鳞纹。飞龙隐于花丛之中，翻转飘拂，轻盈自如，层次分明，生动逼真，有如神龙见首不见尾，颇具动感。边框两侧饰对称小龙，与之遥相呼应。背面采用减地技法，阴刻大鹏金翅鸟，祥云飘拂，恶蛇环绕其下。此纹饰应是后代为之。

大鹏金翅鸟又叫迦楼罗鸟，是一种声音美妙的神鸟，在佛教经典中称为极乐净土之鸟，是天龙八部之一，也是佛教重要的护法神，以龙为食（这里专指危害人类的恶龙、毒蛇之类），表示遣除末法时期佛法的一切违缘，降伏一切的魔障，象征着弘法利生事业的胜利。

此器两端巧妙利用龙身形成绦孔，应为束带中所用之带环，又叫绦环，可供带钩或绦带穿过。

元（1271—1368）

墨白玉巧雕獬豸纹炉顶

3.9厘米 ×4厘米

黑白玉巧作，采用圆雕、透雕技法雕琢一黑一白两只獬豸。獬豸回首，呈蹲伏状，头部略长，浓眉，阴线刻画菱形眼及嘴部，角后扬似鹿角，长发后飘，细颈，以重刀区分首和身，胸部饰有火焰纹，腿部刻有细小阴线，壮硕有力，花枝形长尾向上飘扬。平底，有4个穿孔，周身多处留有管钻痕迹。做工风格突显元代特征。

獬豸，古代传说中的神兽，头上有独角，似羊似鹿，善曲直，拥有分辨正与不正的神秘力量，所以在古代，獬豸就成了执法公正的化身。

元（1271—1368）

玉　罐

5.4厘米 ×6.1厘米

白玉，有赭黄沁。圆形，小口，大腹，有盖。整器光素无纹。造型简练，磨制精到，抛光细腻。

元（1271—1368）

青玉透雕佛像珮

5.2厘米 ×3.5厘米

青灰色玉质，呈片状。透雕佛人跏趺静坐于莲花之上，双手合十。脸部饱满，神态安详，双眼、鼻子、嘴部用阴刻线刻画，头戴宝冠，颈部采用断刀手法，托起佛像头部，身披飘带，衣褶深刻，背光满饰火焰纹。总体风格沿袭自唐以来形成的汉传佛教艺术风格，人物形象端庄典雅，面相大多方额广颐，仪态慈祥。造型立体突出，刀法粗犷有力，是典型的元代作品。

元（1271—1368）

青玉螭纽印章

3.2厘米 ×2.2厘米

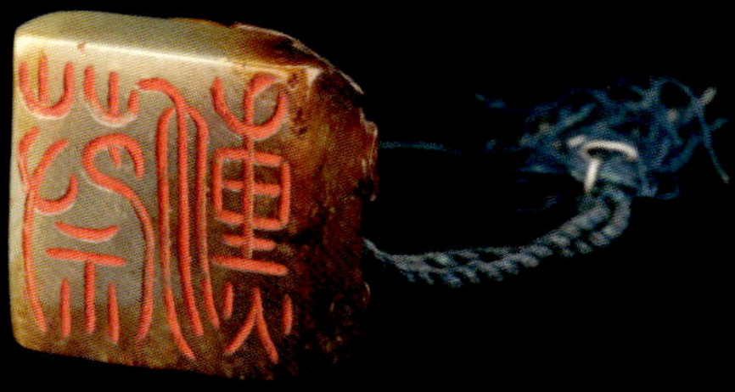

青玉，通体受沁，呈红褐色。方形，纽作高浮雕螭纹。蟠螭眼、鼻、口集中于头前三分之一处，额头饱满，双耳向外卷起，独角后扬，头颈细短，脊背出棱突起，四足强健，作向前匍爬状，肩、腿关节处饰有涡旋纹，长尾分叉成两股，卷曲摆弄至头部，螭身摆动，刚劲有力。底部印文阴刻篆书体“蔡勋”二字。

印章是一种表示权力和凭信的用具。玉质印章最早流行于战国，多为私人用章。

元（1271—1368）

白玉透雕螭纹牌

12.8 厘米 ×8 厘米

白玉，局部受沁呈黄褐色。内框突起，镂雕螭纹，口衔灵芝，五官集中于首前部，约占三分之一，长发后飘，肩腿关节处饰有云头纹，体态矫健，卷曲回首，盘踞其中。周边镂雕七龙环绕，龙纹简化，仅留形象。其中，牌首饰对称双龙，张口，衔如意云纹。背面亦同。整器刀工简练，纹饰繁复紧密，器形硕大，为权贵象征，与一般文人赏玩小牌显然有别。

元（1271—1368）

白玉卧兔

4.3厘米 ×2.3厘米

白玉，呈跪卧状，平底，造型抽象，用简洁的打孔代表兔的眼、嘴，腹部至背部打通天象鼻眼，四肢收于腹下，用寥寥几刀的阴刻线勾勒出身体，刀工刚劲有力。

元（1271—1368）

白玉雕螭纹珮

6.4厘米 ×3.3厘米

白玉，有褐色沁。五官集中在面部的三分之一，宽额头，尖下颌，圆眼突起，火焰形眉毛，凿形鼻，耳似哈巴狗的耳朵，口衔灵芝，耸肩，肩胛有涡纹，肌肉感强，长尾卷起。

元（1271—1368）

青玉透雕天鹅荷莲纹鎏金铜托带扣

9.1 厘米 ×4.9 厘米

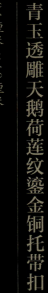

青玉质地，椭圆形内凹饱满连珠纹边框。中间以多层透空镂雕一只天鹅穿行于荷莲之中，天鹅水滴眼，尖喙，细颈，身躯肥硕，双翅展开，双翅饰鳞纹及排列整齐呈放射状的阴刻线为翼羽纹，短尾展张，脚趾内收。虽未见到有海东青，但可联想到后面应该有猛禽在追逐，描述传神生动，栩栩如生。背面镂雕缠枝荷莲纹饰，外镶鎏金铜托带扣。

白玉雕龙纹穿花炉顶

元（1271—1368）

5.1 厘米 ×5.3 厘米

白玉质地，温润晶莹。以多层次立体镂雕一龙穿蕃莲花枝。龙张口露齿，卷云状鼻，水滴形眼，眼内有圆眼球，显得炯炯有神，嘴角不超过眼角，细阴线浓眉压眼，鹿角状角，脑后毛发飘拂，细颈，斜方格纹龙鳞。腿上有毛，腿小颈露筋露骨，五爪劲健有力，游动于花丛中，蕃莲花枝叶繁茂，底部饰海水纹。有 2 对穿孔。此器琢工精致细腻写实，构图繁缛纤巧，可谓精品。

元（1271—1368）

青白玉雕孔雀纹铊尾

9.7 厘米 ×4.6 厘米

青白玉质，长方形，一边弧圆的外框，中间以多层次镂雕牡丹，盛开在花团锦簇的园林之中。有两只孔雀伫立在湖石边，一只向前看，一只回头望，形态各异，神态悠闲自得。两只孔雀基本造型相似，圆眼，长尖喙，头顶有一束翎毛，曲颈长身，双翼合翅贴身饰网格纹及长弧线为翼纹，长尾后摆，排列水滴状羽翎，每个羽翎前端都有穿孔。本器牡丹花瓣、花叶都深挖内凹，有很强的立体感，底层的枝梗如卷草般更镂雕得穿插交错，形成有层次的纵深感，这种花叶内凹的工艺法，一般称为“剔地洼叶花”。始流行且常见于宋代至元代玉器上。牡丹与孔雀皆为富贵象征。

明（1368—1644）

白玉竹节单耳杯

11厘米×10.5厘米

青玉质地，局部有绺。杯口稍外翻，杯口外壁碾琢回纹一周，杯身光素无纹，杯耳为竹节形。底为实足平底。整器刻画简洁大方。

明（1368—1644）

白玉雕凤首龙尾纹带钩

13厘米×2.2厘米

白玉，玉质细腻温润，凤首为钩首，钩尾为龙首。凤的双眼圆突，尖喙，额上有一圈细阴刻线。钩身琢双翅微张的凤身。龙首双眼为虾米眼，如意鼻，卷云纹眉，嘴微张，宽额上有半月牙纹，独角。底部圆柱形纽。整器应该为龙凤呈祥的主题。

青玉透雕笔架山子

明（1368—1644）

16.5 厘米 ×11 厘米

青玉质地，长方形。镂空透雕出玲珑的湖石的笔架山，此器山形以管钻加琢磨，刻画出湖石的多处孔洞。在笔架中间有一只调皮的小猴，圆眼，小耳，攀附在山石上。另一边趴着一只蝉，形象生动。猴子是祥瑞动物，象征着官场得意，平步青云。整器虽刀法粗犷简练，但造型超凡脱俗，古雅朴实，可谓案头精美文玩，既是笔架山，又可兼做文镇之用，配紫檀木座。

明（1368—1644）

白玉雕万寿无疆圭

25.4厘米 ×7.2厘米

青玉，褐色沁。身窄长，斜削成尖，底部平直，中间起脊，将圭一分为二，横断面为多边形，正面上方为阴刻三星连线图案，中间和下部刻有万寿无疆、福山寿海浮雕图案，背面光素无纹。

壽

明（1368—1644）

青玉雕诗文执壶

17.5 厘米 ×19 厘米

青玉。有盖缺纽，六菱壶身，直口平唇，腹部下收，足部外撇，执壶两面布局对称，纹饰图案基本相同。壶盖六面，皆刻莲花，盖沿、壶口各饰回纹，壶身腹部配诗四句“土脉阳和动，韶华满眼新。一枝梅破腊，万象渐回春。”灵芝梅花刻于两旁，足边饰有吉祥莲花，颈部雕琢寿字夔龙，器底阴刻篆书“金莲宝寿”。手柄处上琢龙首，下刻祥云，好似龙腾登霄，身隐重云，流部则与之相反，自下而上，底雕龙首，口饰祥云，犹如潜龙跃渊，呼吟滂沱。流口探出，立雕灵芝与瓶颈相连，内膛掏空尚有管钻旧痕。整件作品图案丰富，层次分明，寓意俱全，为明代的典型器物。

明（1368—1644）

白玉雕龙纹带饰（一套）

尺寸不一

白玉质地，正面抛光，玉色呈油脂光，背面为磨砂面，光泽较暗，形制规整，为“六桃”“两辅弼”“双铊尾”“七排方”和一套“三台”，“三台”由一块中心方和左右两块小方构成，总共为20块带板。三台的“中心方”“排方”及“六桃”，均采用双层镂雕技法，以卷草纹为底衬琢出穿花龙纹，其龙目圆睁，爪为轮状，中心方为正面龙形象，发较长，分两股置于头两侧，雕琢刚劲有力，其余带板皆为侧面龙，身形细长，鬃毛斜上前冲，灵芝云纹围绕四周。“三台”的左右小方和“辅弼”则分别镂雕云鹤纹、灵芝形云纹。整套玉带饰，品相完好，保存完整，具有明显的明代玉带板风格特征，是传世玉器中难得的佳品。

明（1368—1644）

青白玉雕卧莲鸳鸯

二厘米 ×9.5 厘米

青白玉，局部受沁呈红褐色。器形浑圆、厚实，圆雕大小鸳鸯一对，作回首状，相互依偎，卧于翻卷的荷叶之上。鸳鸯尖嘴微张，口衔荷花，圈眼，肥体翘尾，双翼羽毛用阴线刻画。透雕荷花、莲蓬、荷叶、荷梗，穿插其中，荷花盛开，莲蓬饱满，荷叶翻转，叶脉清晰，荷梗纤柔交错，极富层次感，宛如一幅“荷花鸳鸯图”映入眼帘。

鸳鸯为华夏珍禽，雌雄偶居不离，古称“匹鸟”，民间比作夫妇，唐人卢照邻《长安古意》句“得成比目何辞死，愿作鸳鸯不羡仙，比目鸳鸯真可羡，双去双来君不见？”喻夫妻恩爱，百年好合。

清（1644—1911）

碧玉描金龙纹磬

60厘米×23.5厘米

由和田碧玉所制，形如曲尺，顶穿悬孔，倨背折底，股鼓宽大，除两面预留铭文空间外，其余均以金水描绘双龙戏珠纹，纹饰华丽精美，磬体两面镌制篆书铭文，一面为“子舆有言，金声玉振，一簴无双，九成递进。准今酌古，既制镈钟，磬不可阙，条理始终。和阗我疆，玉山是矗，依度采取，以命磬叔。审音协律，咸备中和，泗滨同拊，其质则过。图经所传，浮岳泾水，惟诚见之，鸣球允此。法天则地，股二鼓三，依我绎如，兽舞鸾鬖。考乐惟时，乾禧祖德，翼翼绳承，抚是万国。益凛保泰，敢或伐功，敬识岁吉，辛巳乾隆。乾隆御制”另一面则镌刻“特磬第十南吕”及“大清乾隆二十有六年，岁在辛巳，冬十一月乙未朔越九日癸卯琢成。”

特磬为“中和韶乐”中的重要乐器，常用于宫廷祭祀、宴飨朝会等场合，其产生是随镈钟于乾隆二十六年诏定的，具体形制可见《皇朝礼器图式》卷八，起初特磬为灵璧石所制，因音色不佳，逐步改为和田玉磬。据《清史稿》记载，“中和韶乐，用于坛、庙者，镈钟一，特磬一，……”由此可见特磬为单件使用。演奏时特磬悬于木架之上，乐工执木槌敲击发声，声音清越悠远，独具一格，在宫廷演奏中用于各乐章句末收尾，以示乐句结止。而“第十南吕”则代表古代音乐中的律名，以指乐音的高低，一套特磬共十二枚，即十二律，分别为“黄钟、大吕、太簇、夹钟、姑洗、仲吕、稚宾、林钟、夷则、南吕、无射、应钟”。特磬的使用为随月用律，如《清史稿》卷一百一所述“特磬，以和阗玉为之，凡十二，应十二律……夷则之磬，七月用之；南吕之磬，八月用之；无射之磬，九月用之；……”可知“南吕”磬应用于八月。据《文庙丁祭谱》所载：祭祀孔子“春祭用夹钟特磬，秋祭用南吕特磬”，由此更加确认“南吕”特磬的使用时间。同时孔庙和国子监博物馆所藏的“南吕”特磬也与本磬最为相似。

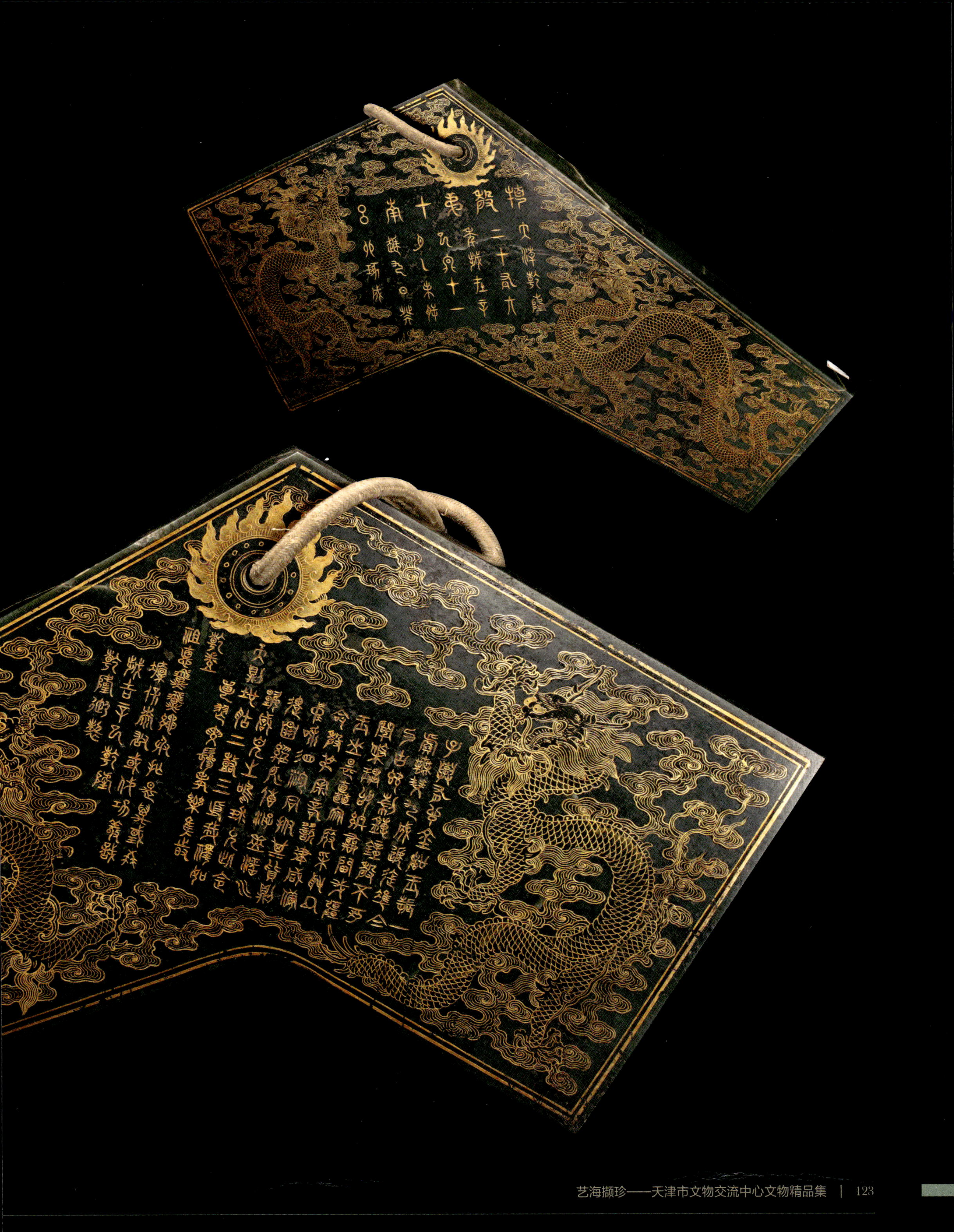

清（1644—1911）

白玉留皮雕福寿纹双耳笔洗

23厘米×10厘米

白玉质地，温润光洁，局部留有皮色。此洗平唇，口呈圆形，上奢下敛，器腹均匀，下承透雕如意形四足，足上方配饰圆形寿字。洗口两侧雕琢兽形耳，该兽头顶篆书寿字，双目突出如牛，长眉飘逸与洗口相连，眉刻三角雷纹，双耳伏于头后，鬃毛丝丝精细，鼻孔呈如意云形，长嘴露齿，口衔扁环，环穿绶带，绶带下垂再穿活环，最终相接于器腹。

器腹浅浮雕多个大小如意纹，大如意纹内雕上下双蝠，口衔寿字，小如意纹内琢蝴蝶，大小如意纹相互勾连往复，环腹身一周。该玉器纹饰精美，寓意丰富，其兽耳长眉，即”眉寿”，出自《诗·豳风·七月》：“为此春酒，以介眉寿。”多用作祝寿之词。因“绶”与寿同音，所以兽嘴下方也有雕饰绶带穿环，器腹饰双蝠衔寿，寓意“福寿双全”。“蝴蝶”则取意为“耋”，《说文解字》有注：“年八十曰耋，字亦作耋。”同与高寿相呼应。该玉洗比较符合明清时期的“图必有意、意必吉祥”的艺术特色，对于清代的纹饰研究有一定的参考价值。

清（1644—1911）

白玉雕兽面纹龙耳三足炉

19.5 厘米 ×19.5 厘米

白玉雕制。弧腹圜底，下承三足，内壁掏膛规整，炉口为圆形，可与炉盖子母口扣合，炉肩两侧高浮雕双龙作耳，龙形简化，龙身方折，尾作小珥。炉身纹饰以带状环绕，用云雷纹作底，上琢仿古饕餮，兽面粗眉怒目，宽鼻大口。炉体三足亦绘兽面，阔鼻咧嘴，似兽首吞足。炉盖为覆碗式，上琢太极纹纽，盖壁与炉身纹饰上下相应，同以云雷纹为底，雕饰兽面饕餮。此玉炉造型沉稳端庄，古朴典雅，为清朝仿古玉器中典范。

清（1644—1911）

白玉雕夔龙纹活环瓶

18.5厘米 ×10厘米

以整块白玉雕琢而成，整体分为瓶身与瓶盖两部分。盖为椭圆形纽，下刻莲瓣寿字纹，盖身留有一处皮色。瓶身体形扁圆，两面布局对称，纹饰图案相同，瓶颈两侧雕琢龙形耳，下套活环。腹部两面雕以夔龙纹，龙首相对，龙嘴微张，角伏于头后，瓶足上部留有褐黄色玉皮。

乾隆时期平定准噶尔叛乱，新疆和田贡玉始能畅通运至内地，充足的优质玉料将宫廷琢玉艺术推向高峰。该瓶玉质厚重润白，造型规整端庄，雕工娴熟精美，具备典型的乾隆宫廷特色。

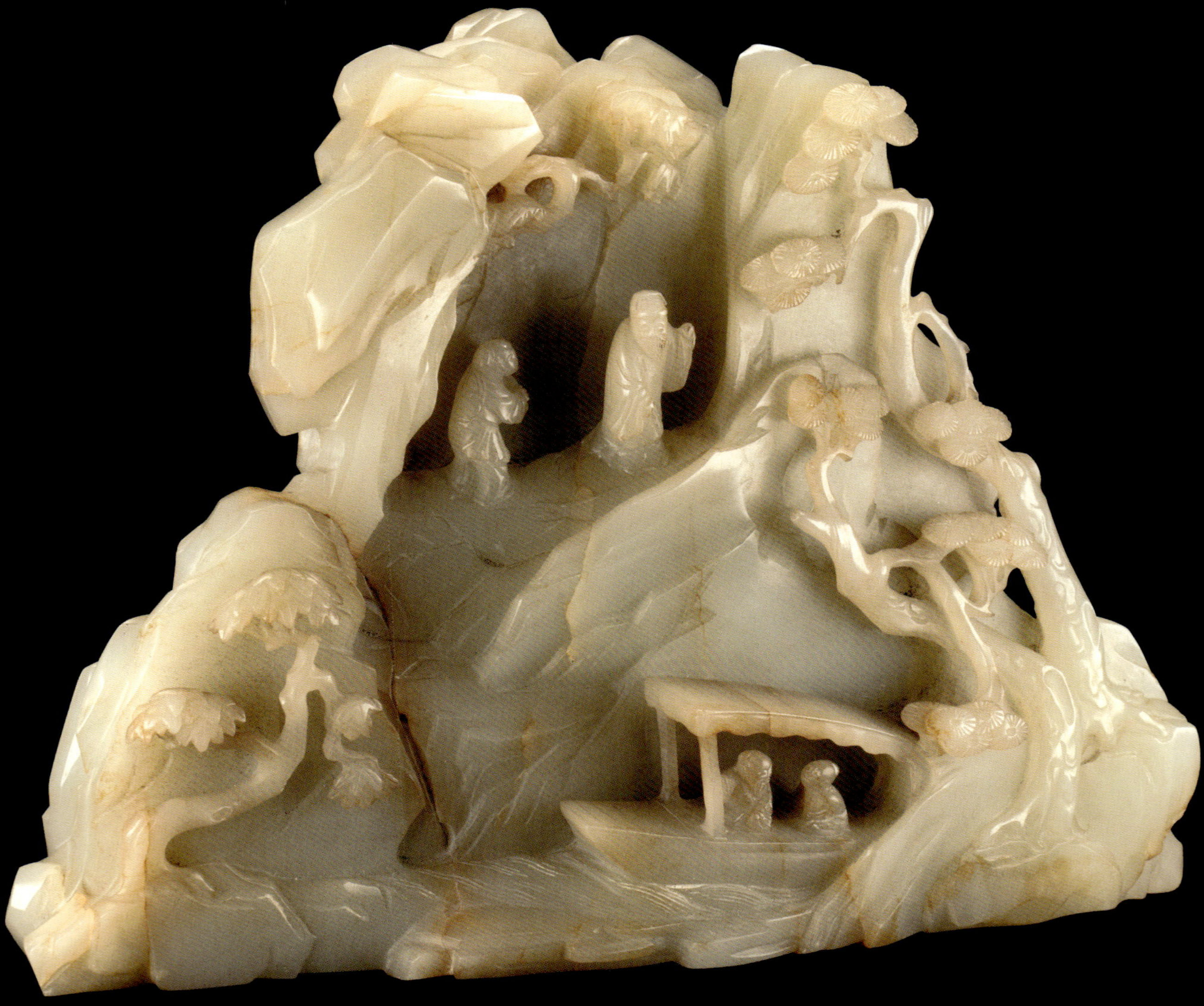

清（1644—1911）
白玉雕山水人物纹山子

14厘米 ×18厘米

以白玉雕琢而成，质地细腻，光润莹亮，略有绺裂。山子随料形而制，正面琢刻苍松怪石，一古稀老者步行山岩之间，小童侍奉在其身后，山下流水潺潺，老者携童，乘舟共游，人物神情怡然生动。背面亦为峻山古松，仙鹤立于孤松荫下，昂首挺立，好似鹤鸣山野，声闻于天。此山子远近景物，层次分明，布局周密，翠柏山峦，气势磅礴，疏朗有致，人物刻画，细致入微，传神自然，为一件难得的清代珍品。

清（1644—1911）

白玉雕福寿灵芝纹如意

51.5厘米×13.5厘米

该如意通身由整块白玉雕琢而成，体量巨大，玉质莹润，犹如凝脂。造型柔婉曲转，打磨抛光
为灵芝形头，边缘起线随形而就，内中浮雕蝙蝠衔磬，寓意“福庆万年”。柄上以镂雕和高浮雕手
刻数只小灵芝及蔓藤草叶，草叶灵芝相互攀附，盘曲缠绕，交接扭转。整件如意以九朵灵芝为形，
典故，《诗·小雅·天保》：“如山如阜，如冈如陵。如川之方至，以莫不增。……如月之恒，如
山之寿，不骞不崩。如松柏之茂，无不尔或承。”其中连用九个“如”字，后人遂以“九如”祝颂福

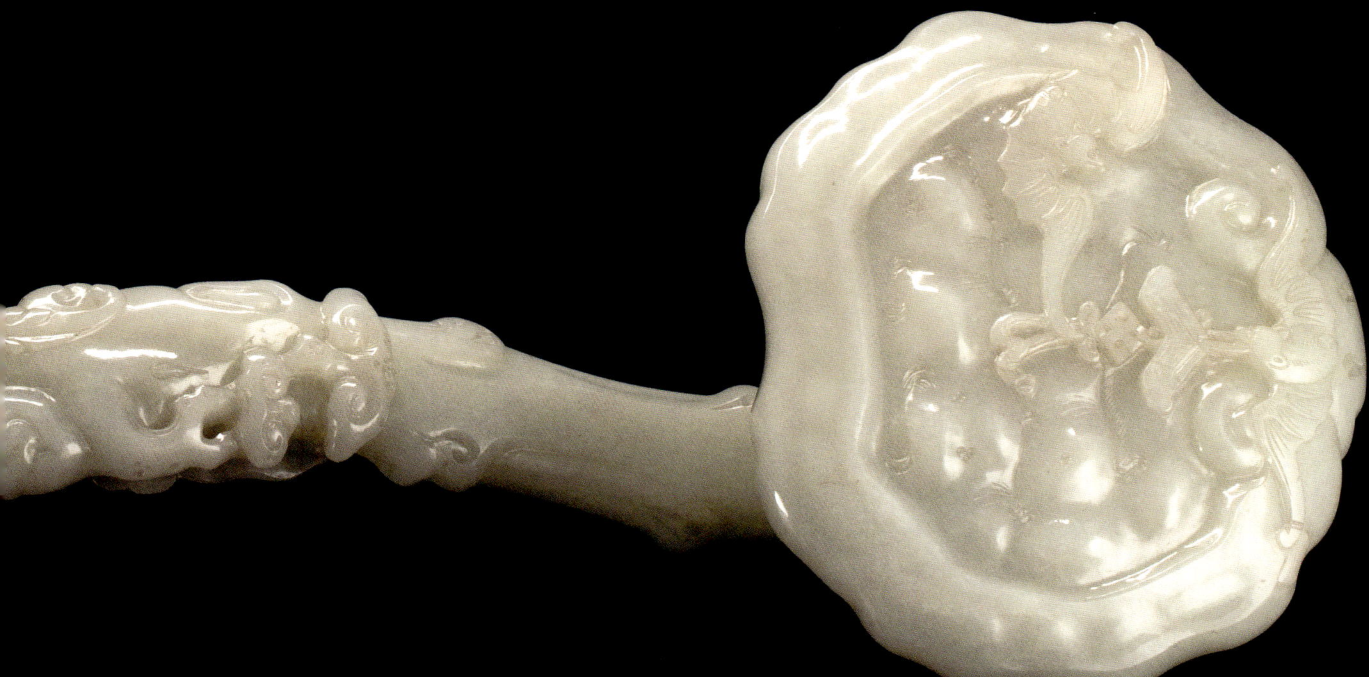

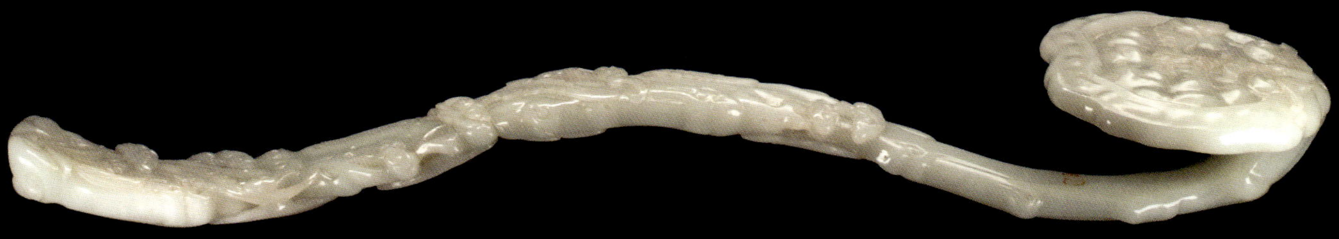

清（1644—1911）

松石雕人物故事摆件

14.5厘米×10厘米

松石，质地细腻。整块石材雕琢，圆雕。人物五官精致，姿态优美，衣饰灵动飘逸，神态、表情刻画得细致入微，造型饱满，雕刻生动细腻，神情祥和勾勒清晰，风格写实，极富生活气息。此器色泽饱满，亮丽自然，包浆淳厚自然。为石松摆件精品之作。

清（1644—1911）

内画山水人物烟壶

7厘米×3.8厘米

该壶水晶质，晶莹无瑕，小口，斜肩，扁腹。双面分别绘山水人物故事、人物五官清晰、神态逼真，惟妙惟肖。树木亭台均刻画得精确细微，极富生活气息。壶的一面行书题诗。这件鼻烟壶书画并茂，富于诗情画意，画工极为精湛。

内画鼻烟壶是少有的集书法、绘画和雕刻、镶嵌等几门艺术于一体的艺术形式，一件好的内画作品晶莹剔透，让人爱不释手。

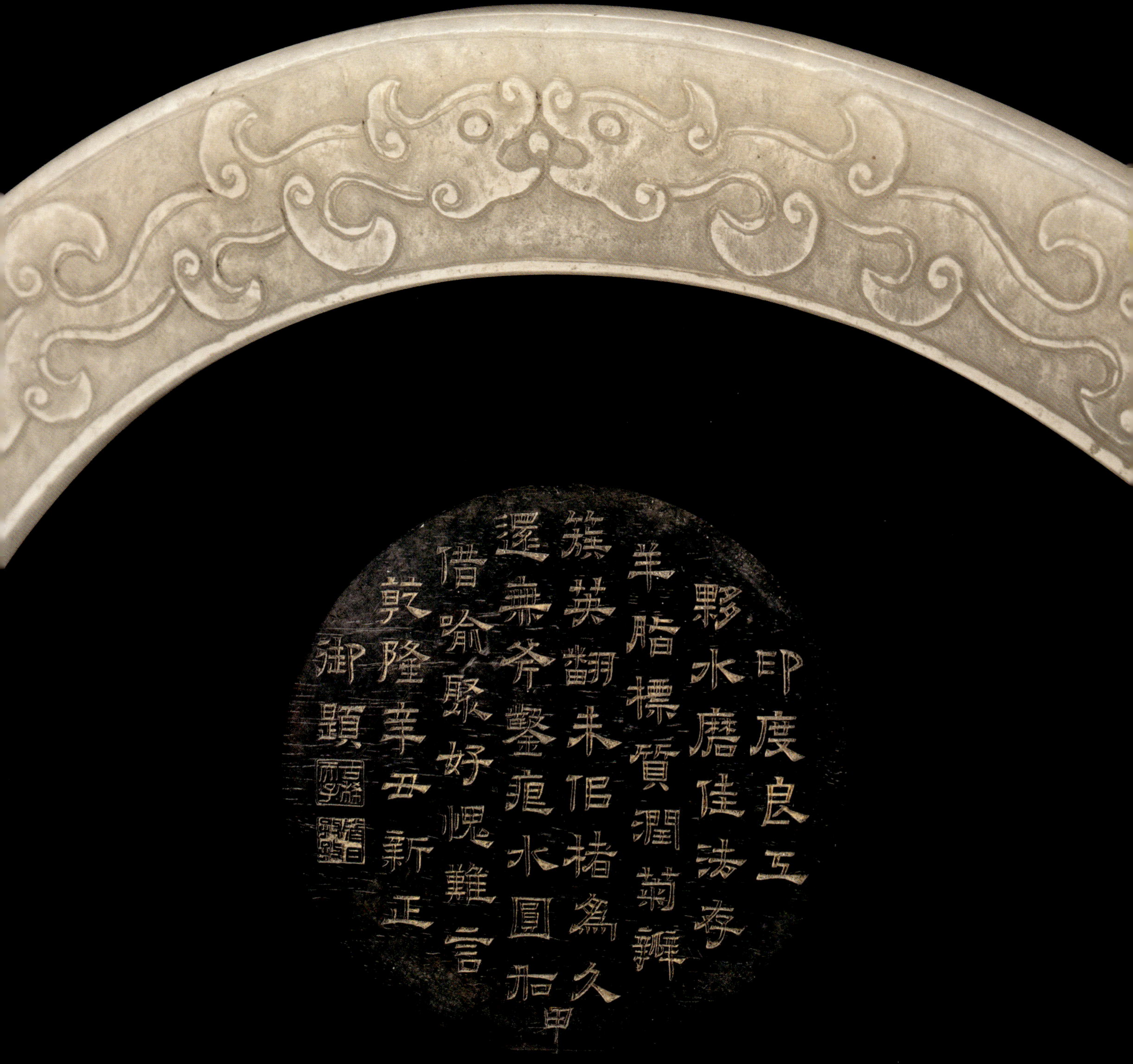
印度良工
黟水磨佳法存
羊脂標質潤菊瓣
簇英翻朱侶楮為久
還無斧鑿痕水圓而甲
借喻聚好愧難言
乾隆辛丑新正
御題

清（1644—1911）

白玉雕龙纹仿圈

13厘米×13厘米

印度良玉
羊脂標質潤菊瓣
借喻琢好愧難言
乾隆辛丑新正
御題

和田白玉。呈扁平体，正圆形，正面浅浮雕四组对称龙纹，纹饰古朴，线条流畅，背面浅浮雕花卉纹，花叶舒张，线条柔和。此器雕琢精美，实为一件文房佳品。

古代文房用具，除了人们熟知的“文房四宝”笔墨纸砚外，还有很多辅助文具，如笔筒、笔架、墨盒、水滴、水丞、镇尺、仿圈等，可谓琳琅满目，品种繁多。仿圈就是其中一个重要品种，是圈字临帖所用的实用工具。

清（1644—1911）

白玉十八罗汉串

尺寸不一

白玉。手串为玉籽十八颗，圆雕十八罗汉。手串雕琢精致，十八个罗汉均光头，着袈裟，或拱手而立，或手持谷穗和佛尘，或双手捧钵，或手拿念珠和书卷，或怀抱小兽，或身旁伏虎，形态各异，神态生动逼真。十八罗汉在玉雕中多见于圆雕坐像，制成如此小的造型作手串还很少见。

罗汉，是以佛陀得道弟子中修行最高的罗汉形象渲染雕刻的，十八罗汉是十八位罗汉组成。十八罗汉，配合默契，团结协作，是一道坚不可摧的力量，蕴含着坚强、坚定，大无畏气十足，更有着辟邪去煞的寓意。

清（1644—1911）

青玉回子花套枪附饰

6.2 厘米 ×5 厘米

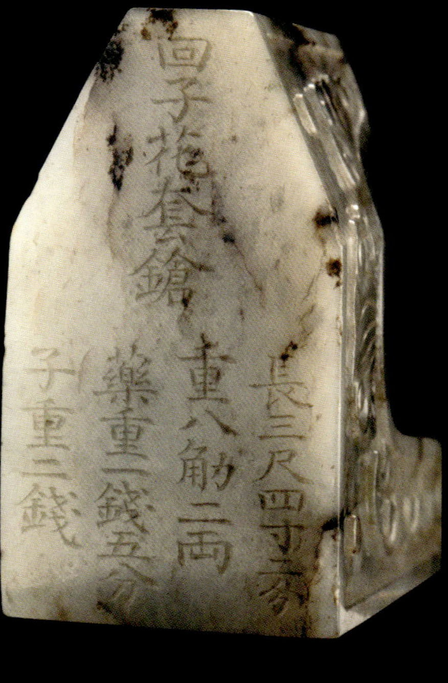
回子花套鎗
長三尺四寸二分
重八觔二両
藥重一錢五分
子重二錢

青白玉，玉质温润。此器略呈“匚”形，四面浅浮雕云纹、花卉纹，呈盝顶形的一面打磨平整，镌刻“回子花话套枪长三尺四寸二分重八斤二两药重一钱五分子重二钱”楷书铭文，记录了火枪的名称、长度、重量及所需火药、子弹的重量等信息。

为将此器镶嵌于火枪床尾处故在“匚”形内琢制方槽，最长边中央琢一圆孔。此器是清代皇帝御用火枪的构件，由宫廷造办处雕琢而成。

清（1644—1911）

白玉雕经文勒子

7厘米×1.2厘米

白玉，细腻润洁。外呈八角管形；中间突起，减地起阳文琢二龙戏珠纹饰；内为中通圆孔。通体各面用阴文刻出部分《金刚经》内容，隶书体，计8行，共80字，直读，为“金刚般若波罗蜜行善经　复次，须菩提，是法平等，无有高下，是名阿耨多罗三藐三菩提。以无我、无心、无众生、无寿者，修一切善法，即得阿耨多罗三藐三菩提。须菩提，所言善法者，如来说即非善法，是名善法。”字迹清晰，圆润大方，器面打磨平整。

勒子又称“蜡子”，是挂在颈部或腰间的佩带之物。起初是结绳后的绳子于生产劳动中的应用附件，将兽皮包卷绳上两端用细绳系紧，成为提握功能，后发展为更加耐用的玉石材料，直至成为饰品。

清（1644—1911）

白玉葫芦形烟壶

6.7厘米 ×4.7厘米

承露宛看紅玉杯

白玉，扁葫芦形，烟壶正面上部用阴线刻有乾隆御题诗“承露宛看红玉杯”，下部浮雕荷花与诗文相映衬，背面浮雕石榴。整体器形别致生动，葫芦造型取福寿之意。

清（1644—1911）

青玉嵌红宝石刀柄

10.7厘米 ×5.2厘米

青玉，器体厚重，一端略弯曲回转，另一端对称向两侧稍翻卷，端口处有凹槽，应为插嵌刀身之用，刀柄浮雕蕃莲百合纹，并镶嵌红宝石。整器质美工巧，造型、工艺、纹饰系典型痕都斯坦玉器风格。

痕都斯坦玉器即为伊斯兰玉器，喜用纯色玉材雕琢而成，花纹装饰多为植物花叶，以西蕃莲为主，还采用金银及各色宝石加以镶嵌，具有异域风格，与中国传统艺术风格形成了鲜明的对比。

清（1644—1911）

白玉雕山水纹嵌饰

5.5厘米 ×5.4厘米

白玉质地。器形扁方形。正面周边大于背面，略似斗状。正面以阴刻线琢楼阁山水图，近处城墙横亘，楼台环立，高塔尖耸，可谓风光旖旎，胜景殊秀。右上方刻“生工说法，顽石点头”。背面上下各雕一对称兽面纹，中部钻一牛鼻孔。造型规整。

生工说法
顽石点头

清（1644—1911）

翡翠雕螭龙纹带扣

7.6厘米 ×2.6厘米

此套由翡翠材质制作而成。带扣由钩体和钩扣两部分组成，钩体设有螭龙形钩头，颈向下弯曲与主体相接成一整体，钩扣前端设计成椭方形环，可与钩头相扣合。钩体和钩扣分别精琢两对螭龙，虽双目圆睁却亦颇具柔态。造型灵动，碾琢细腻，风格写实。

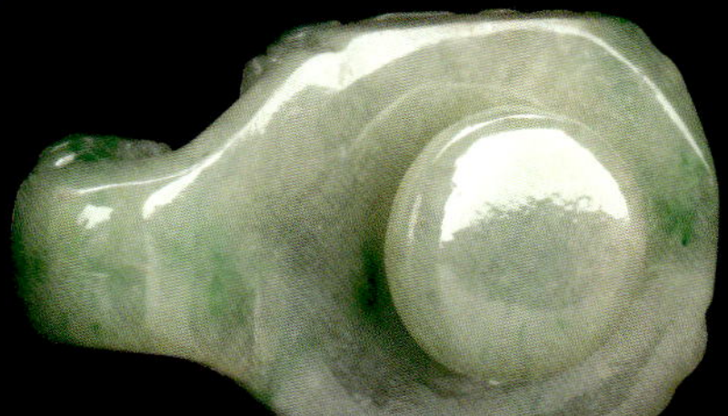

清（1644—1911）

白玉雕三阳开泰

8.5厘米 ×4.7厘米

玉质洁白，滋润，圆雕三只羊，神态各异。两只羊相依而卧，一只羊附在另一只小羊的背上。大羊口吐九朵祥云及阴阳鱼，神态平和自然，温顺憨厚。“羊”与“阳”谐音，寓意三阳开泰。整器细部刻画仔细，抛光讲究，光泽感强。

按《周易》，正月为泰卦，三阳生于下；冬去春来，阴消阳长；有吉亨之象。因此旧时以“三阳开泰”或“三阳交泰”祝颂新年。

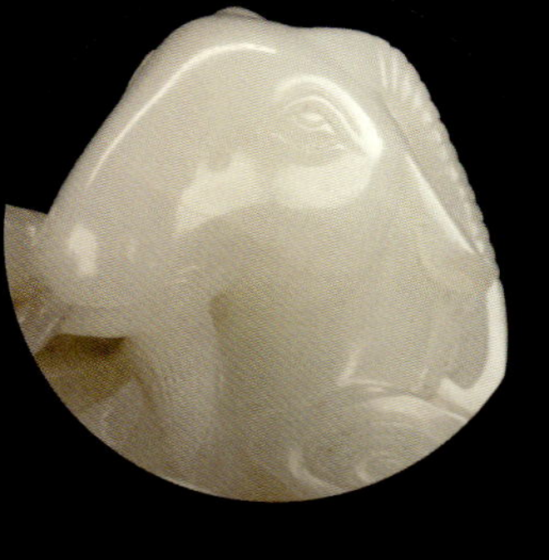

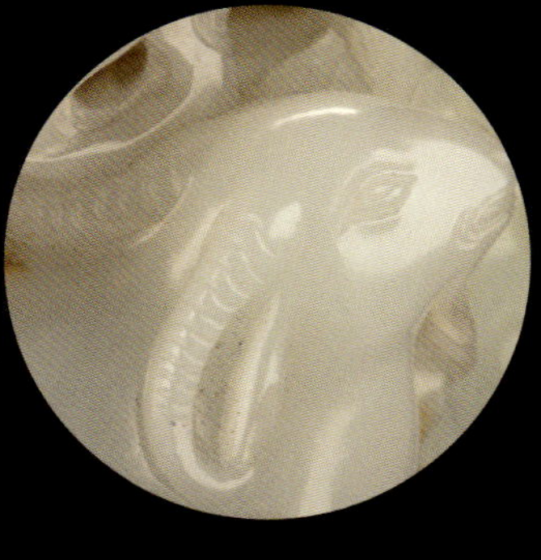

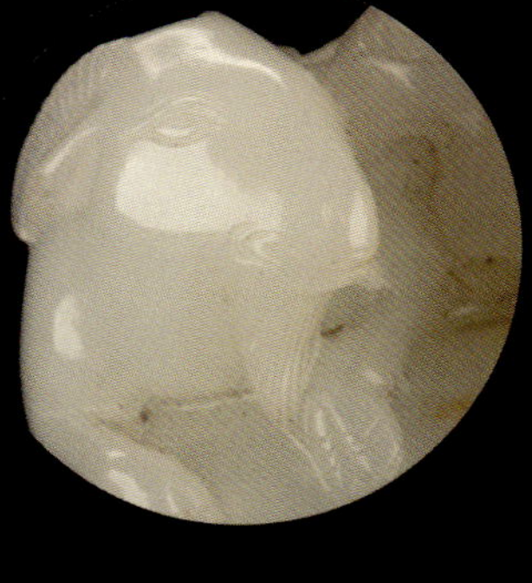

清（1644—1911）

白玉雕带子上朝纹牌（一对）

4.1 厘米 ×5.2 厘米

白玉温润，材料厚实，边线圆润。整器为椭圆形无边栏。双面鼓起，低额首，一面作火焰纹，一面作云纹，中间有穿孔。两块牌子造型略有相同，正面琢带子上朝纹，龙呈腾飞状，跃出海面。龙身瘦长，圆眼，张口，宽鼻，鹿角状龙角，有须，龙身无鳞纹。腿关节处饰网格纹。腿毛呈锯齿状，尾部为花尾。龙的下面有一只小螭龙。“带子上朝”，其寓意是辈辈做官，代代上朝，水为官府门第，世袭爵位不断。海浪为潮，而“潮”与“朝”同音。背面刻“龙符”两字。

杂项

铜鬲式炉

明（1368—1644）

直径 7 厘米

鬲形之器，古来有之。石器时代有陶鬲，夏、商、周有青铜鬲。汉魏、南北朝时期有青瓷鬲，唐宋元明清亦随之。鬲炉本为礼器，古有分裆鬲、索耳鬲，后经改制，合裆为腹，去耳平口，双弦为颈，鼓腹突硕，圆垂腹坠，三足壮伟，功精韵佳。底刻“宣德”两字篆书款。

明（1368—1644）

铜狮耳衔环炉

直径 7 厘米

此炉用料颇丰，炉壁甚厚，作侈口平沿、垂腹下承圆沿底足，两侧雕刻兽首，面部表情狰狞口衔珠环，色若深栗皮，色于棕褐中透出光泽，赏之不厌。炉底落比较少见的“明”字篆书款，于宣德炉中皆为精品，故尤为藏炉者所珍。

明（1368—1644）

铜象耳炉

直径20厘米

此炉造型精美，侈口束颈，侈膛精细，垂腹膨出甚多，下承圈足，因重心下沉而独具沉坠稳重之气质。两侧雕刻象头，象鼻作耳下垂流畅优美。整器皮色作深栗壳色光润古雅。底铸“宣德年”三字篆书款。

清（1644—1911）
铜桥耳三足炉

直径 10 厘米

敬胜斋，位于故宫博物院内，外观九间，内分为东西两部分，东五间与延春阁正对，两侧接游廊与阁相连。室内有匾额“旰食宵衣”。是对帝王废寝忘食、勤于政事的赞誉。西四间偏于花园的西北角，为乾隆八年西墙西移后所添建。乾隆曾作敬胜斋诗，且亲旨刊刻《敬胜斋法帖》，是与同时期所刻的《御制三希堂法帖》《钦定重刻淳化阁帖》《兰亭八柱帖》齐名的著名丛帖。

此炉身如笔洗形，文气十足，当为宫廷文房之器，上施双桥耳，下以三足相承，铜质晶莹剔透，有隐隐洒金之味道。炉底落“敬胜斋制”四字楷书款，虽宫廷斋名，也若堂名款，使其身价倍增，具有很高研究价值。

清（1644—1911）

铜鎏金夔纹炉瓶盒三事

瓶长 4.5 厘米　炉长 11 厘米　盒长 7.2 厘米

炉瓶三事是焚香用具：一个香炉，一个香盒，一个插香箸、香铲的小瓶。“炉瓶三事”全称为“炉瓶盒三事”，是由炉、瓶、盒三个主要器件组成的一整套燃香器具，故称“三事”，三事造型风格一定要统一。现在有很多人写成“炉瓶三式”，这是不规范的。不仅因为违背了其出处的原始用语，还因为它不是指三种式样，而是指将这三件器物准备好的事情，缺一不可，以便焚香。

这套炉瓶三事，三件都浮雕夔纹，古拙而生动，纹饰部分都施以鎏金。其中，炉为薰炉形式，双兽耳，炉盖为镂空兽纽，四角以圆柱形式体现，下呈马蹄式四足，炉身纹饰分为上下两层，均为双夔龙或双夔龙捧寿，炉底刊“大清乾隆年制”六字三行篆书款；盒也是四角四柱形，施双夔龙纹，下承四足，底刊“大清乾隆年制”六字三行篆书款；瓶采用双联瓶形式，以应和炉与盒风格统一，底刊“大清乾隆年制”篆书横款。

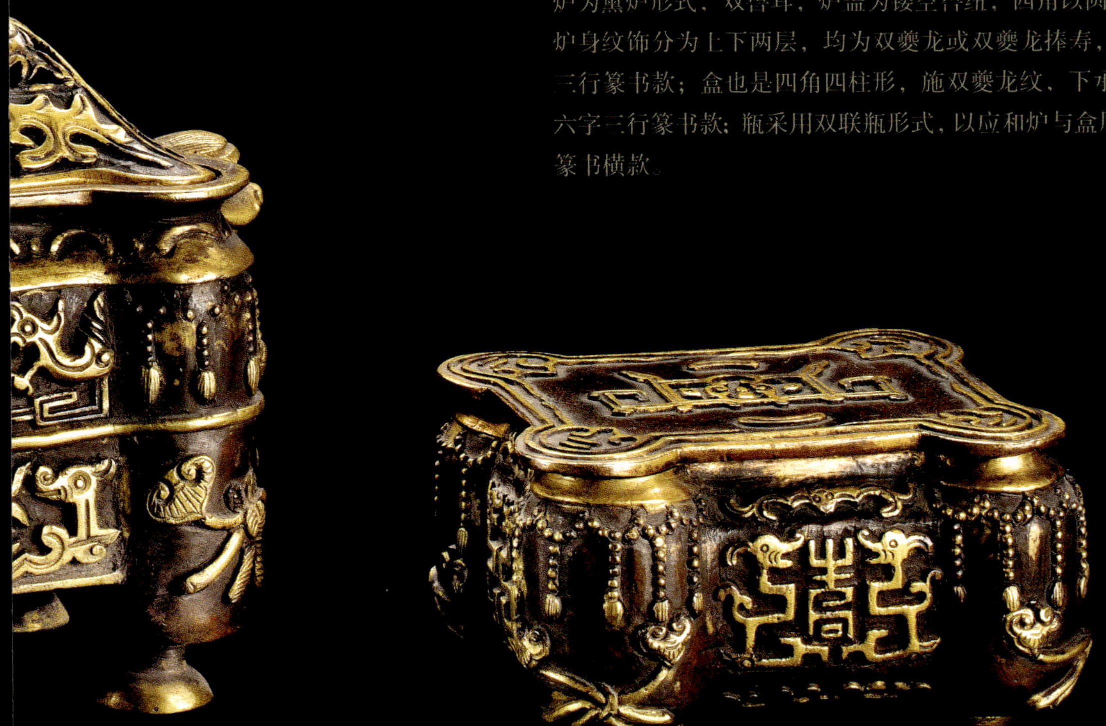

大明
宣德
年製

清（1644—1911）

铜朝冠耳炉

直径 15.5 厘米

朝冠耳式亦称判官耳，形制见于《宣德彝器图谱》，有“加官进爵”之吉兆，颇有意味。此炉器形圆润，平口，竖颈，鼓腹丰满，下承三兽头足粗壮有力。腹部立对称朝冠耳规整流畅，线条优美，一波三折，刚柔并济。腹部双起线图纹装饰。原始皮壳，蜡茶古色，气息古朴。底部为六字三行楷书款“大明宣德年制”，字体工整典雅，实为炉中精华妙品。

东汉（25—220）

青盖龙虎铭文镜

直径 18.5 厘米

圆形，圆纽，圆形纽座。高浮雕双龙一虎环绕镜纽呈对峙状，身体弯曲叠压在镜纽之下，体态硕大，雄劲有力，龙口大张，伶牙俐齿，虎目圆睁，毛发上扬，其相对均呈嘶吼状。一周细弦纹外的七乳丁纹区分七等份，分别以细线雕铸青龙、白虎、朱雀、玄武、羽人等纹饰填充，反映了当时社会背景下，民众们期盼安定富足生活的美好愿望。主纹饰外圈环绕着一圈铭文带："青盖作竟（镜）大毋伤，左龙右虎辟不羊（祥），朱鸟（雀）玄武顺阴阳，长保二亲乐富昌，寿敝金（今）石如侯王"。近缘处有一周栉齿纹，镜缘处饰双圈三角锯齿纹间隔着双线波折纹。此镜布局疏密有致，背面漆黑莹亮，品相唯美上佳。

魏晋南北朝（220—589）

半圆方枚神兽镜

直径 12 厘米

圆形，圆纽，圆纽座，主体纹饰采用高浮雕技法，以四种神兽为界，将纹饰分为四组，放射形排列。主体纹饰以东王公、西王母为主体，两旁有神鸟神兽相守。造冕垂旒者应为黄帝，有侍者神鸟相伴。伯牙抚琴于膝上，旁边两人聆听。外区有凸起的半圆和方块枚相同排列，每一方枚有铭文文字：“吾作明竟，幽炼三商，吉羊兮长”。外围锯齿纹，镜缘纹饰分两圈，内缘饰以仙人驾龙车出行、仙人端坐在龙车上，身边鸾鸟、仆从环绕，前后仙人跨龙骑凤，列队跟随。外镜缘饰云雷纹。此镜为商承祚旧藏，整体纹饰精细，线条流畅，技法娴熟，具有时代特色。商承祚旧藏。

商承祚（1902—1991），字锡永，号驽刚、蠖公、契斋，广东番禺人，古文字学家、考古学家、金石篆刻家、书法家。出身书香仕宦之家。

元（1271—1368）

梵文准提镜

直径 9 厘米

佛字圆纽，主体两圈梵文环绕镜纽。内圈为十字梵文，外圈为二十七字梵文，内容系梵文书写的准提咒。此镜铸工精美，字口清晰，体现元代广泛流行的佛教思想。准提咒是礼奉准提菩萨、修行准提咒时所念的咒文。准提咒文用于礼奉、修行场合，古代僧侣、信佛之人相信这些咒语具有神奇的力量，念诵它们能够为他们带去安
吉祥。此镜中间带有“佛”字造型，极具有宗教意义，反应出元朝时期佛教文化的兴盛。

清（1644—1911）
铜嵌银丝山形笔架

长8厘米

石叟

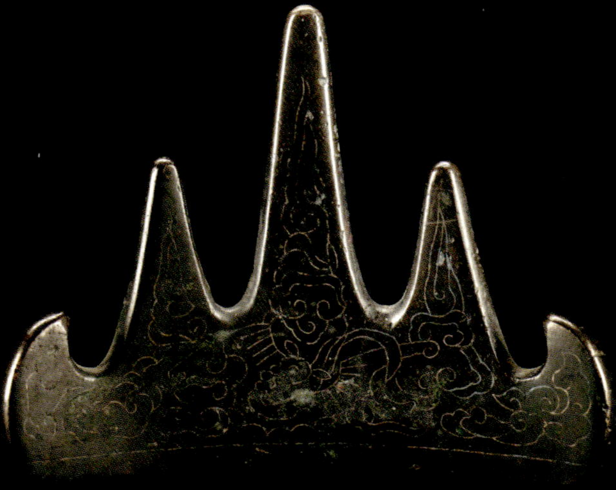

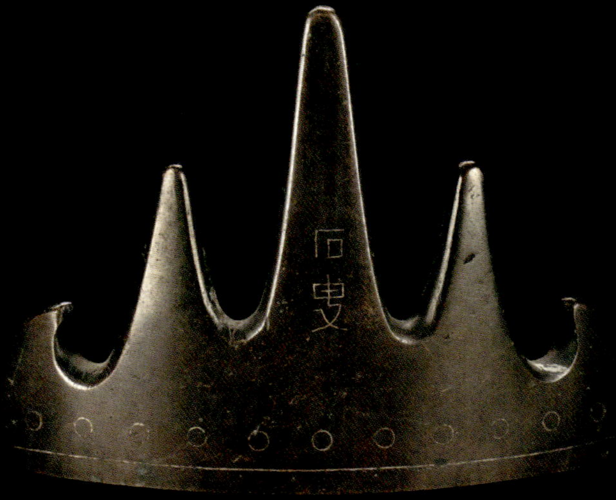

石叟

石叟是明代万历至崇祯年僧人（生卒年不详），善于铸造嵌金银丝的纯铜器，其冶炼、雕塑之佛像文房案器不仅技艺超群，且因铸件掺有镍，器物呈色独特的佛经纸色。此件笔架错银纹饰线条流畅飘逸的云纹、五个山体挺拔圆润，光滑神秀，无不温润而有光彩。

清（1644—1911）
铜嵌银丝鼎式炉

高11厘米

此炉造型挺健，呈扁圆形。平口折沿，上出冲天耳做撇，直腹嵌云纹图案，下承三柱足，包浆完整，皮色美观大方，揩之铿锵作清音，置之文房案头，焚香其内，顿增古雅。

清（1644—1911）

铜嵌银丝盘

直径 23.2 厘米

石叟

此盘以明晚期著名的铜器制造者石叟所擅长，其冶炼技术高超，传世作品多为文人雅玩。此件所采用的铜嵌银丝工艺，其工艺需先在铜体上绘画、挑槽，再将银丝嵌入槽中，使银丝与铜器表面相平，工艺繁难，对制造者要求很高。本件铜盘口沿平滑，盘体折沿处嵌回纹，盘底部嵌八宝云纹，寓意富贵吉祥，平圆底足。

清（1644—1911）
铜嵌银丝长颈瓶

高12厘米

此瓶精铜制，腹部圆浑端庄，长颈瓶口侈华，整器以错银工艺为纹作为装饰，嵌山水楼阁，云纹银丝婉转流动，打造光滑。铜质精良，入手沉甸，皮色细腻均匀，有如高古铜器黑漆古一般，沉静浑厚，端丽容穆，浑然天成，瓶底以嵌银丝工艺嵌“乾隆年制”四字篆书款。

元（1271—1368）

铜权

高 10.5 厘米

此权铜制，平肩，弧腹，束腰，卧足。权身有“文南路造”“至元二十五年”铭文，包浆厚重，放于掌中有压手感，品相佳。至元（1264—1294）是元世祖忽必烈使用的年号名，取意《易经》“至哉坤元”。古代的铜权相当于现代的秤砣；权，即秤锤，又叫秤铊，与衡相佐，“所以称物平施，知轻重也”。铜权是国家度量衡的标准器物，作为重量衡器的标准，具有极高的历史价值。

明（1368—1644）

景泰蓝麟凤纹折沿大盘

直径 42 厘米

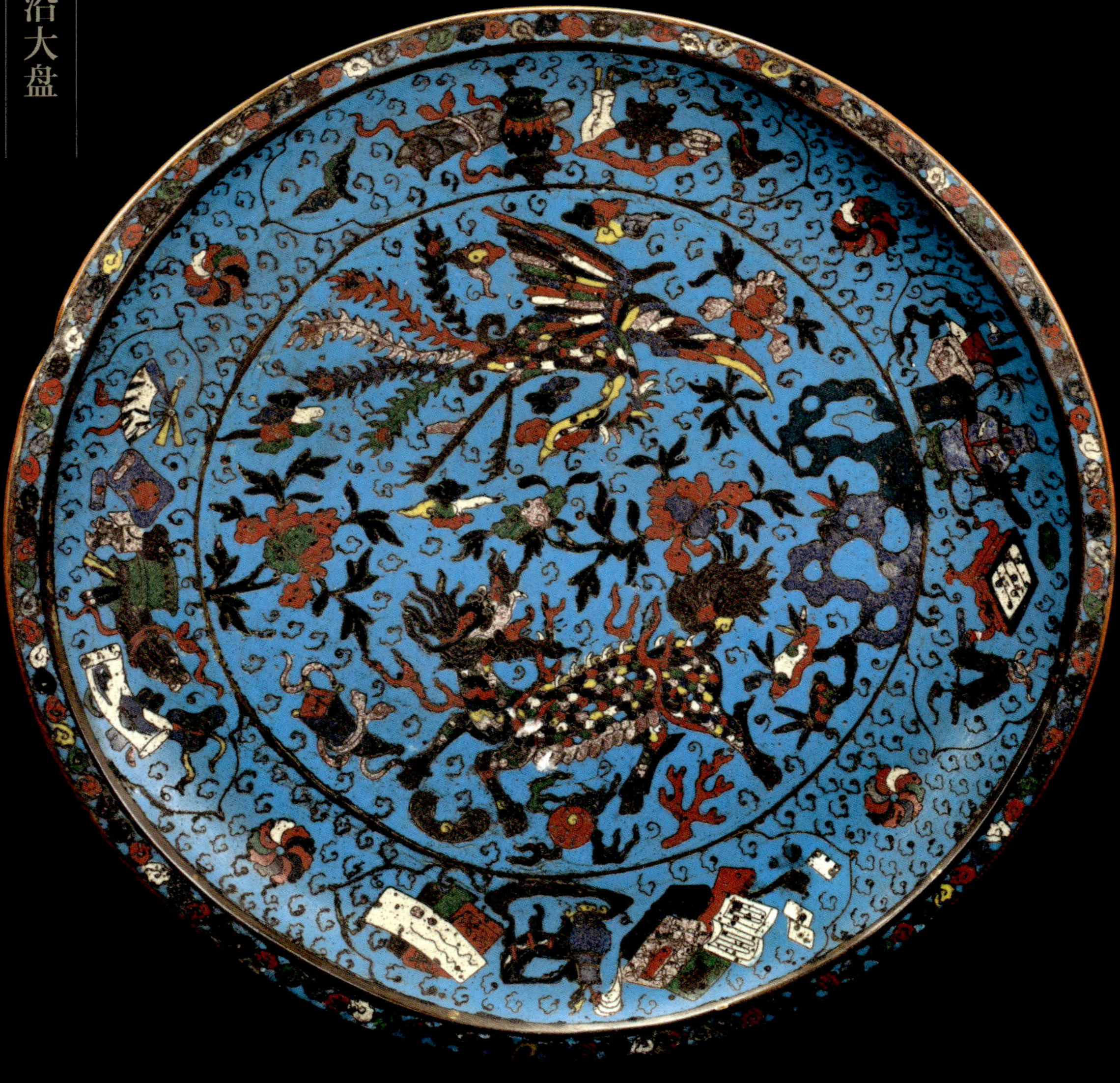

景泰蓝又名掐丝珐琅，是在铜器表面用各种珐琅质涂成花纹，花纹四周嵌以铜丝或金银丝，再以高温烧烤而成。一般认为，这种工艺品在明代景泰年间大量生产且形制最佳，多为蓝色，故名景泰蓝。这件明代景泰蓝麟凤纹折沿大盘，珐琅丰润，质料透明，绝无刺眼之感。胎质为黄铜，掐丝也用黄铜，器物表面有砂眼。大盘以蓝色为主色调，明丽雅致。图案分为两个大的区域，中心部分为“威凤祥麟”图，其外为环形图案，如同铜镜以四乳丁为基点组织题材一样，用四个五彩旋球划分为四个区域，内饰杂宝图，如书、画、宝瓶等，折沿上还饰有五色朵云，进一步烘托出吉祥的气氛。

明（1368—1644）

铜双龙形笔架

长 17.5 厘米

青铜材质，两条弯曲的螭龙回首相互缠绕，弓背弯曲向前，颈部低压，头部呈上扬之态，龙体修长，后足站立，平衡托起整个身体，让整个笔架极富有动感。龙的造型早在青铜时代就已经盛行，作为图腾纹饰代表吉祥的象征延续至今。笔架线条流畅，构思独特，姿态生动，极具文人雅趣。

笔架，又称笔格、笔搁，供架笔所用，是文房常设之物。明代时期文人对文房用具的追求逐渐提升，笔架成为文房中不可或缺之物。

明（1368—1644）

铜百环花觚

高 30.5 厘米

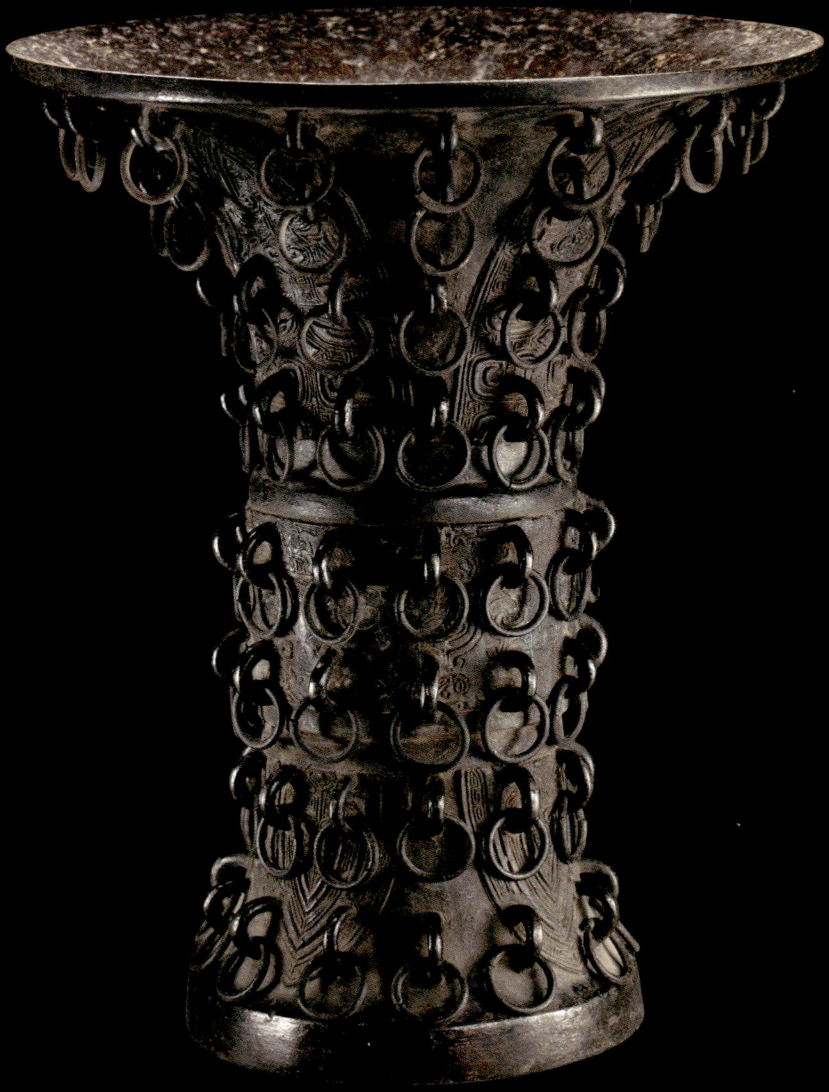

敞口呈喇叭状，口大于底部，长颈高束，腹突出，台式高圈足，胎壁厚重。器身分为三部分。上下部为蕉叶纹，内修饰云雷纹，中部以回纹为底，突出变形兽面纹。整体纹饰繁密，层次分明，特别是器身均饰有衔环，衔环生动灵活，呈现一种抽象美感。商周时期花觚主要用途是酒器，随着历史的发展，它慢慢失去了实用价值，到了明代是仿古器物大量制作的第二个高峰期，花觚演变为陈列种类出现，供文人赏玩或陈列。此花觚造型古朴大气，时代气息浓厚，韵味十足。

清（1644—1911）

铜柱纽官印

高 9.5 厘米

乾字三千一百九十二

印铜铸，柱纽。印面阳线宽边框内铸汉、满两种文字，内容对照，汉文右上起顺读，满文左上起顺读，印文为阳文篆书体。印台有汉、满两种文字刻款“镶红旗满洲四甲喇四佐领图记。礼部造。乾隆十五年二月□日。乾字三千一百九十二号”。

清代实行八旗制度，旗（满语“固山”）、参领（满语“甲喇”）、佐领（满语“牛录”）三级管理，满、蒙、汉皆备，负责驻防各地。镶红旗为下五旗之一。“图记”为清代对八旗佐领及宗室、觉罗族长等官印的称谓。此印为乾隆十五年（1750 年）铸造。

禮部造
乾字三千一百九十二號
乾隆十五年二月

民国（1912—1949）

铜鎏金天鸡尊

高9厘米

这是仿古错金银之天鸡尊造型。铜质，局部鎏金，凤首，天鸡作立身翘首状，飘逸灵动，背负盘龙尊，双翅扬起贴于尊身，长尾下垂内卷，足登镂空双轮，双轮外侧分别有文字"京绥铁路通车纪念""民国十年七月一日"，由此可知，当为1920年纪念京绥铁路通车所制。

天鸡作为一种传说中的神鸟由来已久，具有吉祥之意。据天鸡尊的造型实物，最早为洛阳宋墓出土之例，作鸟负尊形，应为宋代对于《周礼》中鸡彝、鸟彝的想象。天鸡是瑞兽，天鸡负尊或天鸡负瓶的图案为进宝之意。同时，天鸡作为吉祥物，其作用之一就是避邪，它同时也是英雄勇武的象征。

東照宮

日本元禄（1688—1703）

铜鎏金铜铃

高19厘米

铜铃整体呈圆形鎏金，腰际一圈凸起将其分成上下两部分，上半部分一面刻“东照宫”，另一面刻“元禄元戊辰年二月一日”，主体錾刻纹饰为三叶葵纹，此为德川将军家的专用家纹。元禄（1688—1703）是日本东山天皇的年号，这个时代江户幕府的将军是德川纲吉（1646—1709）。东照宫是供奉日本最后一代幕府——江户幕府的开府将军德川家康（1543—1616）的神社。此铜铃应为东山天皇改元之年为东照宫所铸造。

清（1644—1911）

铜镀金画珐琅镶珍珠怀表

直径 6.5 厘米

精美镀金，手动上弦，中式复式雕刻机芯。摆轮备蓝钢戟形砝码。白色珐琅表盘，罗马数字。外环备分钟、秒钟刻度，阿拉伯数字 15 分钟时标。表圈及弓环上镶有珍珠，表壳背饰以掐丝珐琅装饰，环绕一圈花丛，绘有两只在高山湖泊之中漫游的天鹅。

清（1644—1911）

铜镀金画珐琅人像怀表

直径 5 厘米

怀表的表壳是以铜镀 18K 黄金为材质，面盘则以白色珐琅为主要制材，其面盘的六点钟位置还设有一 60 秒小表盘，怀表上的画珐琅人像主角，确切人名与身分已不可考。这只怀表不只具备计时的实用性能，更忠实呈现了钟表工艺的艺术价值与历史意义。附原配锦盒。

辽（907—1125）

铜鎏金弥勒菩萨像

高 13 厘米

弥勒菩萨头戴高耸的花冠，冠上装饰繁复精美，中间突出一宝塔，这是弥勒菩萨的标志，宝塔两边施以卷草等纹饰凸显于鱼鳞形底纹之上。缯带自耳际沿肩臂下垂，并绕于双臂。相貌寂静和善，眉间白毫以刻画圆环形突显，胸前璎珞满饰，上身偏长，具有唐代菩萨造像的遗风。右手当胸结说法印，左手持净瓶。双腿全跏趺于仰莲座上，腿部衣纹流畅，刻画自然。多层次的头部外翘的仰莲瓣与束腰形的圆底足，构成了菩萨莲座的整体，生动写实，具有典型辽代佛教造像特征。这件造像影响广泛，是研究佛教造像时代特征的宝贵实物资料之一。

元（1271—1368）

铜鎏金大成就者像

高13厘米

这是一件少见的大成就者造像，大成就者是专对以修习密法获得成就并对密法传播做出贡献的那些古代印度上师的称呼。本尊全跏趺坐于双层莲花座上，身着通肩袈裟，薄衣贴体，具“萨尔纳特”风格意味，边缘装饰双连珠纹花边，下摆呈扇形铺陈于台座前部。面相寂静，鼻胫与眉弓相连，头发采用写实手法。双手交叉于胸前，左手执铃，右手持杵，分别代表智慧与方便，莲瓣加宽，芯如杏仁。莲花座上下均施以连珠纹，下连珠纹已经不是紧贴底沿，说明是从西藏和元代风格发展而来。

明（1368—1644）

铜鎏金大威德金刚像

高 18.5 厘米

大威德金刚像在藏密中被视为文殊菩萨化现的忿怒相，是无上瑜伽密续主要本尊，也是格鲁派密修本尊之一。在五大明王中是西方阿弥陀佛的变身，即牛头明王。因其能降服恶魔，故称大威，又有护善之功，故又称大德，也称降阎魔尊、怖畏金刚。此尊有九头，每头三目，叶形佛冠，正中带有一对牛角的头，象征阎罗王。三十四臂，左右各十七臂，手各结印，手中各持法器，两主臂分别持钺刀和嘎巴拉碗，拥抱明妃“罗浪杂娃”（金刚起尸母），主尊和明妃腰部以下璎珞满饰，极其繁缛精细。十六腿左右各八，右屈左展，足踩人禽异众，均表示征服邪恶。双层仰覆莲座束腰深陷，莲瓣宽大饱满，布满一周，不留空白，莲瓣芯部长如杏仁，莲瓣头部又錾刻立体感极强的云头纹或称卷草纹，上下边沿又各饰一周大小一致的圆形连珠，这些都极具 15 世纪藏传佛教造像风格。这尊造像可谓藏传佛像中造型最为复杂的一尊，制作难度极大，显示出当时匠师高超的铸造技艺。

明（1368—1644）

铜鎏金药师佛像

高 57.5 厘米

药师佛头微前倾，眼睑低垂，目光俯视，面相寂静，头顶螺发，并施以靛蓝，肉髻光洁。头部比例偏大，具有典型明代佛教造像特征。着通肩式袈裟，边缘錾刻花纹，腰带偏下。双腿呈全跏趺坐，右手置于右膝，掌心向外，持药诃子，左手于腹前结禅定印。背部原漆金尚可见到，金水肥厚。整体造型简洁质朴，躯体健硕，神态庄严。原应有莲花座，并有日光遍照菩萨和月光遍照菩萨于左右，成"东方三圣"组像。药师佛全称药师琉璃光如来，住东方净琉璃世界，能除一切病痛之苦，救民众于生老病死之间，故名"药师"；能照三有之暗，故名"琉璃光"。东方三圣在汉藏地区的崇拜非常普遍，在广大信众心中的地位非常之高。

清（1644—1911）

铜鎏金五世达赖像

高 13.5 厘米

五世达赖（1617—1682），法名阿旺罗桑嘉措，身着交领式僧衣，外披斗篷，衣纹细腻，自然流畅。右手作说法印，左手托经箧，全跏趺端坐于单层卡垫之上，双目圆睁，面相生动写实，表现大师学富五明的非凡气质。袍服与卡垫上錾刻云龙纹及金刚杵等繁密精美的纹饰，是清早期佛教造像的典型特征，不失为高僧肖像之佳作。卡垫后面有兰查体梵文和藏文铭刻“圣识一切阿旺罗桑嘉措”。

清（1644—1911）

铜泥金药师佛像

高 22 厘米

药师琉璃光如来，高肉髻，顶饰髻珠，面部泥金，发染靛蓝，手持药草，一条圣带自左肩向右下斜搭，全跏趺于仰覆莲座上，下又承半月形高台座，龟脚式足落地。佛背光以两根圆柱与顶部莲花枝蔓盘绕呈拱门形。呈现出清早期藏西受克什米尔影响的风格。

清（1644—1911）

铜鎏金黄财神像

高17厘米

黄财神又称“赞布禄”或“布禄金刚”。财神如意坐姿于双层卡垫之上，头戴天冠，顶束发髻，二目圆睁，浓眉入鬓，身着天衣，装饰莲花、项链、手钏、臂钏，耳珰垂肩，耳际缯带翻卷云纹，左手握吐宝鼬，是其标志。黄财神头部比例稍大，具有清早期风格。双层卡垫施以锦地，非常精美。

清（1644—1911）

铜鎏金观音菩萨立像

高 17.3 厘米

菩萨站立于单层覆莲座之上，莲座饰上下连珠纹，莲座下又承四足方台座。菩萨身着通肩式大衣，下摆向两侧展翼，左手施与愿印，右手施无畏印，似旃檀佛像手印。头冠中央有一化佛，这一标志说明此为观音菩萨像，整体造型粗犷雄浑，具有唐代风格，应为明清仿唐造像。

清（1644—1911）

铜鎏金虎面空行母像

高9厘米

虎面空行母是藏传密教空行母之一，相传是普贤菩萨的化现护法身。虎首人身，右手高执钺刀，左手当胸托嘎巴拉碗，呈忿怒相，红色长发飘垂于脑后，身饰瓔珞，腰围虎皮裙，左腿展立于单层覆莲座之上。莲座呈半月形，所饰莲瓣宽大肥硕，上沿饰连珠纹。

清（1644—1911）

铜鎏金菩萨像

高 16.5 厘米

菩萨呈寂静相，双目略俯视，头戴花冠，束葫芦形高发髻，发施靛蓝。袒露上身，项饰璎珞，两臂饰臂钏、腕钏，右手施印当胸，持一茎莲花，莲花枝自手臂绕至右肩，左手置于大腿之上。双腿跏趺坐于莲座之上，着长裙，长裙下摆于莲座前部形成扇形装饰。单层仰莲座，莲瓣肥硕宽大，层次感强，明显受到蒙古造像风格影响。

清（1644—1911）

铜鎏金金刚萨埵像

高 19.5 厘米

金刚萨埵又称金刚勇识菩萨，被认为是普贤菩萨的化现身，与显教普贤菩萨同体异名。此尊面相和静，头微左倾，富于交流动感，头戴五叶佛冠，葫芦形发髻高耸，长发自肩臂下垂，耳际缯带似云纹向外翻卷。项饰瓔珞，上身着帔帛，绕肘部而下。左手执铃于胯上，表示以清净发音警觉世人，右手持杵当胸，表示能摧毁烦恼，这是金刚萨埵的常见形式。全跏趺坐于双层仰覆莲座，莲座上沿饰一周连珠纹。下身着长裙，衣纹自然流畅，下摆满铺于台座之上，边缘錾刻花纹。

清（1644—1911）

铜鎏金药师佛像

高 17 厘米

药师佛全跏趺坐，右手置于右膝，掌心向外持药诃子，左手结禅定印托钵（钵已佚）。头顶螺发，宽额丰颐，目光微垂，面相寂静，躯体浑厚，肌肉感强，健硕有力。袒右肩式袈裟，衣纹以萨尔纳特手法表现，简洁明快，造型端庄典雅。双层莲座非常精细，仰覆莲之间束腰较深，莲瓣饱满纯净，上下沿各施一周连珠纹。下连珠纹以下部分又向外延展，更增加几分深沉稳重之感。

清（1644—1911）
铜鎏金宗喀巴像
高 22.5 厘米

上师面相愉悦，双目圆睁，嘴巴微张，似在讲法，与双手当胸所结说法印形成呼应。整体造型生动写实，及其传神，鼻胫高耸，双眉以向上的阴刻线表示，简洁利落。内着交领式僧衣，边缘錾满纹饰，外披通肩式袈裟，外面錾满宝相花，非常精致。左右肩各施一茎莲花，花蕾尚未开放，分别托经箧和宝剑，可以判定是格鲁派上师形象。格鲁派又称黄教，是宗喀巴所创，一般认为，明永乐七年（1409）甘丹寺的建造，是该教派的正式形成的标志。上师全跏趺于仰莲座上，莲座上沿施一周大而均匀的连珠，其下为层次感极强的仰莲瓣，再以下的部分又浅刻海浪纹，虽繁复，但排布有序。

新莽（公元9—23）

小泉直一陶钱范

长7厘米

汉代时铸钱工艺已逐渐趋向标准，采用范铸法铸造钱币。母范为阳文，使用母范铸造阴文子范后，使用子范翻铸钱币。小泉直一是王莽第二次货币改革时所推出的基础货币，用以取代当时市场中流通的五铢钱。小泉直一为莽系六泉之首。此块残陶母范系早年出土品，外有民国时锦囊包装，锦囊外题签“新莽小泉直一残土范 尚一清玩 丁丑初冬 国松”，尤为难得。

清（1644—1911）

紫檀百宝嵌梅花诗文花插

高 7.5 厘米

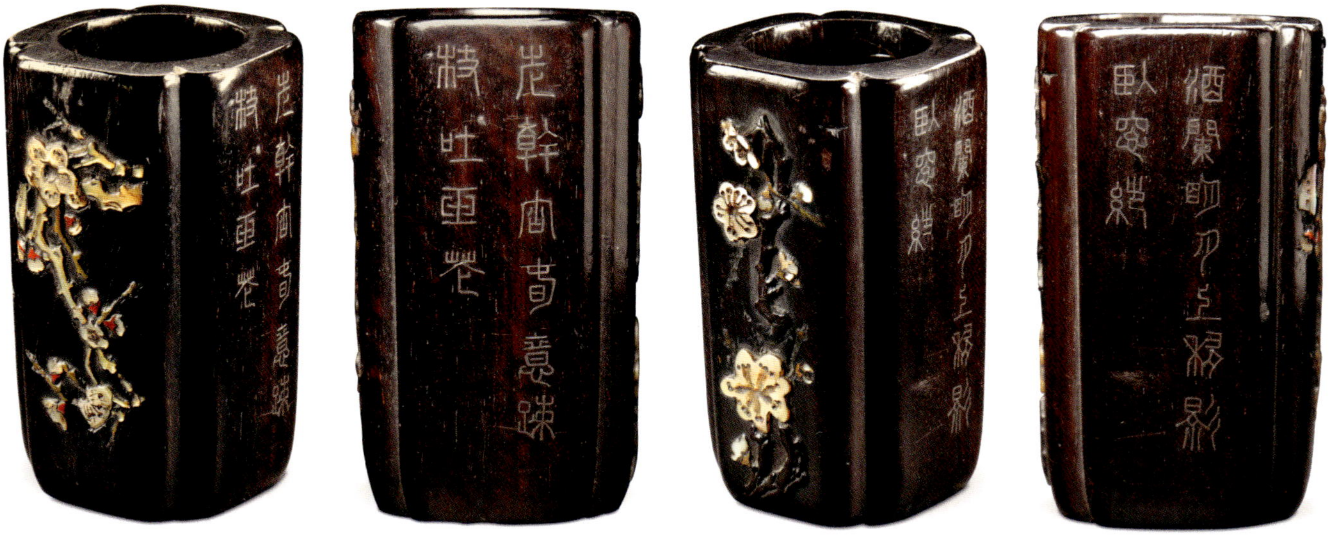

此花插形为四方委角，以紫檀材质为主体，采用镶嵌工艺，主要用螺钿装饰双侧梅花和树干，曲折的树干盘旋而上，树冠是繁枝细杈婀娜多姿，花瓣上婉约点缀零星的花蕊，形象生动。枝干苍劲有力，绽放的梅花英姿勃发，花枝间含苞待放的小花鲜红饱满。梅花乃是岁寒三友中之首，有着谦虚高洁、不畏严寒、坚韧不拔的精神。器身两侧嵌有银丝的篆体诗文“酒阑明月上，移影卧窗纱。老干含春意，踈枝吐玉花。”银色文字与紫檀木色相互辉映下，高贵典雅。

百宝嵌工艺源于明代，用百宝嵌成的图案花纹随着光线角度发生变化，工艺复杂成本昂贵，当时倍受贵族人喜爱。到了清代乾隆时期工艺日渐成熟，在宫廷中广泛应用。这件花插整体造型技艺精湛，清幽淡雅，极具文人色彩。

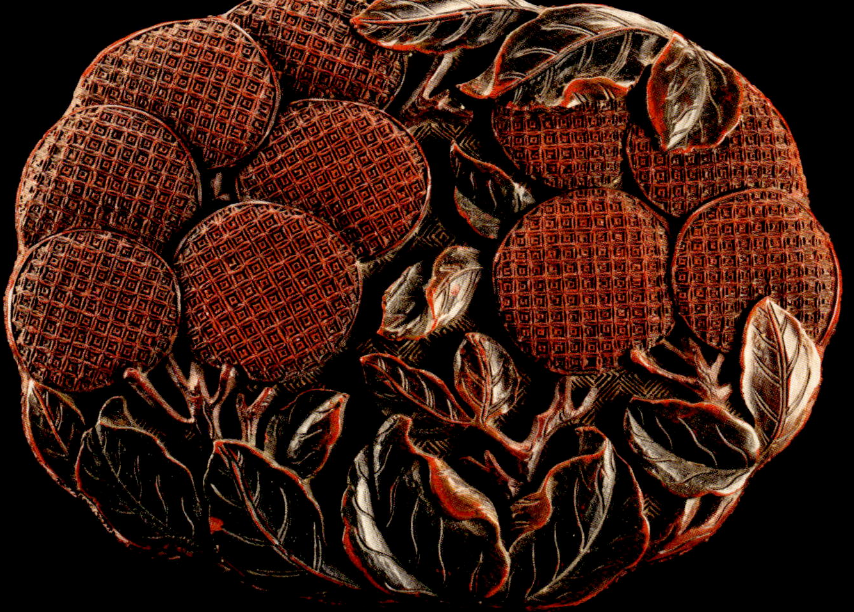

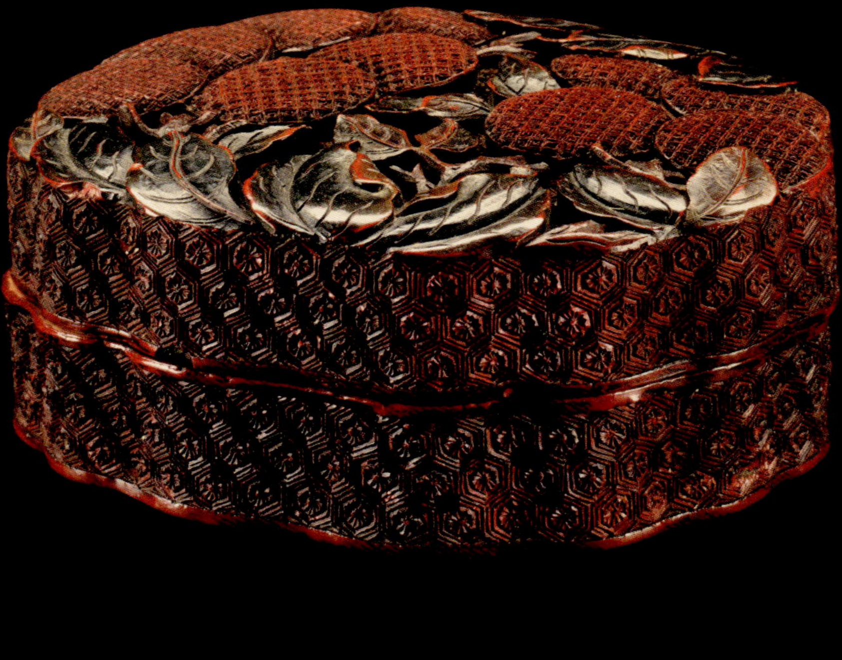

清（1644—1911）

剔红荔枝纹果盒

长11厘米

此件果盒尺寸小巧，子母口，盒内及底部髹黑漆，外壁以菱花形锦地装饰器身。盖面刻回纹满雕荔枝，颗颗饱满，果实上雕几何锦地纹，突出立体效果，叶片翻折生动，叶脉纤细自然。“剔红”是一种雕漆工艺，是在器面上反复涂数十层甚至上百层红漆，等漆干后，在厚厚的漆上雕刻出浮雕纹饰。此盒漆层肥厚，刀工遒劲有力，色泽红润温婉，包浆自然。

荔枝的“荔”音与“利”同，因此荔枝纹饰，常形容为“大吉大利”，寓意吉祥。

清（1644—1911）

沉香手串

直径 1.5 厘米

手串以沉香木制成，共计13粒，每一粒略呈桶珠形，光素无纹，包浆肥厚，旧意浓郁，油丝明显。沉香有明目清心，去烦燥之功效。夏日佩戴沉香，可防暑去躁。历代以来皆视为珍贵之物，颇为难得。此手串规整大气，包浆古朴醇厚，于掌间盘玩，实乃雅物佳器。

清（1644—1911）

红木刻诗文镇纸

长 26 厘米

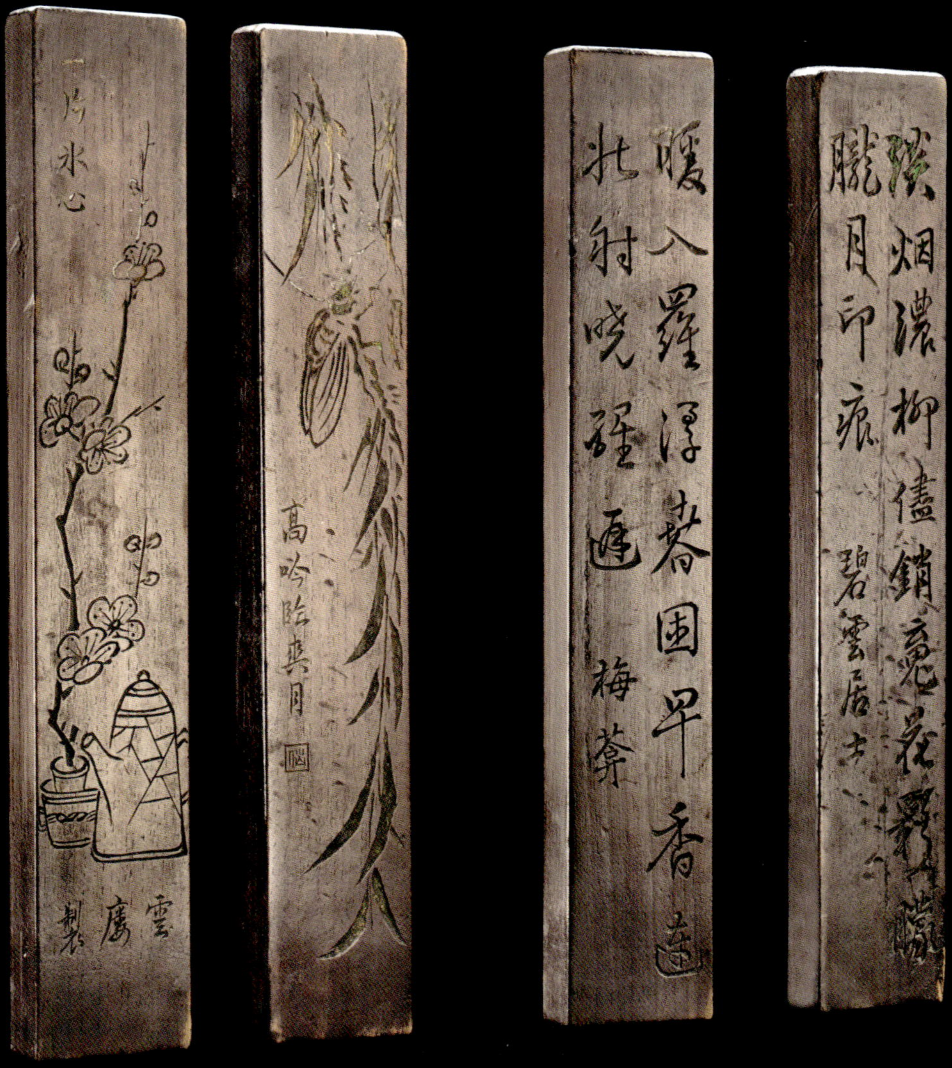
一片冰心
高吟臨與月
暖入羅浮春困早
香迷姑射曉醒遲
梅夢
淡烟濃柳儘銷魂
朦朧月印痕
碧雲居士

镇纸红木材质，两枚成对摆放。正反两面分刻花卉和诗文，两两相应。一枚正刻博古梅花图，背刻铭文“暖入罗浮春困早，香迷姑射晓醒迟 梅梦”。语出元代谢宗可《梅梦》。另一枚正刻垂柳鸣蝉图，背刻“淡烟浓柳尽销魂，花影朦胧月印痕 碧云居士”。

清（1644—1911）

沉香木雕一品当朝如意

长 59.5 厘米

此件如意以沉香木雕琢而成，长曲柄，曲颈，灵芝形冠，形体粗壮硕大，通体以浅浮雕形式雕琢松石祥云及八仙祝寿纹。其中芝冠中央雕一端坐的鹤发童颜的寿星，寿星两侧分立蓝采和和汉钟离二人，曲柄由上至下雕韩湘子、曹国舅和吕洞宾一组三人，尾端雕何仙姑、张果老、铁拐李一组三人。曲柄和芝冠各组人物间雕山石流云和苍松翠柏，曲柄间还开光雕饰“一品当朝”四字。

如意是我国古代一种饰物，具有祝贺长寿的意思，又因材质、造型、雕琢纹饰的不同而成为社会地位的象征。沉香木如意的数量尤为稀少，此件物品形体较大，适合单柄陈设。根据档案等材料的记载，虽然原料珍罕，但这类如意是当时很得帝王青睐的品种，造办处多次承旨制作，地方官员也时有进贡。

松風琴趣
禮耘刺史大人雅玩
藏拙山人持贈

松風琴趣
禮耘刺史大人雅玩
藏拙山人持贈

清（1644—1911）

竹刻松风琴趣图臂搁

长 28 厘米

臂搁呈覆瓦式。正面浅刻亭台怪石，苍松侧柏，一高士与一抱琴童子相向而立，左侧题“松风琴趣 礼耘刺史大人雅玩 藏拙山人持赠”。刀法简洁有力，线条舒展流畅，画面高古简洁，极具文人笔墨的韵味。臂搁是古代文人用来搁放手臂的文案用具，渐从实用器发展为把玩观赏之物，体现中国文人特有的审美情趣。

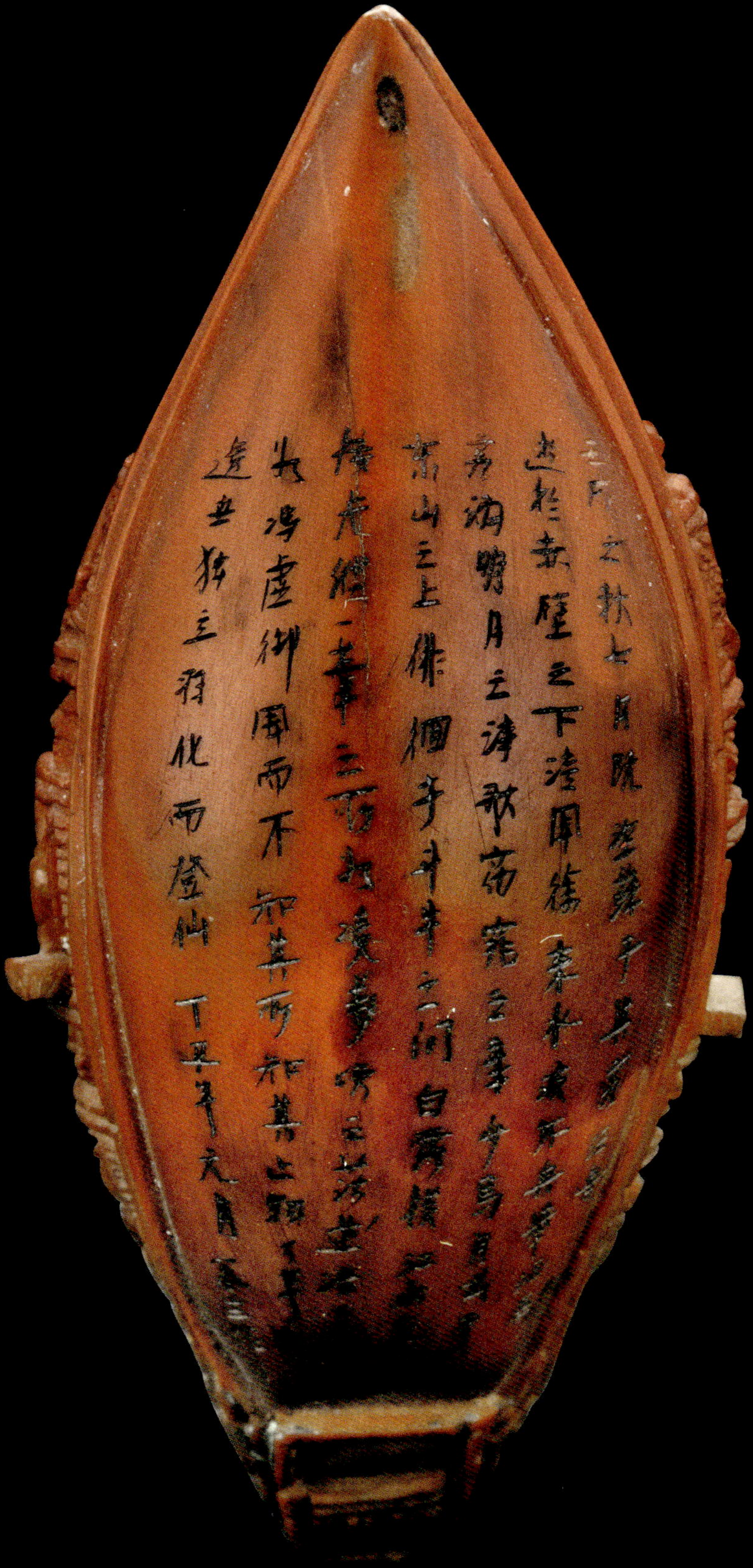

清（1644—1911）

核雕夜游赤壁舫

长4厘米

湛谷生，活跃于清代道光、咸丰年间，原名茂兰，号谷生，广东增城新塘人。其博览群书，善丹青，专研橄榄雕刻。作品流传在世的很少，被海外博物馆及藏家收藏，他的代表作《赤壁游舫》收藏在广东增城博物馆。

此件作品以橄榄之样式巧雕出“舫”之形，运用镂雕、浮雕及微雕技法，船舫纹饰毕现，可见雕工之精。船舫底部刻出《前赤壁赋》“壬戌之秋，七月既望，苏子与客泛舟游于赤壁之下。清风徐来，水波不兴，举酒属客，诵明月之诗，歌窈窕之章。少焉，月出于东山之上，徘徊于斗牛之间，白露横江，水光接天；纵一苇之所如，凌万顷之茫然。浩浩乎如冯虚御风，而不知其所止；飘飘乎如遗世独立，羽化而登仙。丁丑年六月 谷生作”，字小如蚁，波磔清晰，令人赞叹。

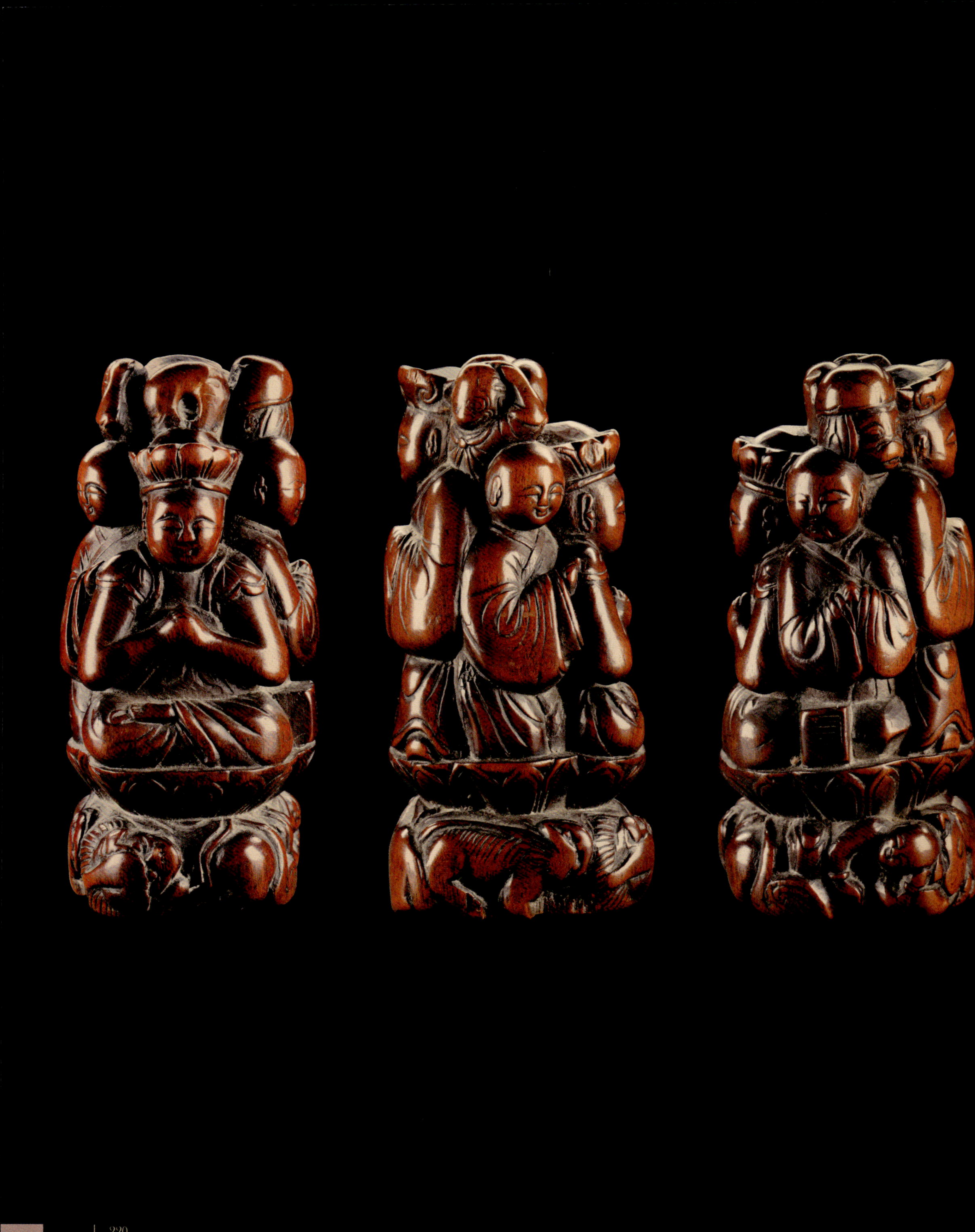

清（1644—1911）

黄杨木雕人物摆件

高 7.5 厘米

黄杨木质，整材圆雕，其题材出自《西游记》的典故，雕刻层次分明，主题突出。本品因材施艺，采用圆雕、浮雕等技法，于方寸间将黄杨木材顺势而成一组微缩西游人物故事图。整器以莲花宝座分隔成上下两部分，上部正面雕一头带五叶冠的菩萨，旁边分别雕刻猪面人、猴面人，应为猪八戒、孙悟空与唐三藏师徒三人。背面雕一头戴僧帽的僧人，左右分立罗汉两人。下部四周分别雕刻卧马、神人、怪兽。整器包浆浑厚、造型繁复独特，是中国民间传统故事和艺术结合的产物，具有重要民俗研究价值。

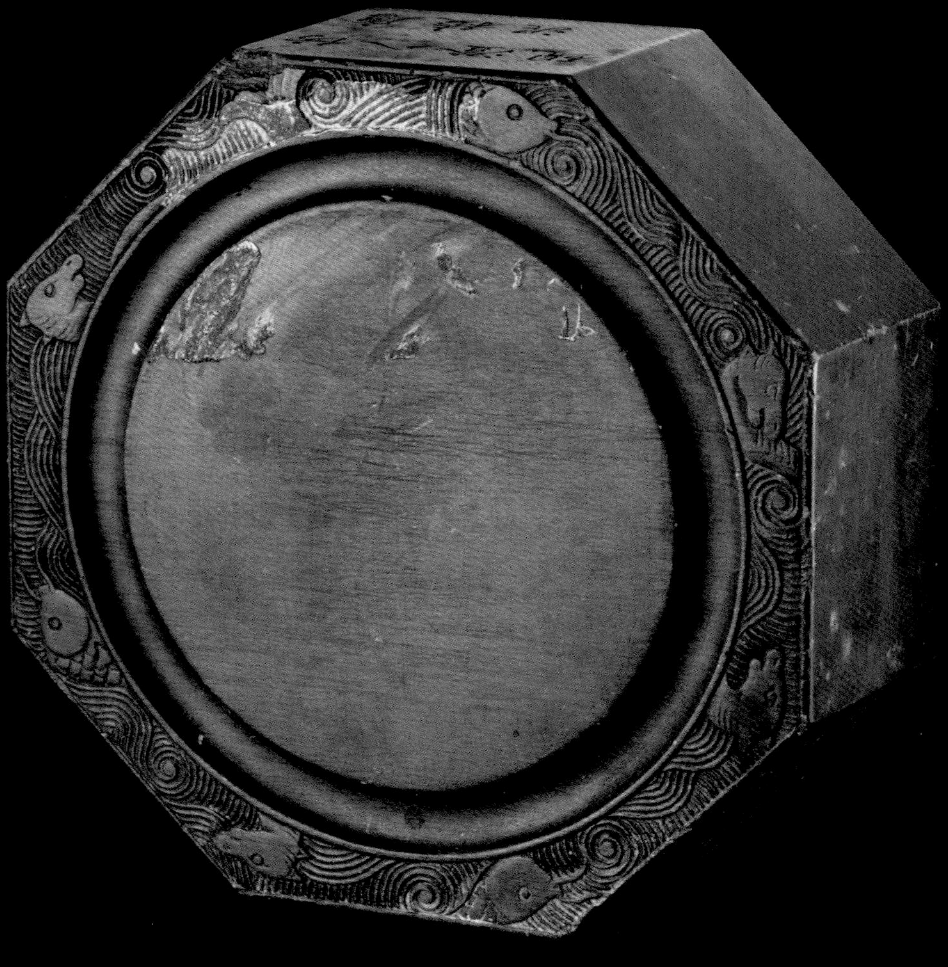

清（1644—1911）

仿唐八棱澄泥歙砚

长9.5厘米

仿唐
八稜
澄泥
硯

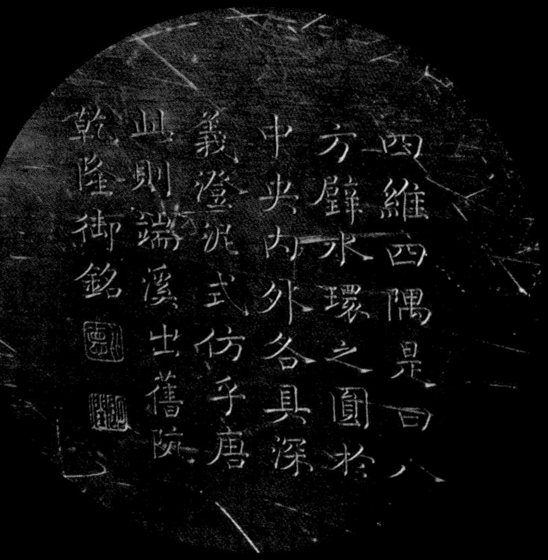
四維四隅是曰八
方辟水環之圓於
中央內外各具深
義澄泥式仿乎唐
此則端溪出舊阬
乾隆御銘

歙石质，砚作八棱形，砚堂呈圆形，砚堂周缘凹陷成环渠，以有墨池之用。渠之砚边的宽沿上，浅浮雕波涛、飞鱼和海马图案。砚边款“大清乾隆年制”。砚背中央镌清高宗御题诗一首“四维四隅是曰八方，壁水环之圆于中央，内外各具深义，澄泥式仿乎唐，此则端溪出旧坑”。款题：“乾隆御铭”，钤印：“比德”“朗润”。此种砚式自乾隆朝始，后期多有仿制，此器书法隽秀，刀口利索，极为难得。

清（1644—1911）

井田端砚

长 12.5 厘米

砚作正方形，开堂极浅，井字为池，故称井田砚。井田砚为明清两代常见砚式，美观与实用兼备。此砚方正质朴，线条挺拔，不加修饰，简洁大方。石色灰紫，质地坚实细腻。砚底正中刻“读易楼藏”印一方。原配紫檀雕海水龙纹天地盖。

玉栋（？—1790），清代藏书家，字子隆，号筠圃，别号淡游居士。本姓姚。其先人在清太祖时被编入内府，遂入汉军正白旗籍。乾隆三十五年（1770）举人，官临沂知县、信阳知州。建藏书楼“读易楼”，王芑孙作有《读易楼记》，称他为“辇下藏书家”。

葛巾漉酒
小松黄易

清（1644—1911）

随形澄泥砚

长 19.5 厘米

雍正十三年春三月南村

砚为随形，澄泥质，正面上方雕月牙形砚池，下刻“雍正十三年春三月南村”，边缘刻一圈松竹梅纹做装饰。砚背刻葛巾漉酒图并铭文“葛巾漉酒 乾隆丁丑冬十月 小松黄易”。砚侧落“小松”“臣大昕”图章。南村为高凤翰，小松为黄易，大昕为钱大昕，据所刻年号考与其生平多有不符之处，故此砚当为晚清仿古之作。

黄易（1744—1802），字大易，号小松、秋盦，又号秋影庵主、散花滩人。浙江钱塘人，兼擅篆刻，与丁敬并称“丁黄”，为“西泠八家”之一。

钱大昕（1728—1804），字晓征，又字及之，号辛楣，晚年自署竹汀居士，江苏太仓人。清代史学家、文学家、教育家，乾嘉学派代表人物。

高凤翰（1683—1749），清代画家、书法家、篆刻家。字西园，号南村，又号南阜、云阜。山东胶县人。画山水花鸟俱工，工诗，尤嗜砚，藏砚千，皆自为铭词手镌之。

清（1644—1911）

书卷形端砚

长8厘米

砚为端石质，砚侧有绿带纹，随形，砚边刻云龙纹一周，卷云形砚池。砚侧分别刻“凌霜自得良朋友，过雨时添好子孙　寸松”及“寿氏”印章一枚。砚底打格摹刻查士标题跋龚贤画册诗文一篇“昔人云，丘壑求天地所有，笔墨求天地所无。野遗此册，丘壑笔墨皆非人间蹊径，乃开辟大文章也。非吾友疑庵，真鉴笃嗜孰能致也。白岳查士标跋。臣印”。此砚小巧文雅，应为晚清文人复古赏玩之物。原配红木雕花砚座。

清（1644—1911）
石鼓文鼓形砚

长 10 厘米

砚作鼓形，石色尚黑，似淄石。圆形砚堂，环形深池。腰上摹刻石鼓文零雨鼓之铭文，底深凹，镌“苏轼家藏”四字。原配紫檀木天地盖。据盖上铭文记载，此砚为藏家于民国丁巳年（1917）得于都门厂肆。

唐初天兴县发现形似鼓形石十个，鼓侧环刻四言散文诗十首，石鼓上所刻文字属于春秋时期秦国大篆，为现存年代最为久远的石刻文字。乾隆五十五年为庆贺其八十大寿，加以考订并重刻石鼓。因重刻石鼓所衍生出来的各类文房珍玩，不仅是对石鼓重新诠释的再现，也与乾隆朝盛行的仿古风气有密切关系。此砚即为清代摹古之风的产物。

清（1644—1911）

青田石印章

高 11.5 厘米

印文：闽侯官少穆林则徐印　历官十三省阅兵四十万

边款：仿文三桥作隶村　闽垣隶邨仿三桥文彭

印章取材为青田石，长方形，印面分别采用阳文篆书和阴文篆书。一方边跋刻元吾丘衍《三十五举》之第十八举，另一方边跋刻《三十五举》之第三举。《三十五举》为史上第一本系统的篆刻教材，为后世的所有正统篆刻大家一路传承下来。闽垣即福州，村通邨，隶通竢。林则徐本身也是一位深谙书法篆刻的文人雅士，此对印章印文是林则徐晚年自我评价的得意浩叹，应为其生前常用之印章。

林则徐（1785—1850），福建侯官人，字元抚，又字少穆、石麟，晚号竢村老人、竢村退叟、七十二峰退叟、栎社散人、瓶泉居士等。

民国（1912—1949）

田黄石瑞兽纽印章

高 3.8 厘米

印文：振采

边款：半丁为振老刻 丙戌三月 仿切玉文子丹

印章呈琵琶黄色，石质温润晶莹，橘囊纹、红筋格明显。印台长方形，其上雕有俯卧瑞兽纽，其肌骨健壮，长鬃飘于脑后，双眼圆鼓，嘴微张露齿，神态张扬，雕刻生动，打磨精细。结体规矩，有端庄之美。此印作于丙戌年（1946）。振采其人无考。

陈半丁（1876—1970），即陈年，画家。浙江山阴（今绍兴）人。自幼学习诗文书画，拜吴昌硕为师。擅长花卉、山水，兼及书法、篆刻。曾任中国画研究会会长。

清（1644—1911）

寿山石印章

高 5.5 厘米

印文：见人一善忘其百非　张雄寿言

边款：光绪十有三年岁在丁亥秋八月　吴县吴大澂　吴氏又篆

六书中缪篆一体，汉人用之摹印，其形屈曲稠缪，取相配合，故谓之缪，自其学得矣。今之言印学者必曰三文氏，盖犹得秦汉遗意耳。余癖嗜印章，遇有名家所作流落市肆，问以归。每值春秋佳日，沦添香罗列一室展玩，置数年以来积既多。今春偕仲弟养之，择其优雅者印成一编。凡一切新奇狂怪之习概摒弗取，非敢云鉴别也，庶几无失乎古意云尔。

见人一善忘其百非语出《孔子家语·六本》。此对印章作于光绪十三年丁亥（1887）。

吴大澂（1835—1902），字清卿，号恒轩、窸斋、白云山樵，江苏苏州人。同治七年（1868）进士，历官广东、南巡抚。工山水、花卉，精于金石书法和鉴赏，富收藏。为近代六十名家之一。

清（1644—1911）

寿山石古兽纽印章

高 3.6 厘米

印文：柴门临水稻花香

边款：次闲为椒孙仿汉白文 乙未六月

“柴门临水稻花香”朱文闲章，刀痕略显，方圆变化巧妙，恰到好处，方正而有清丽之气。出自唐代诗人许浑《晚自朝台津至韦隐居郊园》。受印人椒孙为清代浙江海宁竹刻名家袁馨。此印作于 1835 年即道光十五年。

赵之琛（1781—1860），字次闲，号献父、穆生、宝月山人，浙江杭州人。工书画篆刻，山水师黄子久、倪云林，萧疏幽澹，花卉竹石有明人气息。为“西泠八家”之一。

袁馨，字椒孙，浙江海宁人，寓居杭州，系浙中刻竹名手，亦善篆刻，《广印人传》称“浙中以刻竹称者，惟椒孙与容庄（蔡照）两人而已”。

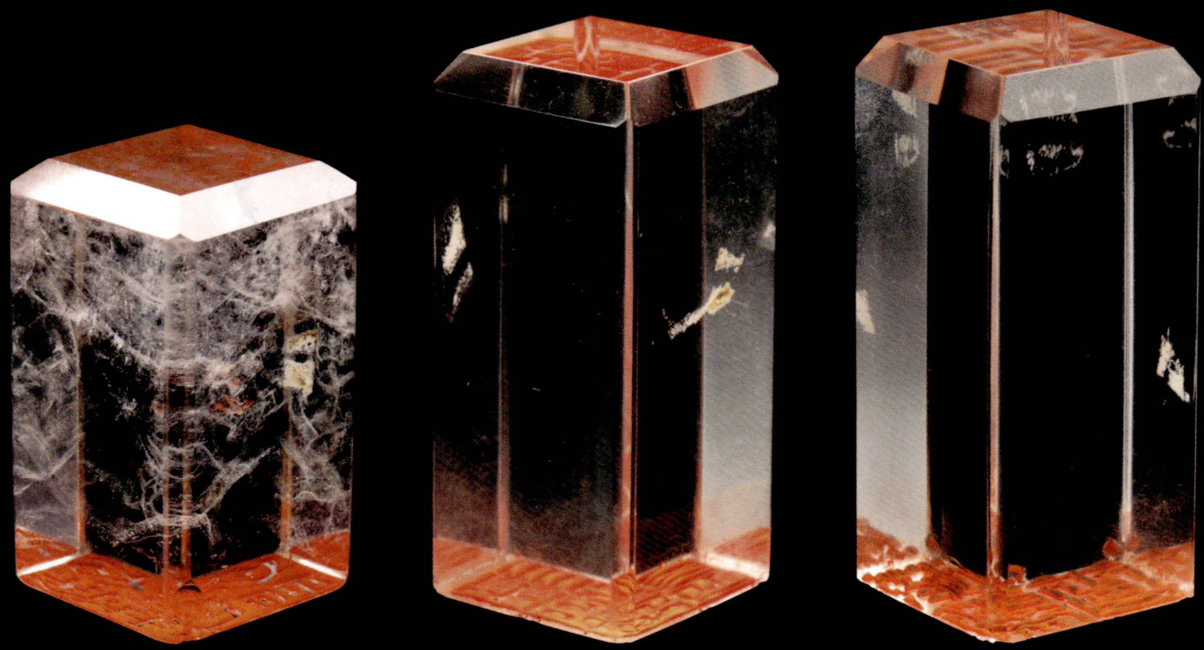

民国（1912—1949）

水晶印章

高6厘米　6厘米　4.8厘米

印文：徐氏世昌　水竹邨人　弢斋世昌

此组印章共三方，为水晶质，体长方。其材质纯净通透而晶莹，宛如千年冰髓。印面分别采用阳文篆书和阴文篆书。印风工整端庄。印地平整干净，刻工娴熟沉稳。据印文考证应为徐世昌晚年自用印章，十分难得。

徐世昌（1855—1939），字卜五，号菊人，又号弢斋、东海、涛斋，晚号水竹村人、石门山人、东海居士，天津人。徐世昌早年中举人，后中进士。光绪三十一年任军机大臣。徐世昌颇得袁世凯的器重，在袁世凯称帝时以沉默远离之。民国七年徐世昌被国会选为民国大总统。他下令对南方停战，次年召开议和会议。民国十一年退隐天津租界以书画自娱。徐世昌国学功底深厚，不但著书立言，而且研习书法，工于山水松竹。一生编书、刻书30余种，如《清儒学案》《退耕堂集》《水竹村人集》等，被后人称为“文治总统”。

子才先生
齊子如敬贈
白石三子

印文：子才　徐子才

边款：白石三子　子才先生　齐子如敬赠

此对章为齐子如为徐子才先生所刻自用章。徐子才，为活跃于民国时期的
北平四子之一。首都博物馆藏齐白石书画作品中，上款为子才者多达十余件。

齐子如（1902—1955），名良琨，白石三子。入著名画家陈半丁门下，专
豪放秀雅兼备。由于长期耳濡目染，齐子如绘画技法颇具白石老人风骨，且有
不但亲自为其刻印多方，而且常常父子合作，共绘精品。

民国（1912—1949）

青田石印章

高 6.5 厘米

迪生
迪生刻

印文：刘志谦　益庐珍藏

边款：迪生　迪生刻

此对印章为吴迪生为刘志谦所刻自用章，刘志谦其人无考，印章选材为青田石艾叶绿，材质稀有。

吴炎，字迪生，生卒不详，湖北人，民国时期北京印社社长，精于书画、治印、刻竹，是寿石工与齐白石的入室弟子。治印雕刻均有特点，为北平名手，寓安福胡同北平印社。

书画

艺海撷珍

天津市文物交流中心文物精品集

路溪長正統梅公
相睽帶雲閒堂
足縱乘興喜好還
心清古人古雅
草堂一首書贈

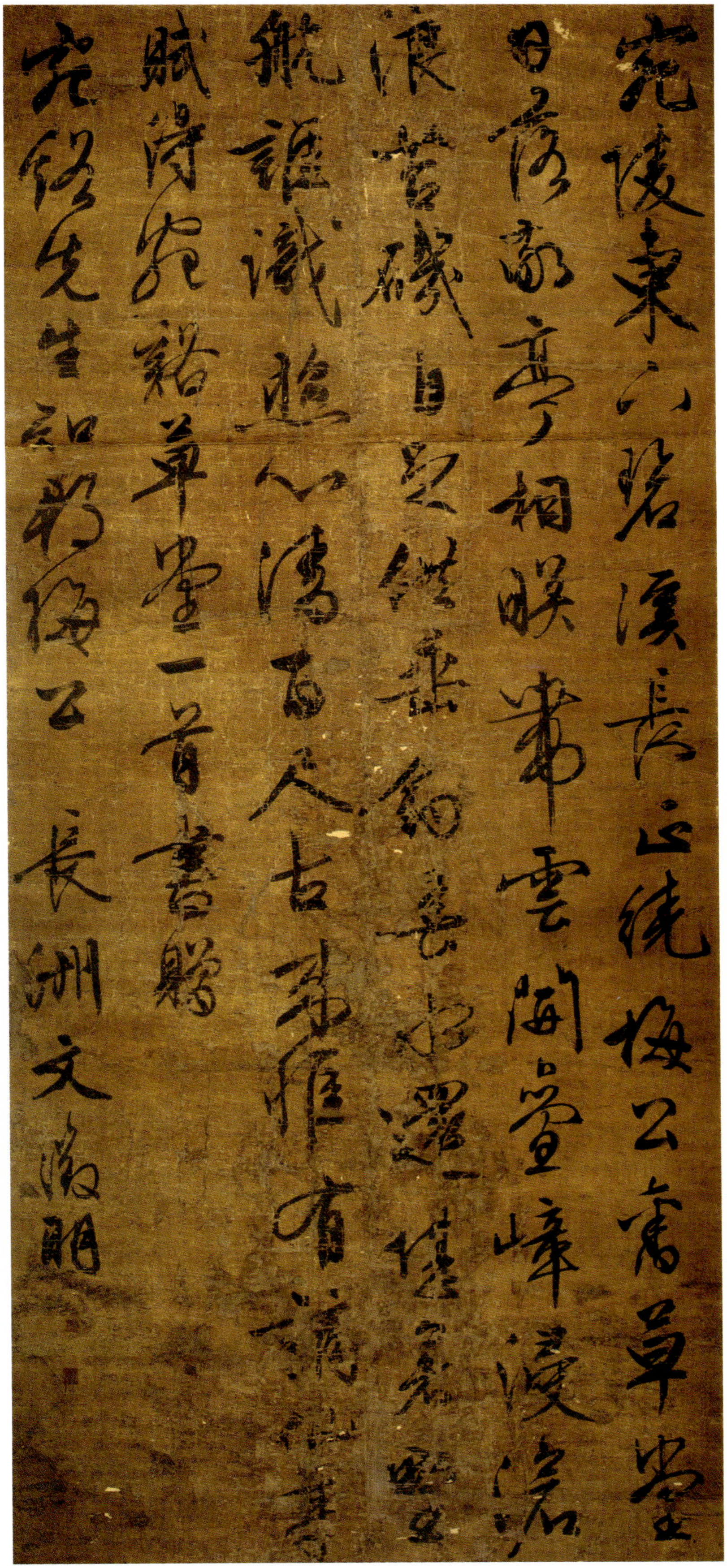

文徵明

行书 赋梅宛溪草堂

纵 188 厘米 横 85 厘米

绢本 立轴

钤印：停云馆

文徵明（1470—1559），原名壁（或作璧），字徵明，42 岁以字行，更字徵仲，号衡山居士。苏州府长洲（今江苏苏州）人。曾学文于吴宽，学书于李应祯，学画于沈周，与沈周、唐寅、仇英合称“明四家”。

其书法取法李应祯，并溯源王羲之、赵孟頫、苏轼、黄庭坚、米芾等大家笔法，自成风貌。此书为其大字行楷作品，具有浓厚的黄庭坚笔意。奇崛的笔风中，又可见赵字的遒丽、苏字的内蕴、康字的明快。文徵明有《题梅宛溪草堂》诗传世，而此书应为其墨迹母本。诗风轻快活泼，既绘周遭之美景，又怀古以抒怀，有以地灵喻人杰之意。

宛溪先生即梅守德（1510—1577），字纯甫，号宛溪，安徽宣城人，梅尧臣 22 世孙。嘉靖辛丑进士，曾任山东学政等职。著有《宁国府志》《徐州志》《宣风集》等书。

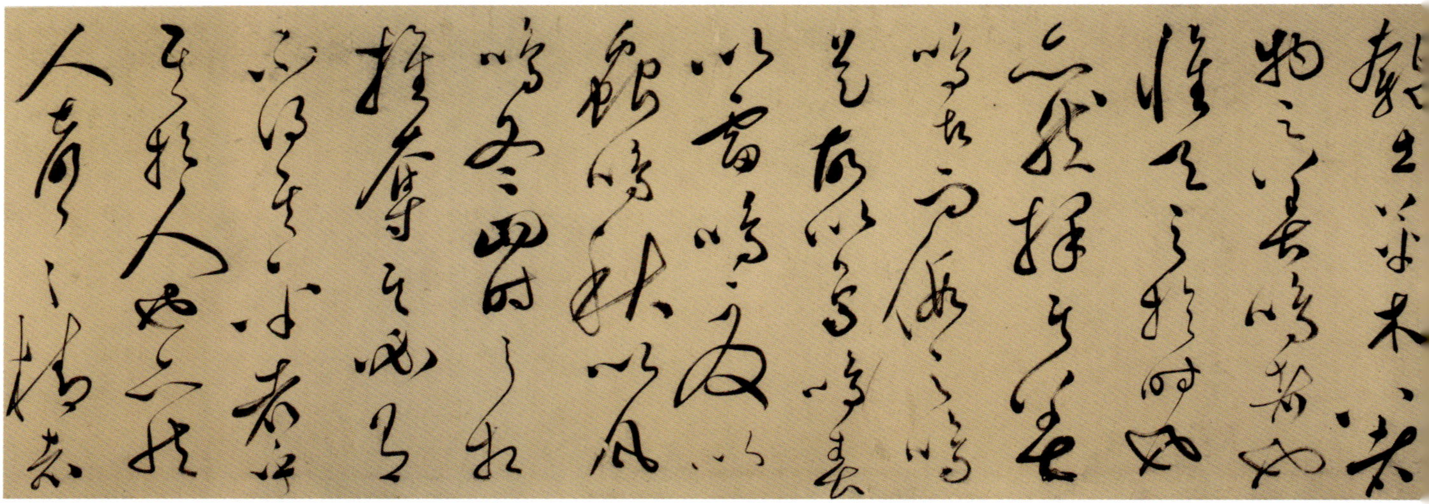

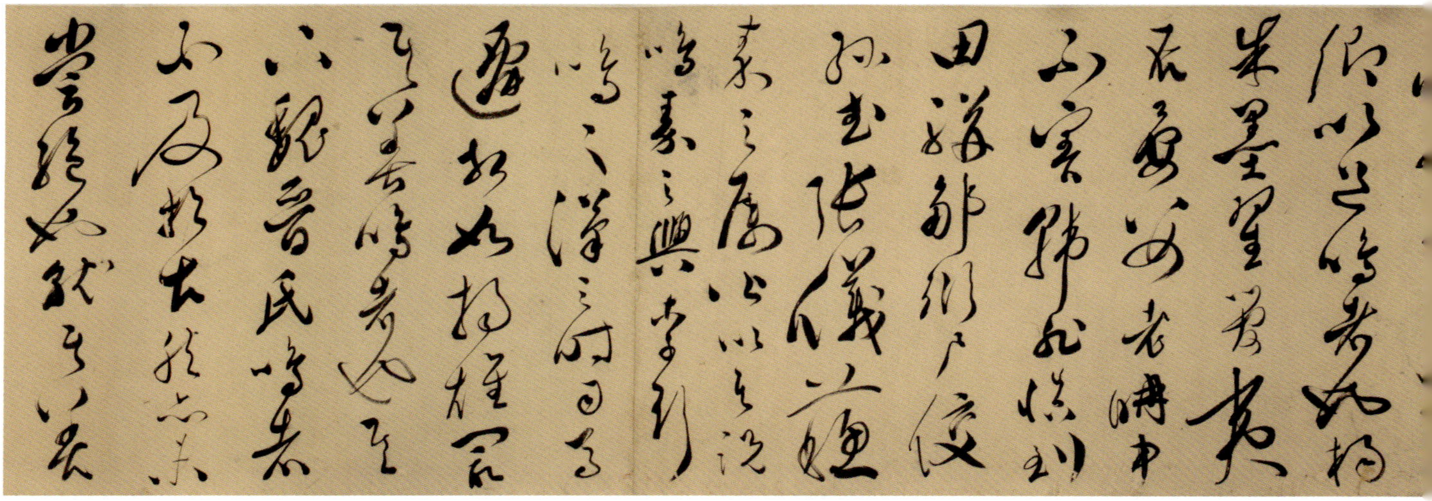

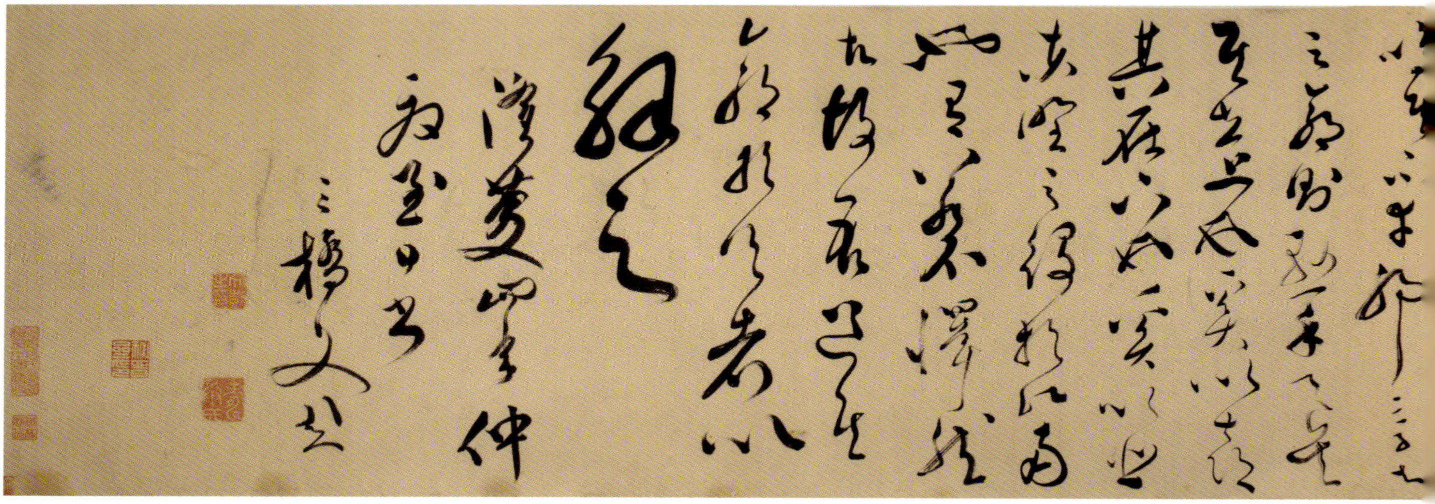

文彭

行书 韩愈《送孟东野序》

纵 27 厘米 横 610 厘米

纸本 手卷

1570 年作

钤印：文彭之印 寿承氏

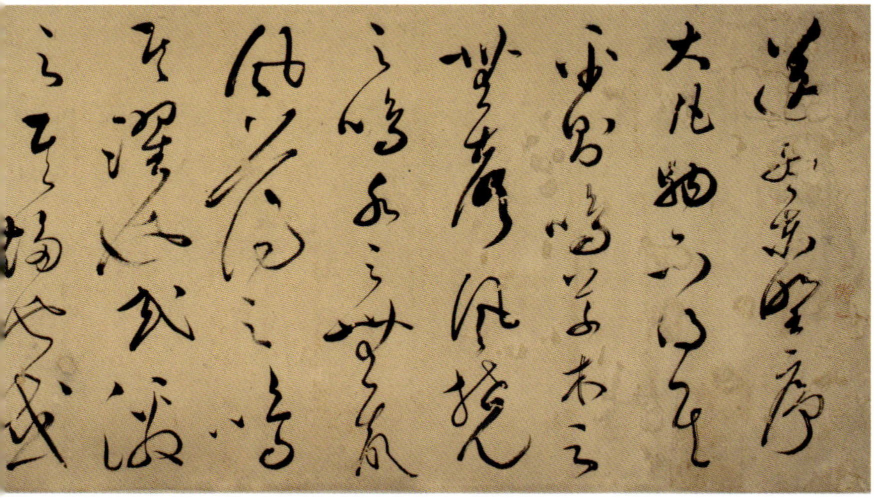

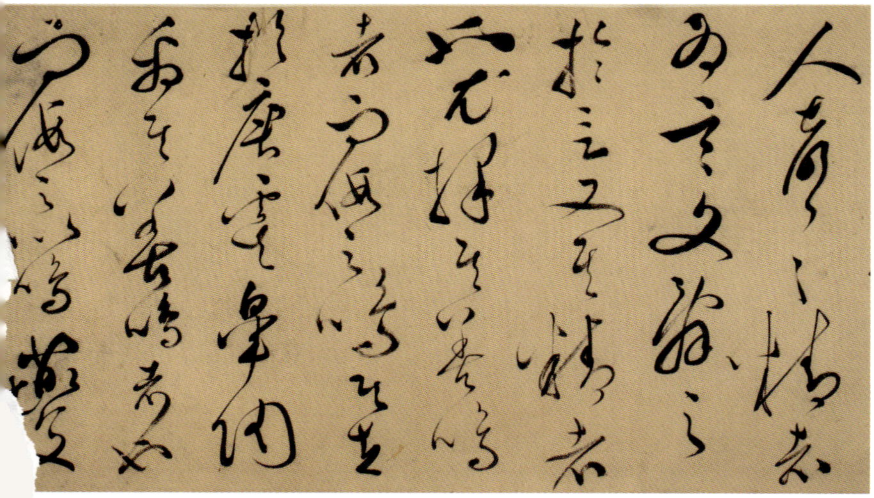

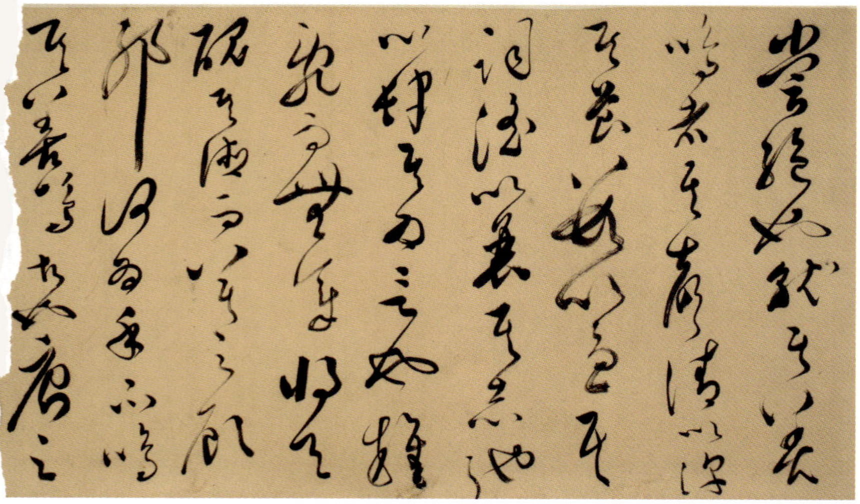

文彭（1498—1573），字寿承，号三桥，别号渔阳子、三桥居士、国子先生，明湖广衡山人，系籍长州（今江苏苏州）。文徵明长子。以明经廷试第一，授秀水训导。官国子监博士。工书画，尤精篆刻，能诗，有《博士诗集》。

此卷文彭书韩愈《送孟东野序》，书法用笔沉着灵动，着处不滞，放处不滑，笔法谨严，点画结构呈圆融之势。既有其父用笔精到、笔力劲爽之风，又不失自家用笔洒脱、流畅婉转之韵。

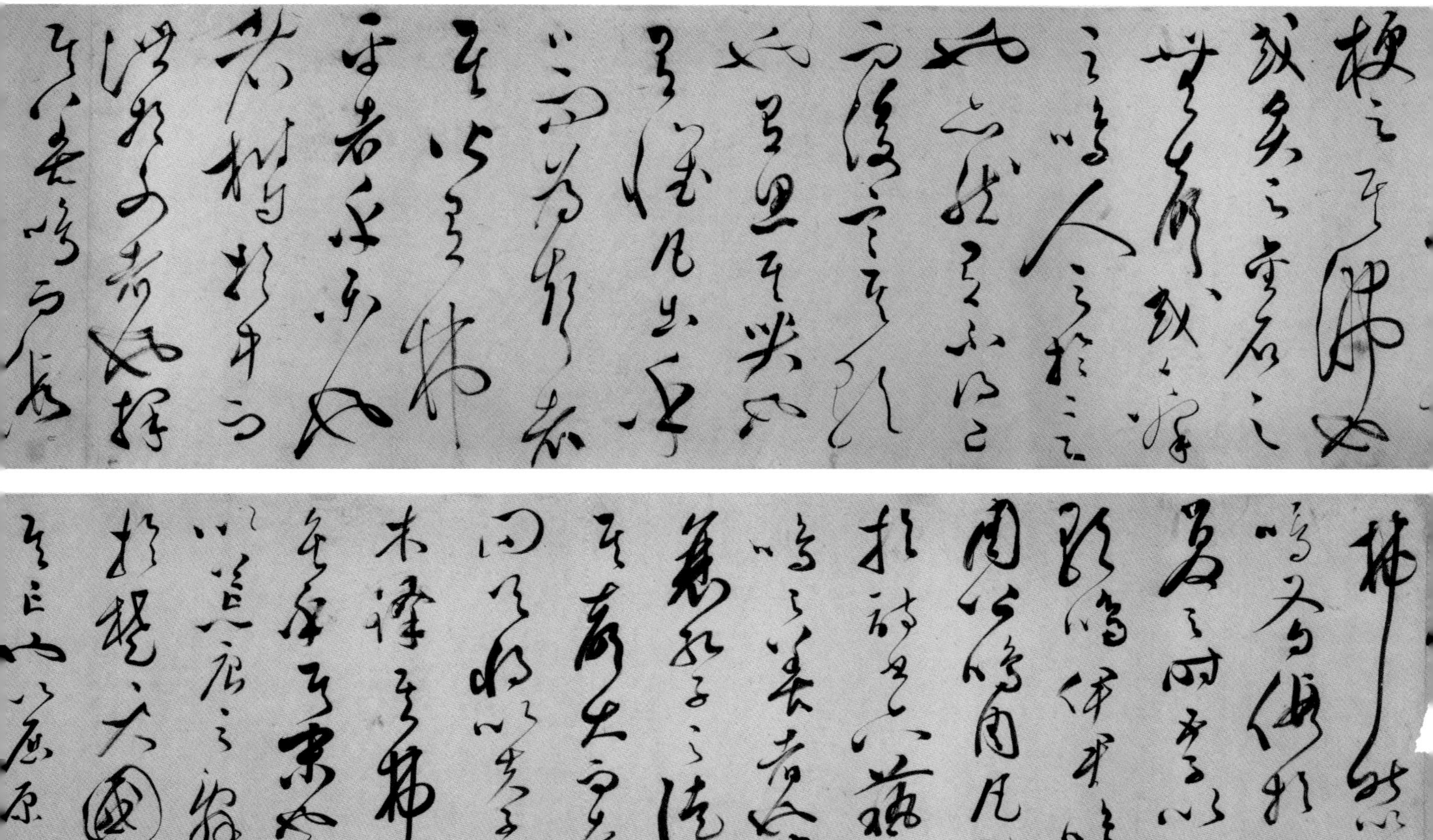

朱端

竹泉图

纵176.5厘米 横108厘米

绢本 立轴

钤印：朱端

朱端，字克正，平湖（今属浙江）乍浦镇后所人，少时贫甚，业渔樵。正德年间以画仕直仁智殿授指挥俸，钦赐“一樵图书”，遂号“一樵”。画山水宗马远，人物学盛懋，花鸟效吕纪，墨竹师夏昶，为浙派名家之一。

以深浅浓淡不同的墨色表现水滨幽篁，笔法洒利劲健，出笔凌厉，枝干劲健之状，墨叶翻飞之态，以及聚散疏密，浓淡相错，都在疾如风雨般顷刻挥洒之中一一兼顾。其下泉石重实刚硬，与竹之柔劲适成对比。土坡以淡墨轻扫，以虚衬实，颇见雅致。可见成竹在胸，功力在手，所以心手两畅，神韵毕备。山石下笔肯定，水墨淋漓。

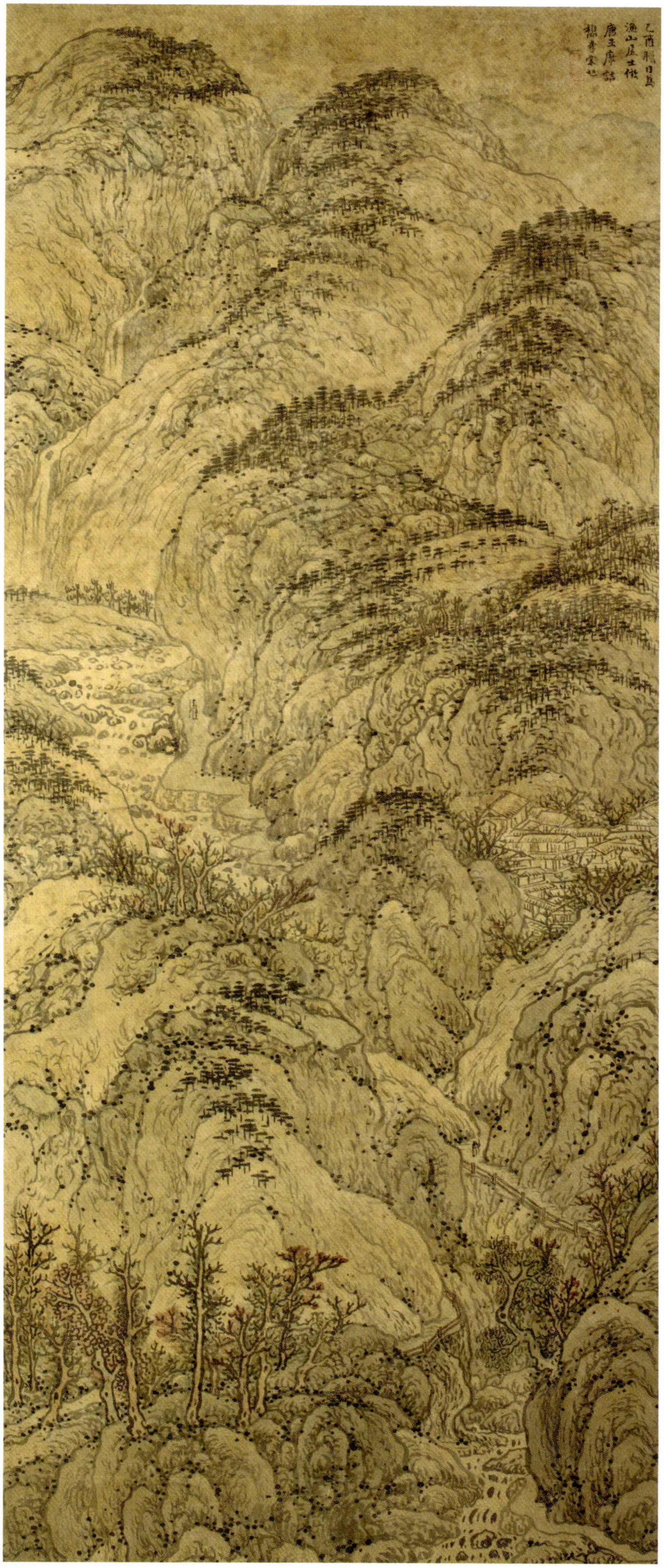

宋 旭

仿王维诗意图

纵 75 厘米 横 31 厘米

绢本 立轴

乙酉年（1585）作

钤印：初易

宋旭（1525—1606），字初禯、初旸，号石门、石门山人。后为僧，法名祖玄，又号天池发僧、景西居士。浙江湖州人，为“吴门派”支流“苏松派”的先声。师沈周，善山水，兼长人物。

《仿王维诗意图》构图平远阔大，松秀缜密，苍莽严谨，树石缓笔钩皴，简练凝重，笔墨灵奇高逸，空灵洒脱，淡钩轻染，苍润中透出灵秀，体现出明代文人诗书画相结合的时代特色。乙酉（1585 年）画家时年 60 岁，正是作品最为成熟之时，当为宋旭画中精品。

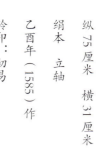

王鑑

白描人物册（20开）

纵20厘米　横21厘米

绢本　册页

钤印：汝明　父子进士

寒山趙宧光

王鑑，生卒不详，字汝明，号继山，无锡人，王问之子，嘉靖末进士，官至太仆寺卿，善画白描人物，有龙眠遗意。其中两开款署：继山王鑑写。其父王问（1497—1576），字子裕，学者称为仲山先生，嘉靖十七年进士（1538），一作嘉靖十一年进士。工诗画，作行草及署书，点染山水、人物、花鸟皆精妙。

明晚期社会物质文化趋于极度的精致化、艺术化，此册为我们精准还原了当时文人的生活日常。三五好友小聚，或吟诗填词、赋歌作画，或焚香瀹茗、谈禅论道，或临帖校书、对弈翻经，或宴饮抚琴、醉酒清欢，不一而足，悠闲自得。周围陈设书桌榻几、佳卉珍赏，雅致入微。《万历野获编》有云：“嘉靖末年，海内晏安。士大夫富厚者，以治园亭，教歌舞之隙，间及古玩。”此二十开组图，正是晚明士人“清玩赏鉴”美学的最佳写照。

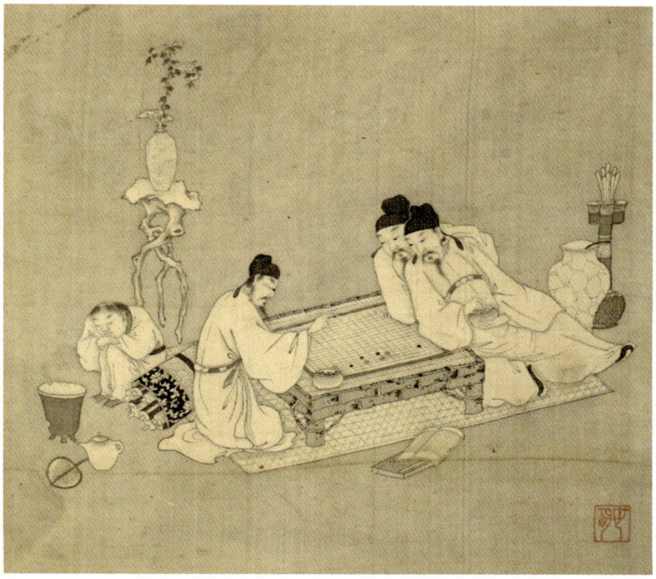

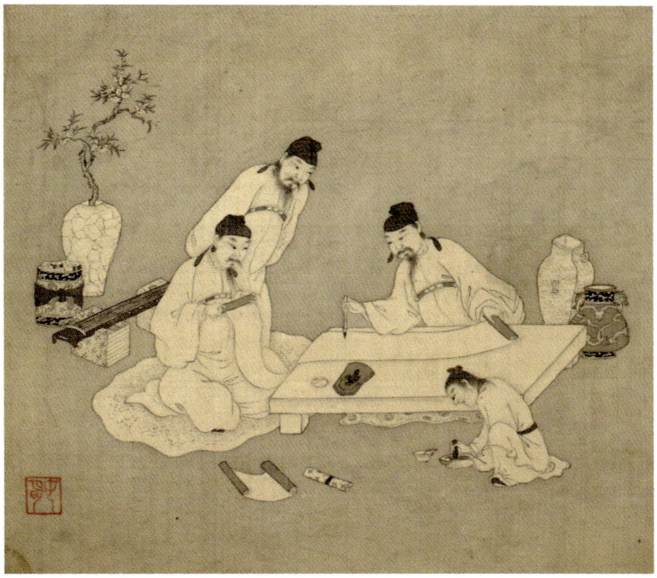

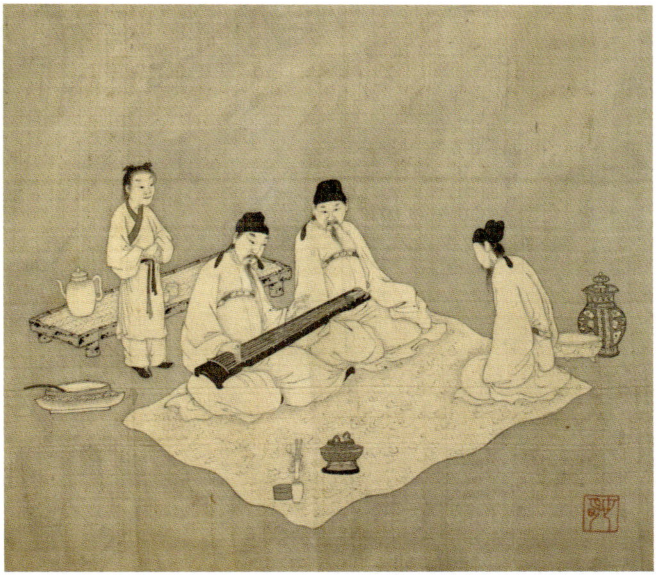

緒山王鑑寫

繼山王鑑寫

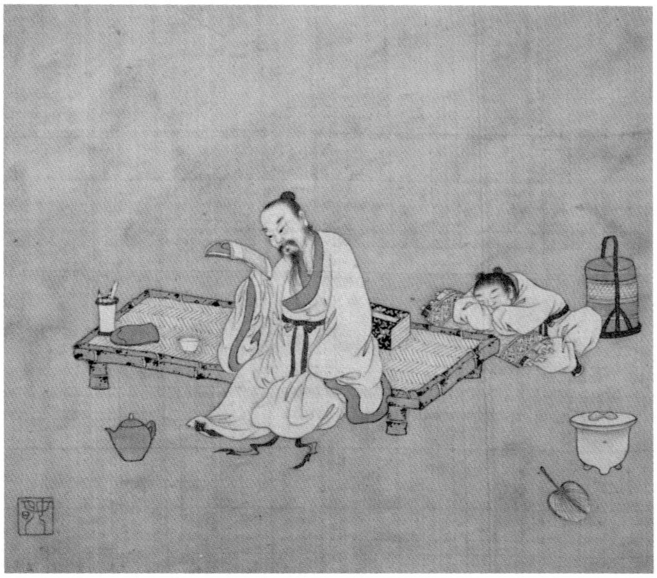

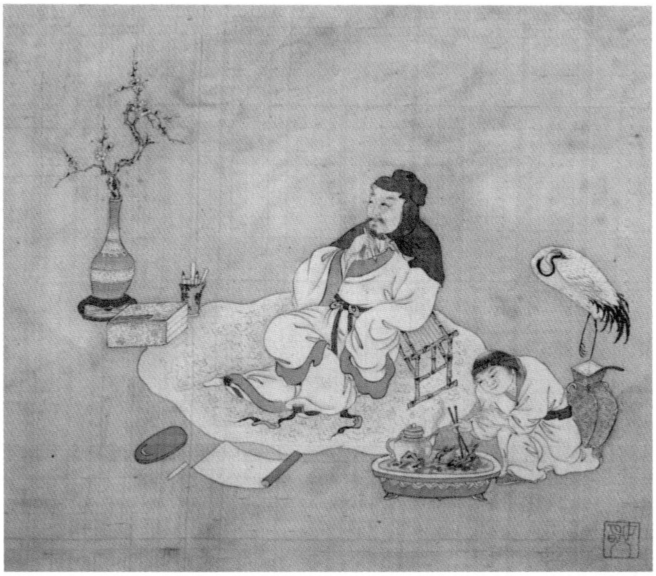

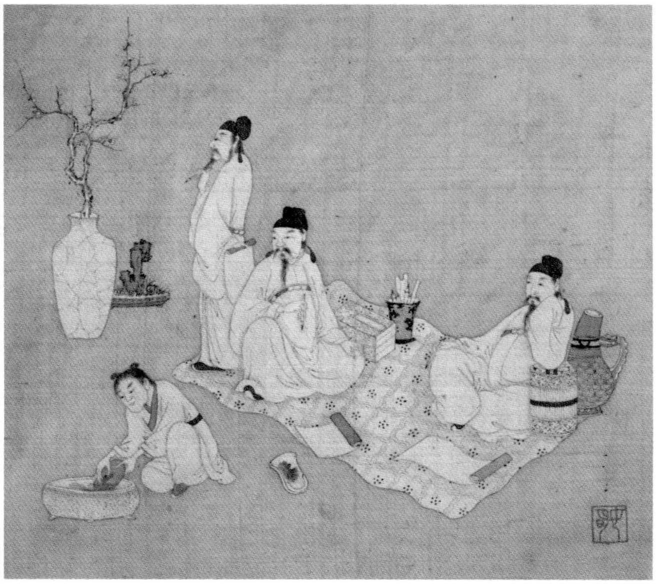

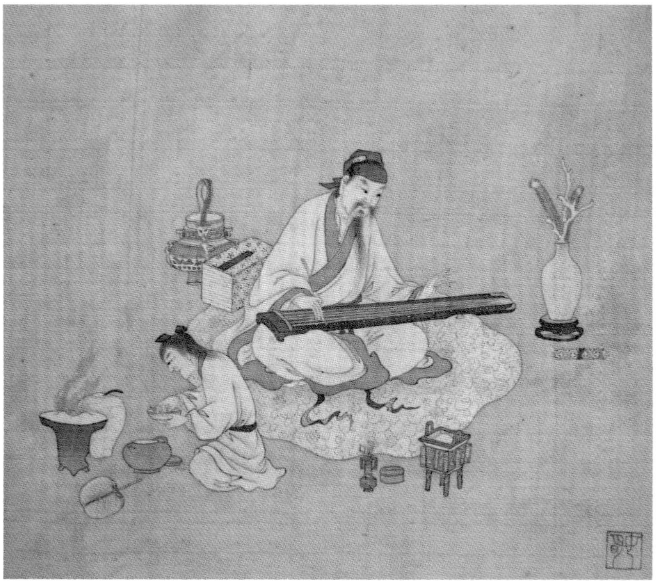

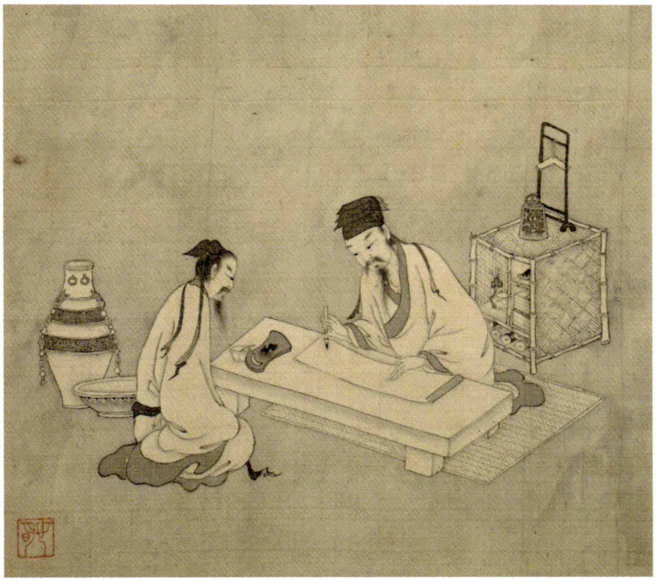

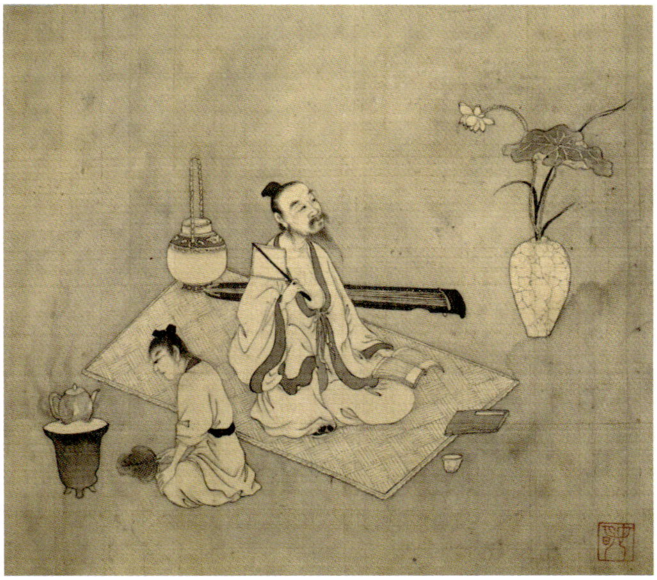

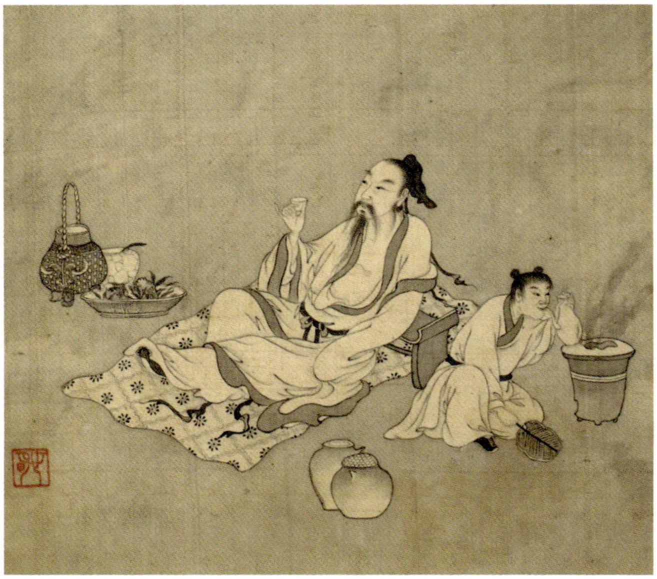

錫山王鑑寫

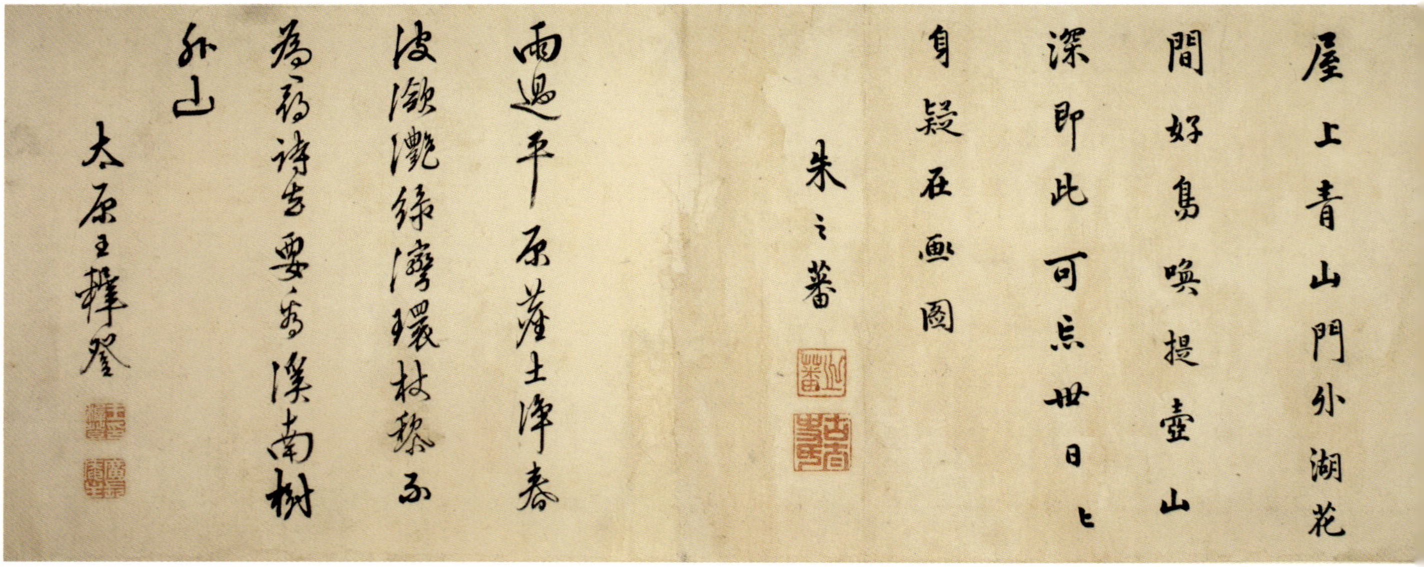
屋上青山門外湖花
間好鳥喚提壺山
深即此可忘世日々
身疑在畫圖
朱之蕃
雨過平原蓬土淨春
波瀲灩綠灣環杖藜不
爲尋詩去要々溪南樹
外山
太原王穉登

吕芝等合作

远山苍翠图

纵 39 厘米　横 190 厘米

纸本　手卷

钤印：仙史　含章　叔度　吴下郴人

灵峰山人　元之　璐印　明父

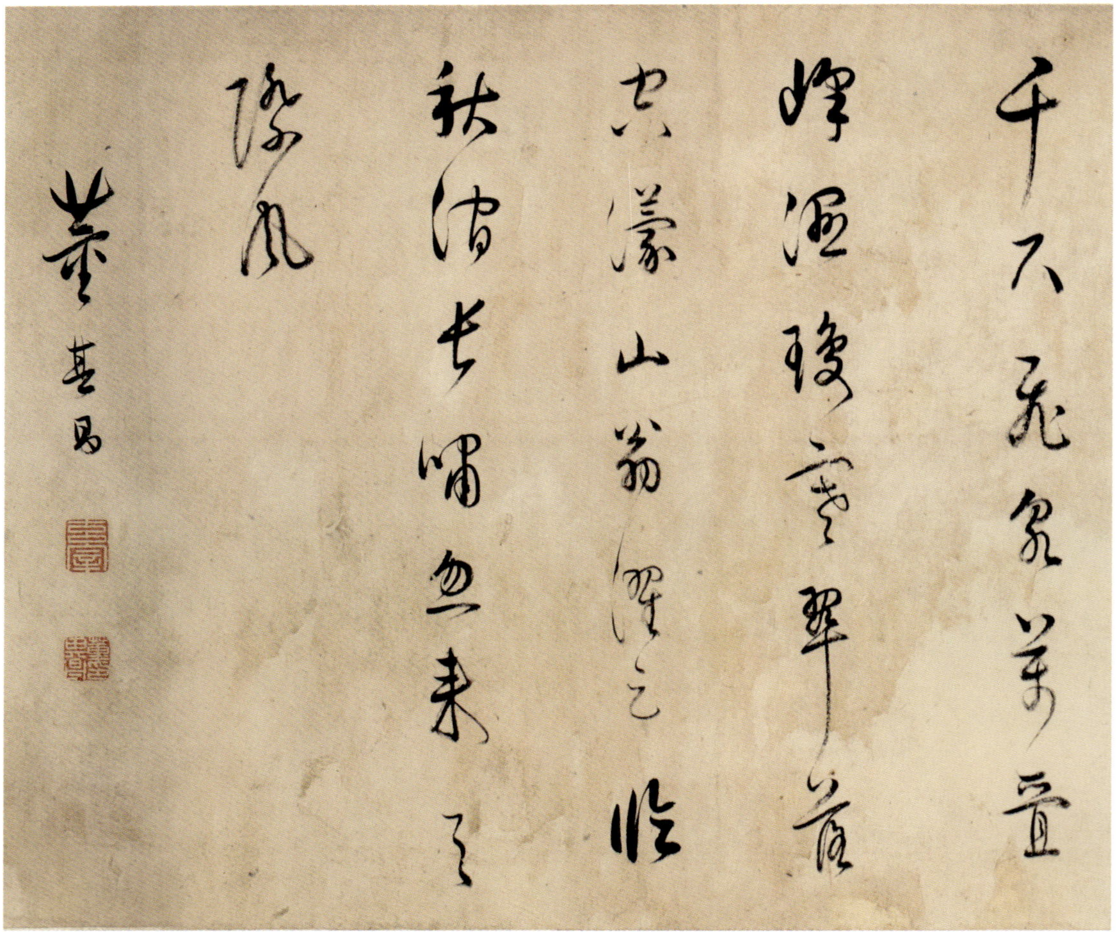

此山水卷为晚明画家合写，画手鲜为人知，几不可考，尚存吕芝小传。吕芝（明），字瑞芳，工山水、花草、人物、佛像。图绘江南重山复水，春夏秋景。春季里桃红柳绿，夏日里远山含翠，秋风中山赭苇黄，雨余山后尽苍茫。从画风来看，为吴门余绪，受文徵明、沈周影响，格调平和恬静、清新秀雅。画手虽不著名，但跋者董其昌、王稺登、申时行、朱之蕃皆名垂画坛、政坛，各领风流。

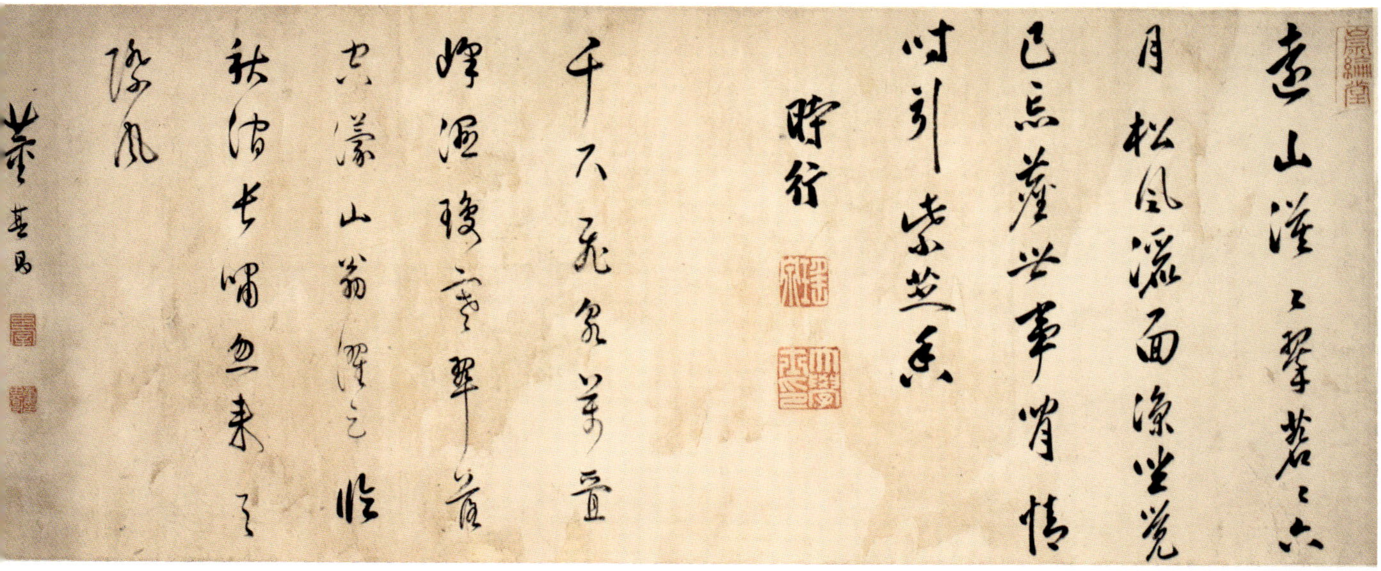

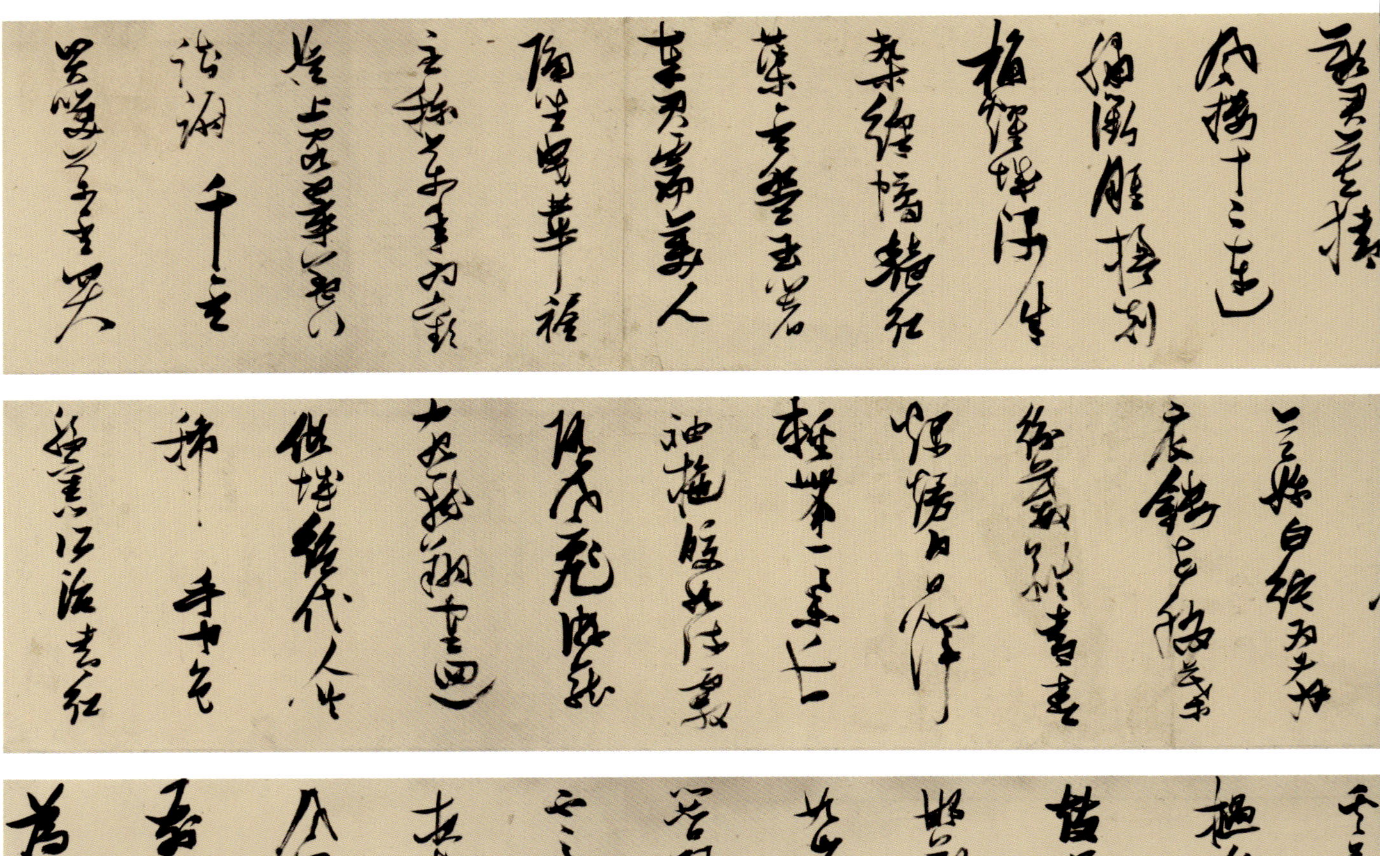

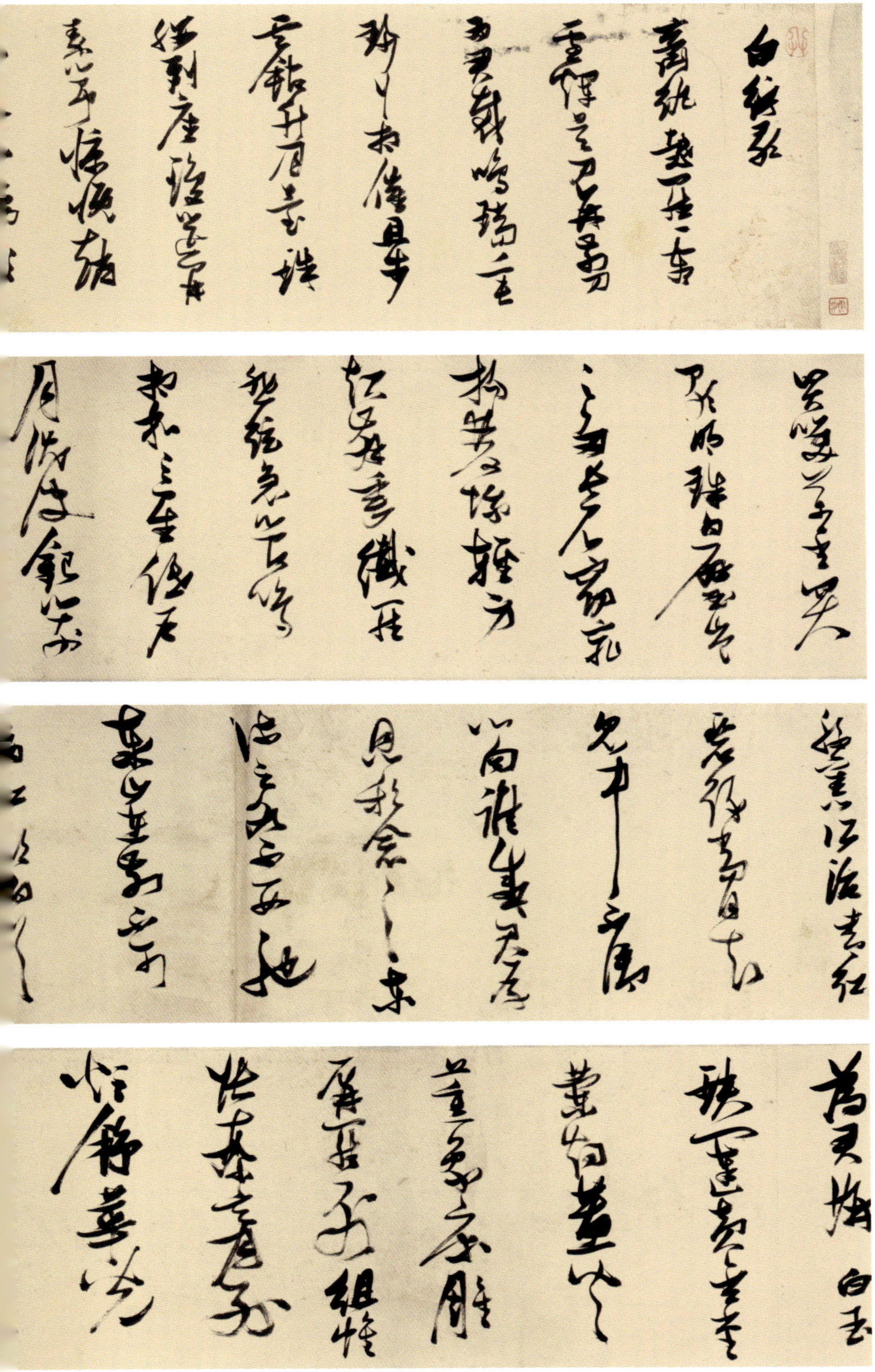

张瑞图

草书 何景文《白纻歌》

纵 28 厘米 横 790 厘米

纸本 手卷

1624 年作

钤印：张长公 张瑞图印 水草

张瑞图（1570—1644），字无画、长公，号二水、白毫庵主人，福建泉州晋江人。万历三十五年进士，官礼部尚书兼东阁大学士。善画山水，法黄公望，亦工佛像。书法奇秀，与邢侗、米万钟、董其昌合称“晚明四家”。

此卷张瑞图书写何景文《白纻歌》，用笔多横截翻折，严谨迟重。结字劲挺，行间疏朗，字距紧密，笔画舒展，变化多端。全篇墨色分明，神完气足，一派天机，不失为张瑞图的书法典范。

袁尚统等

山水、花鸟册（8开）

纵37厘米 横38厘米

纸本 册页

钤印：尚 统 凌必正印 黄明扬印 黄如泓印 妇容

袁尚统（1570—约1661），字叔明，江苏苏州人。善画山水、人物、花鸟。山水苍润浑厚，意境宏远，喜绘风俗题材，重情节描写，富生活气息，笔墨超逸奔放，颇得宋人笔意，独具自家风格。

凌世韶，字管球，号苍舒，明崇祯七年进士，任宁化知县。谪江西按察司简校，改兴化府经历。后升处州府推官及户部主事。明亡后，弃官隐居黄山。著有《纳沙草》。

王维诚，河北新城县人，明崇祯庚午举人，官湖广常辰道佥事。

马之驦，字君健，直隶雄县人，顺治甲申拔贡，官广平府教授。

黄如泓，生平不详。

凌必正，字贞卿，一字蒙求，号约庵，太仓（今江苏太仓）人。崇祯四年进士，官至广西副使。善山水，设色妍雅，位置精密，接轸宋人。间画花鸟，尚欠超逸生动之致。

黄明扬，明末清初歙（今安徽歙县）人。黄明邦之弟。特工山水。

陈懿，明末清初吴门画派女画家，明末花鸟名家陈嘉言之女，师承父学，工花卉翎毛。

金之俊（1593—1670），字彦章，又字岂凡，号息斋。江南吴江（今属江苏）人。明万历四十七年进士，官至兵部右侍郎。入清，以原官起用，升工部、兵部尚书，调左都御史。官至中和殿大学士兼吏部尚书。康熙元年（1662）告归。谥文通。

该册页山水清俊疏朗、秀逸空灵，花鸟工整秀丽，对题充满文学意味，是不可多得的体现明末清初诸多文人、官员、书画家功底的精品。

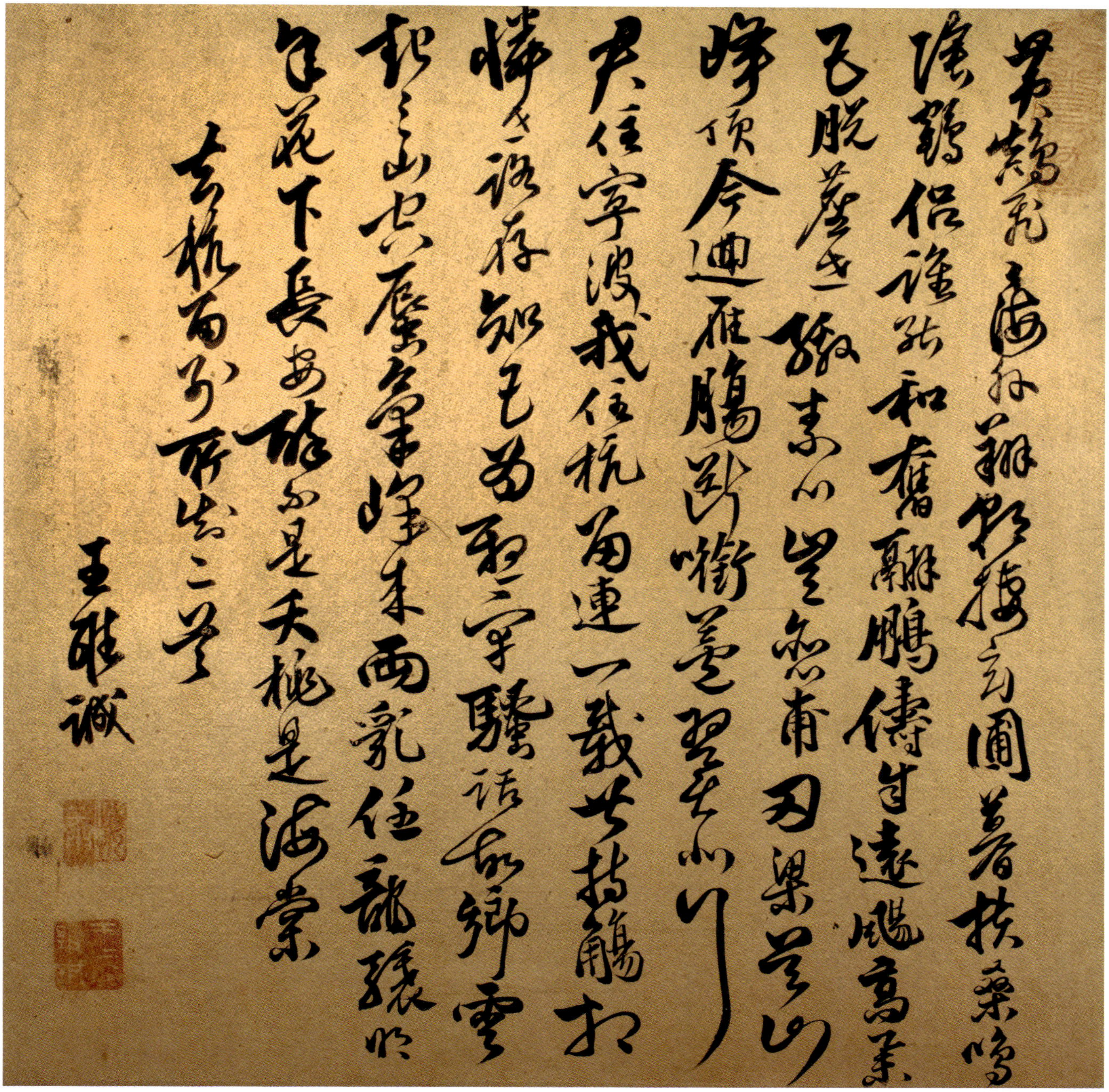

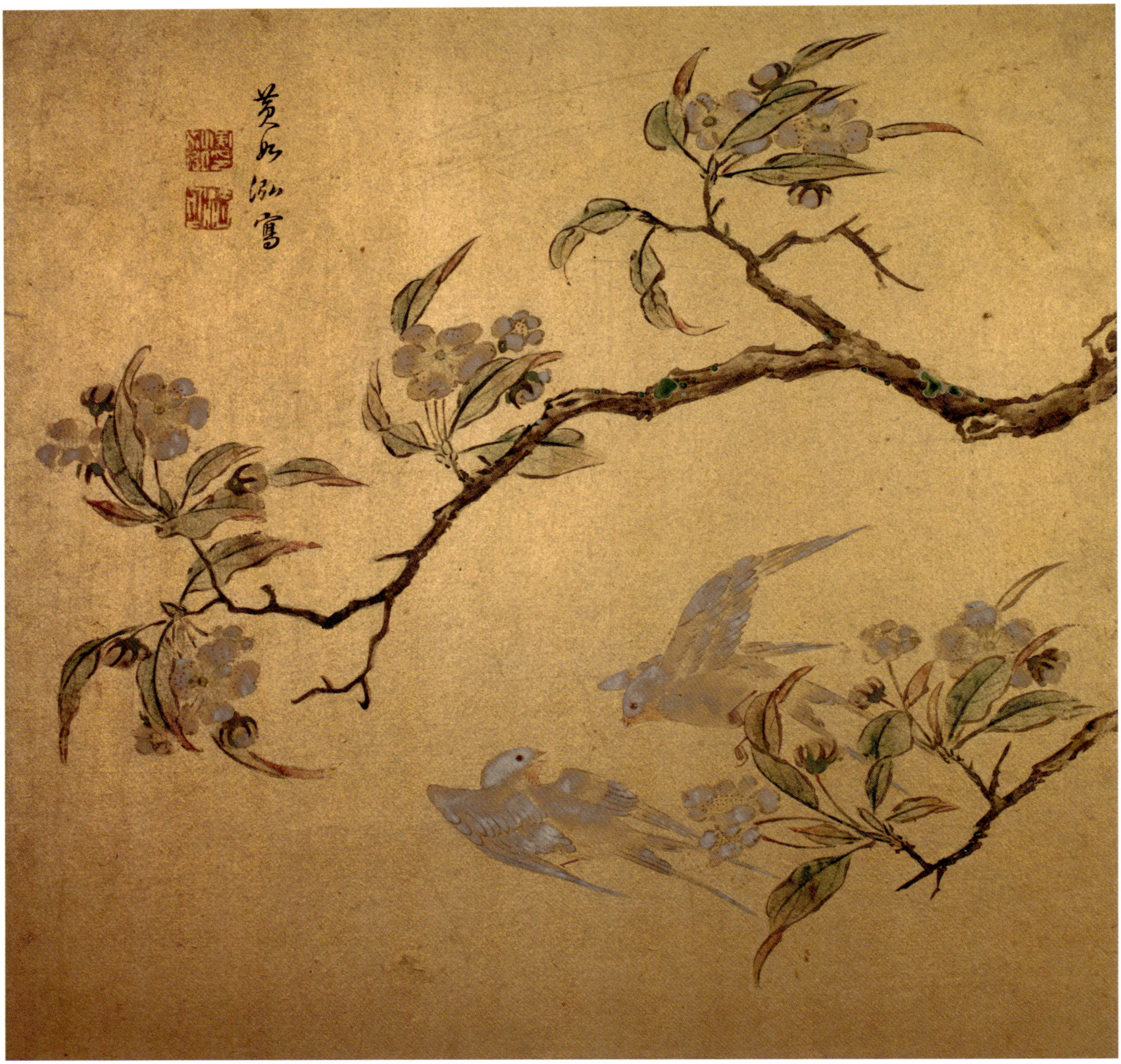

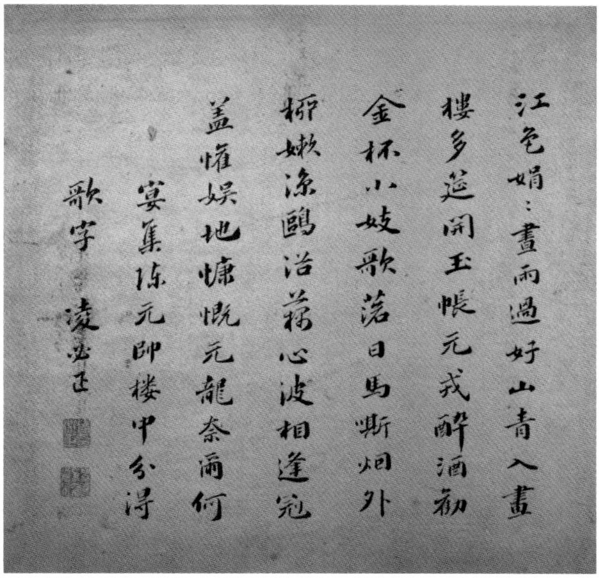

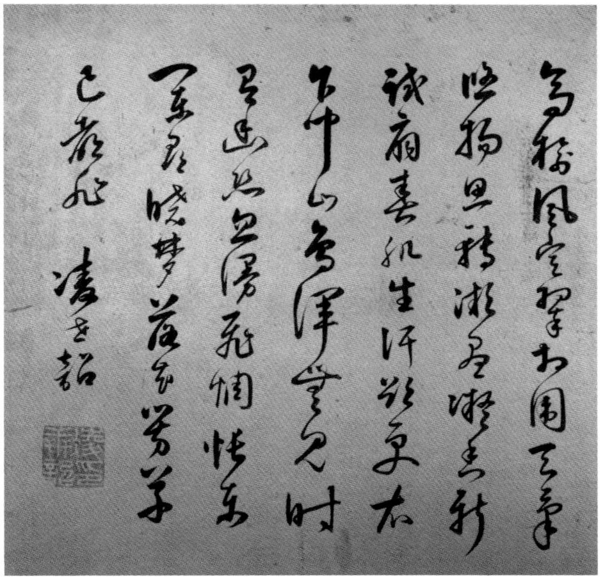

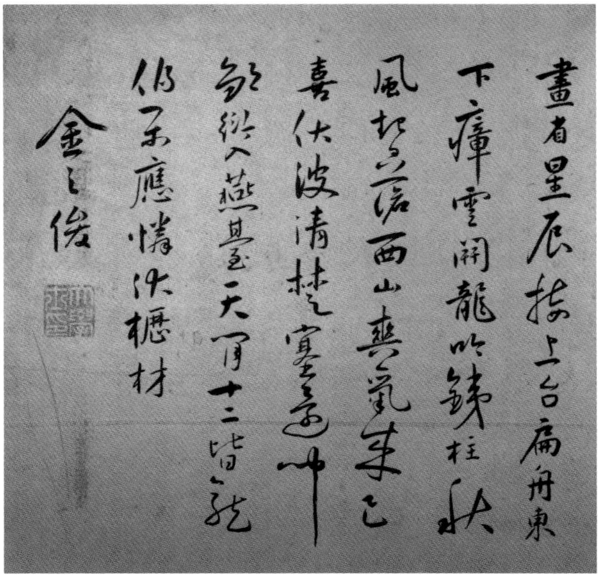

张宏

莫厘峰十二景（12开）

纵31厘米　横21厘米

绢本　设色

1628年作

钤印：张宏　君度氏

张宏（1577—？），字君度，号鹤涧，别号晚溪道人，明代画家。江苏苏州人。他擅长画山水画，重视写生，笔力峭拔，墨色湿润，层峦叠嶂，丘壑深邃。画石面连皴带染是他画作的特色。写意人物，神情具视，构图疏密得宜。

从题款可知，张宏从丙寅年（1626）开始就居住在莫厘峰下，游遍山间各种名胜后，久久不能释怀，应友人之邀，于戊辰年（1628）以宋元大家法度创作了包含十二处风景的该本册页。莫厘峰是苏州东山的主峰，是太湖72峰中的第二高峰，海拔293.5米，其沿湖而立，绵延起伏，气势雄伟，自古即是苏州地区的著名景点。张宏充分发挥自己擅长写生、能画实景山水的本领，通过细致观察，审慎构思，将莫厘峰草木葱郁、湖山一体的秀丽江南美景，与山间、湖边星罗密布的庙宇、宝塔、亭台、楼阁、水榭、城郭、石桥、台阶等巧妙融合，又饰以表现了垂钓、访友、归牧、独坐、登山、观湖等多种点景人物，使得画面动静结合，体现了莫厘峰的悠久历史和文化气息。该作画笔严谨，画面明净，用色淡雅，既有宋元大家的遗轨，又有吴门画派的传承，还有张宏自己的新意，是记录晚明时期莫厘峰一带特有的自然、地理、人文风光的珍贵图像资料，也是了解张宏生平履历、绘画风格、爱乡之情的重要实物，可惜的是张宏并没有具体标注是莫厘峰的哪十二处景色。

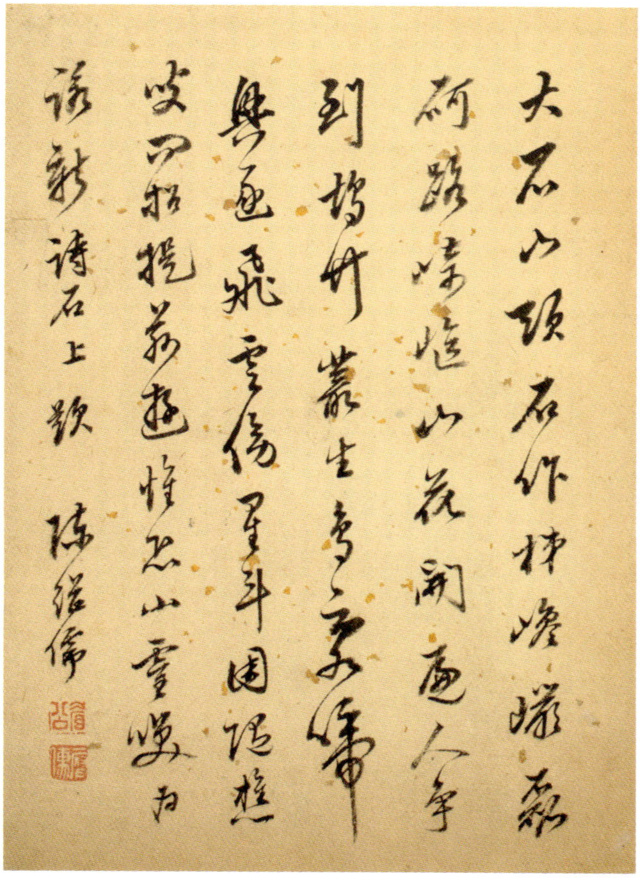

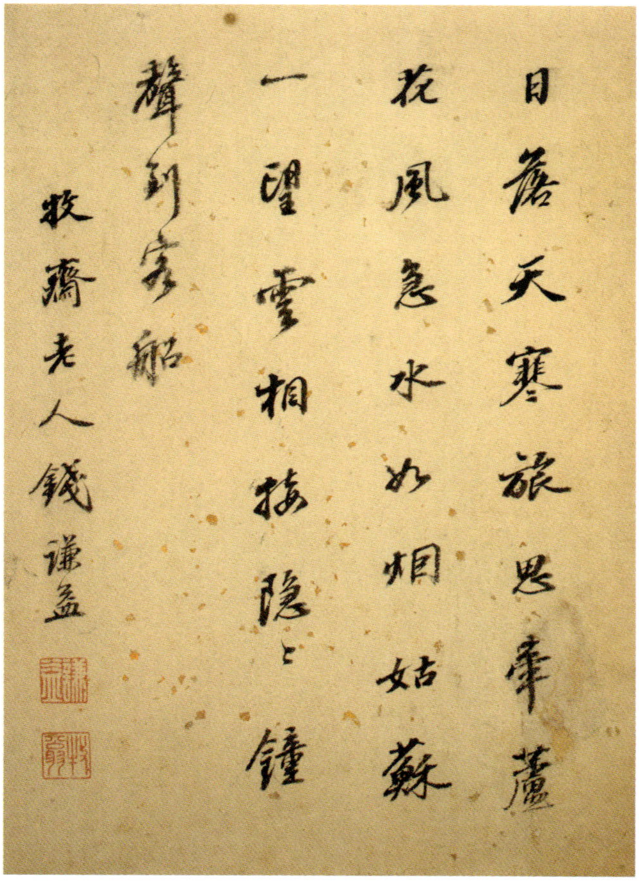

日落天寒旅思牽蘆
花風急水如烟姑蘇
一望雲相接隱隱鐘
聲到客船
牧齋老人錢謙益

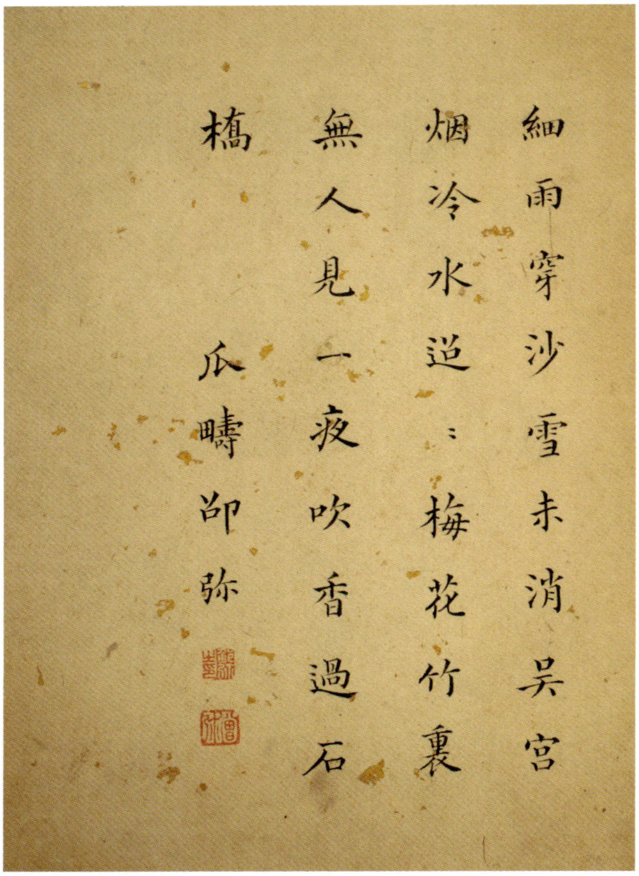

細雨穿沙雪未消吴宮
烟冷水迢迢梅花竹裏
無人見一夜吹香過石
橋
瓜疇邵弥

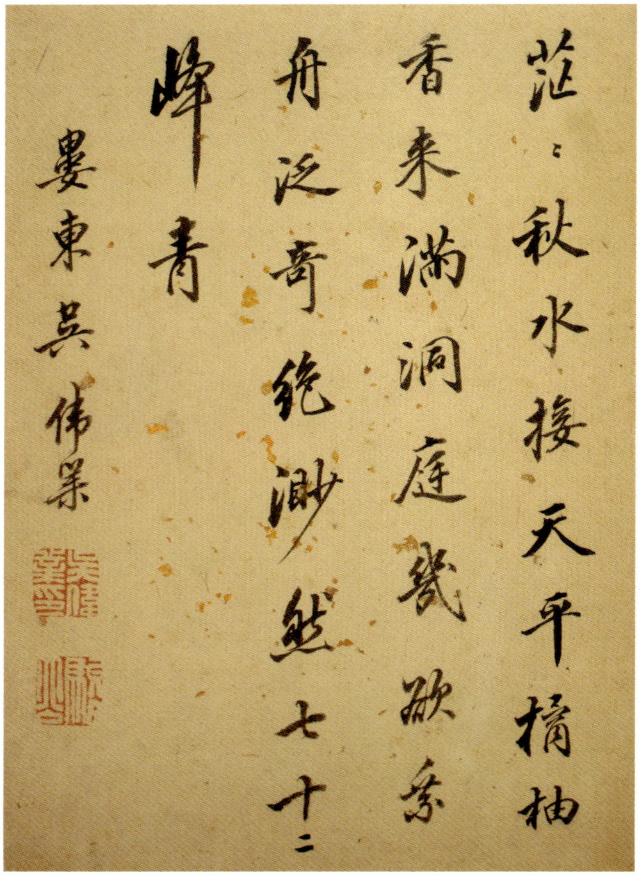

茫茫秋水接天平橘柚
香来滿洞庭戢欲系
舟泛奇绝渺然七十二
峰青
婁東吳偉業

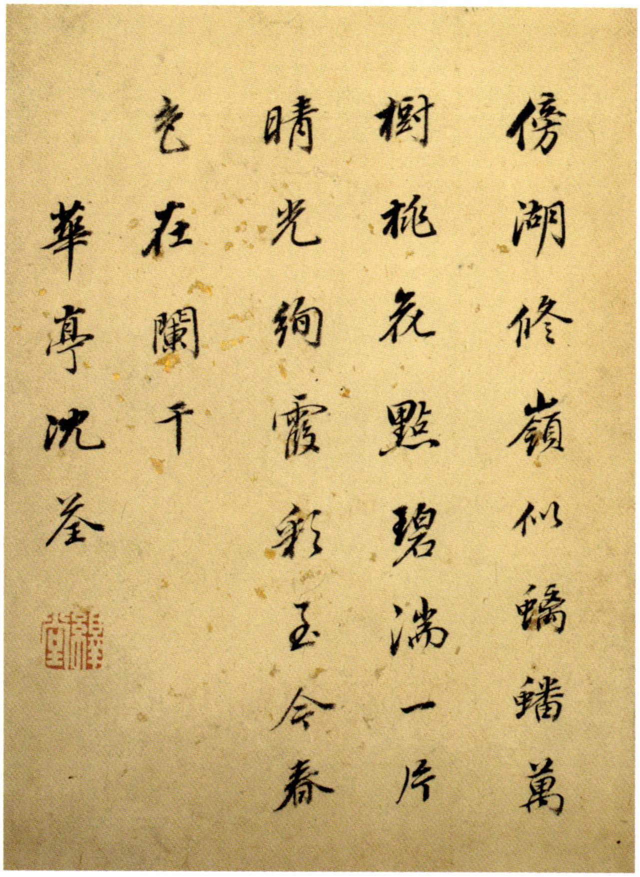
傍湖修嶺似鑲錯萬
樹桃花點碧漪一片
晴光絢霞彩玉令春
色在闌干
華亭沈荃

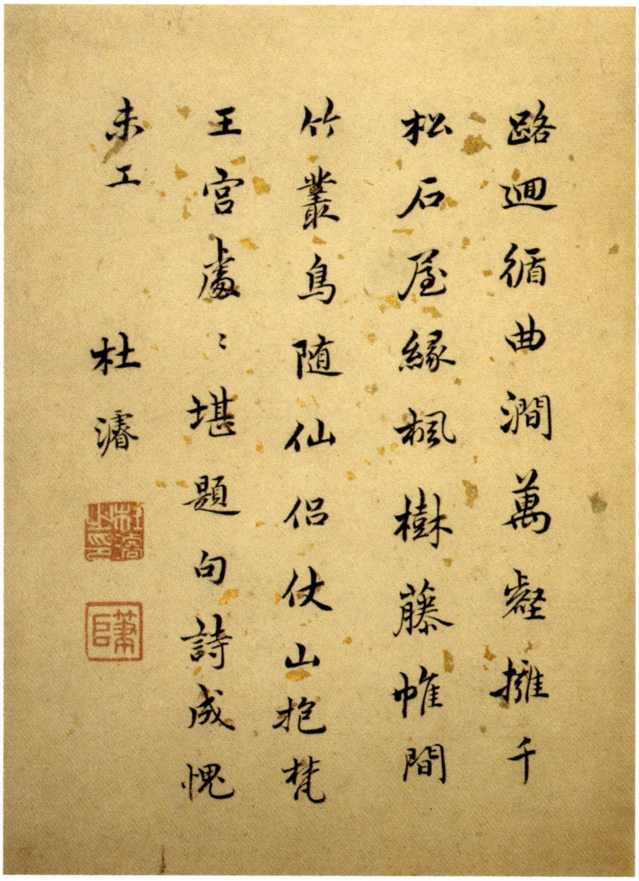
路迴循曲澗萬壑擁千
松石逕緣楓樹藤帷閣
竹叢鳥隨仙侶仗山抱梵
王宮處處堪題句詩成愧
未工
杜濬

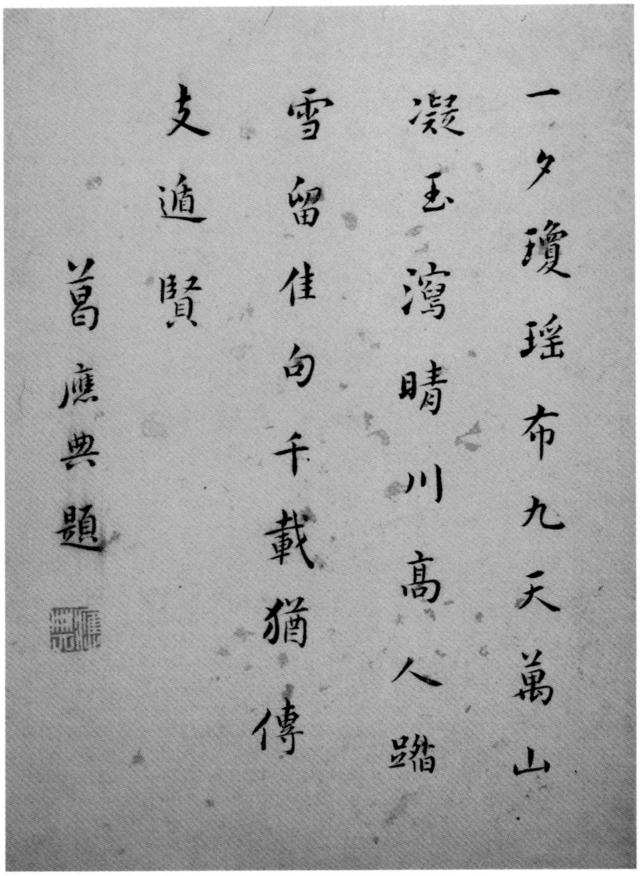
一夕瓊瑤布九天萬山
凝玉灣晴川高人踏
雪留佳句千載猶傳
支遁賢
葛應典題

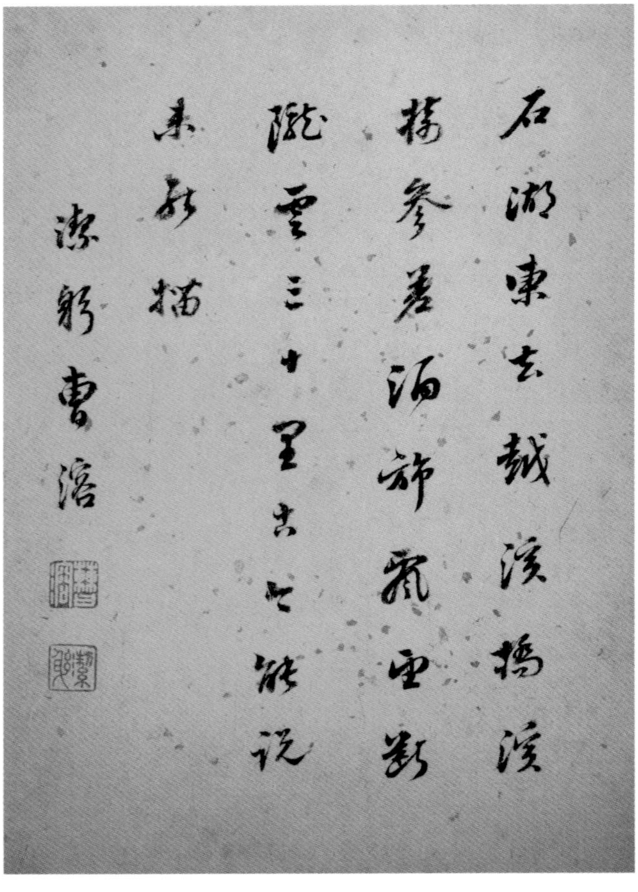
石湖東去越溪橋溪
樹參差酒旆亂雲斷
隴雲三十里古今誰說
未能描
潔躬曹溶

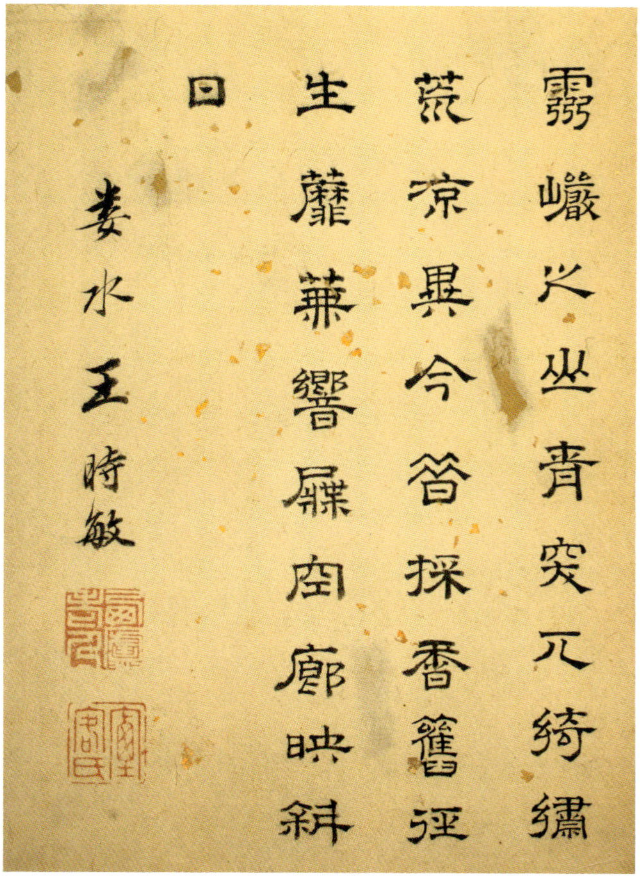
靈巖山色青突兀綺繻
荒凉異今昔採香舊徑
生蘼蕪響屧回廊映斜
日
婁水王時敏

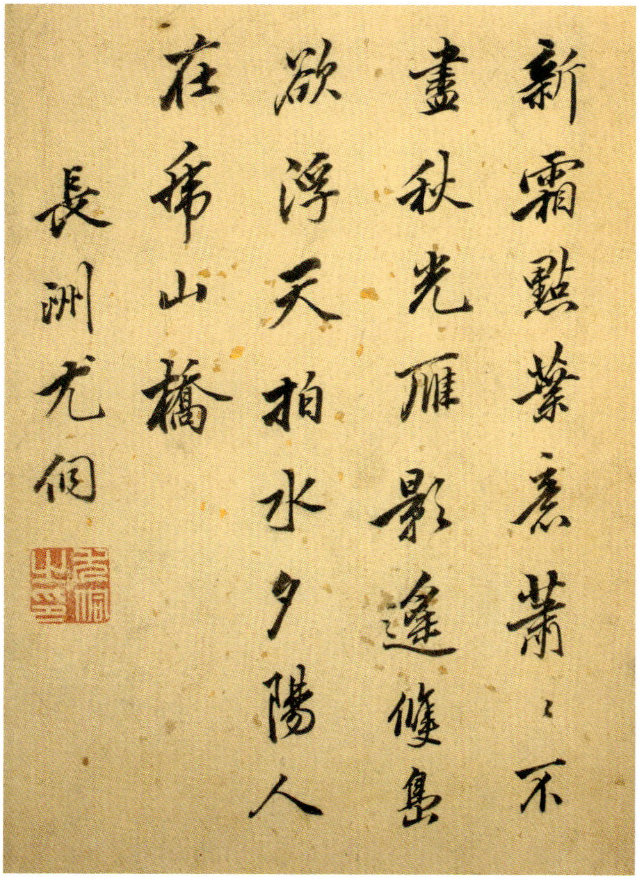
新霜點葉彥蕭蕭不
盡秋光雁影遙倏集
欲浮天拍水夕陽人
在帝山橋
長洲尤侗

余從丙寅歲寫莫厘
峯下遍歷諸勝過目得
心久不能釋戊辰春止
与叔兄木居出素絹
索圖十二景兼傚
宋元諸名公法聊存寥
責未識可得其境之萬
一乎
張宏併紀

松雪斋法画于山阴道上
吴山农蓝瑛
庚辰秋九月三日

蓝瑛

芝兰祝寿图

纵194厘米　横88厘米

纸本　立轴

庚辰年（1640）作

钤印：蓝瑛　田叔父

蓝瑛（1585—约1666），字田叔，号蝶叟，晚号石头陀、山公、万篆阿主者、西湖研民，又号东郭老农，钱塘（今浙江杭州）人，为浙派后期代表画家之一。

此图以高远法，右倚式构图，绘巉岩奇石，芝兰并立，幽篁杂生。近景中泥土松茸柔韧；中景中巨石崚嶒横斜，丛兰盛放，傲然而舞；远景中洞石扶摇而上，石骨峥嵘嵯峨，一柄五芝，岿然而立，饶有无限风光在险峰之逸趣。芝兰比贤士之德，喻君子品行；寄长寿之意，寓吉祥天瑞。

蓝瑛画兰石，一般自言以“松雪斋法”，此图亦然。以飞白法勾奇石，行草法绘兰草，八分法绘杂篁，笔致中既有赵氏之含蓄圆浑，又有融通宋元诸家的雄豪剑拔。奇石锋芒处圭角尽出，小斧劈刮皴后纹理尽现；丛兰刚韧，舞姿飘逸，潇洒处纵意恣肆。当为以自家之法融赵氏书画同源思想之作。此作曾经何瑗玉鉴藏。

蓝瑛

拟王叔明松山书屋

纵 226 厘米 横 101 厘米

纸本 立轴

钤印：蓝瑛之印 田叔

蓝瑛（1585—约 1666），字田叔，号蝶叟，晚号石头陀、山公、万篆阿主者、西湖研民，又号东郭老农，钱塘（今浙江杭州）人。工书善画，长于山水、花鸟、梅竹，尤以山水著名。其山水画大体有两种面貌，一是源自两宋院体画，一是取法元、明文人画。此图即属后者。画家以高远法、浅绛设色写秋景山水。近景山石浑圆而无峻嶒，落木萧瑟而巍然挺立，草庐中隐士似坐而论道，又似聆听山水清音。远景中峰峦雄伟，飞瀑三叠，谷幽林深处茅屋比邻，可游可居。赋色淡润，松秀清和。笔法多用苔点，灵动跳宕，“舞似飞雪”，为平和静穆的秋色带来苍莽的生意。画家虽自题仿王蒙《深山松屋图》，却能汰繁取简，苍润出新，有自家风貌。从题识到画作，反映了蓝瑛学古而不泥古的绘画思想。

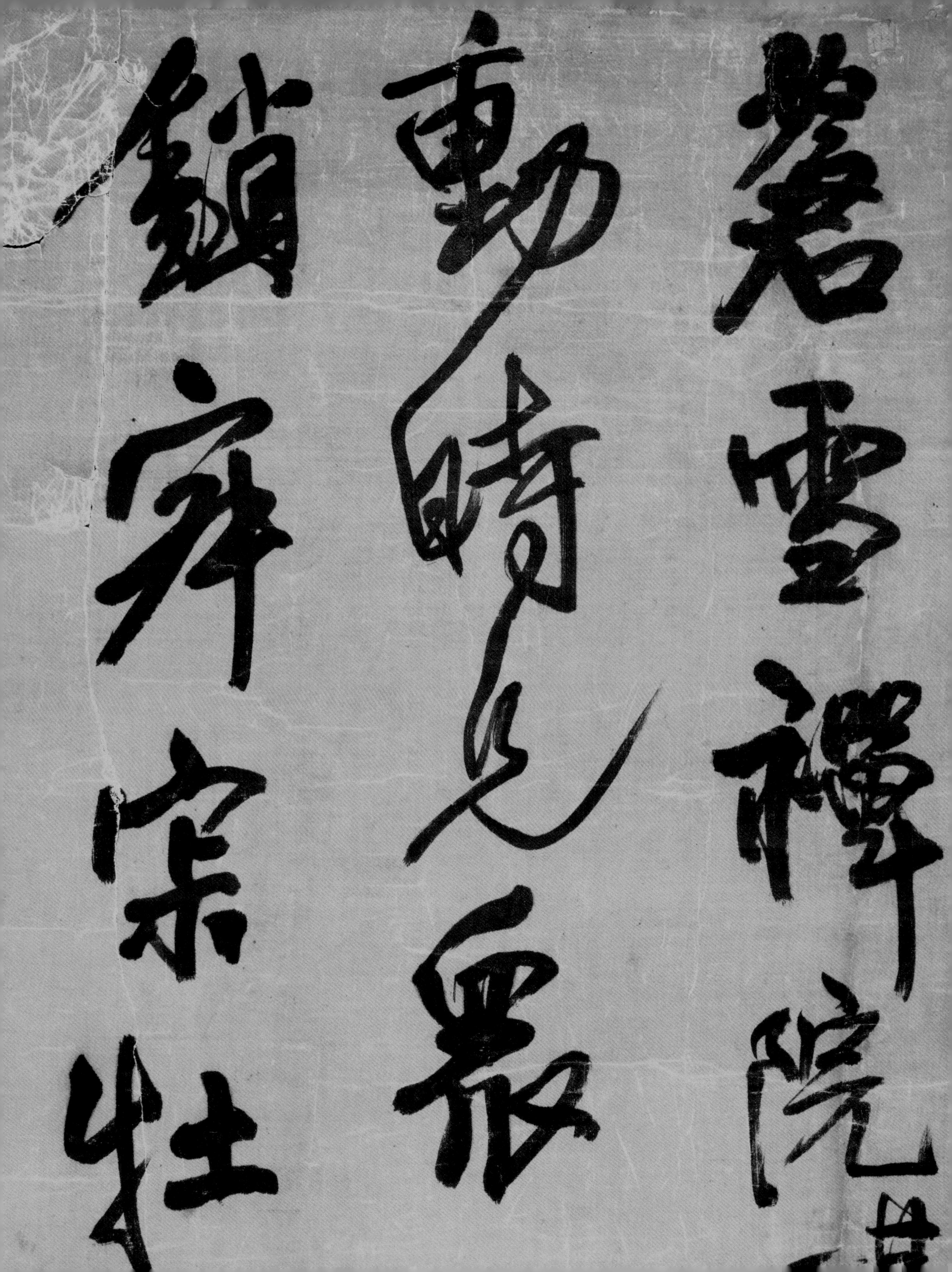
碧雲禪院
動時見最
鎖寂寞牡

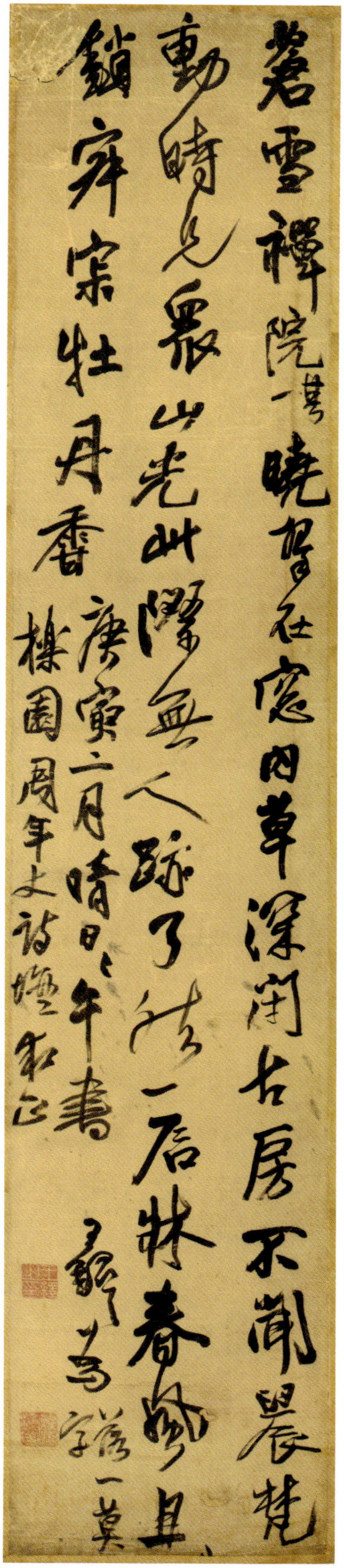

王铎

为周亮工作行书

纵 230 厘米　横 50 厘米

绫本　立轴

1651 年作

钤印：王铎之印　烟潭渔叟

王铎（1592—1652），字觉斯，又字觉之，号痴庵、嵩樵、十樵、石樵、烟潭渔叟、痴仙道人等。河南孟津人。官至南京礼部尚书、南明弘光政权东阁大学士。清顺治年间任礼部尚书。

此轴是王铎为周亮工所作，通幅行笔酣畅，点画振动，神采飞扬，魄力雄迈；用笔纵而能敛，结体奇崛多姿，起笔及转折多用方笔，凝重而不板滞，刚柔相济，骨力洞达，体势飘逸，苍秀深邃，且经《中国古代书画图目》《中国法书全集》《中国书法全集王铎卷》《王铎年谱》《王铎书画编年图目》《王铎年谱长编》等重要著述著录、出版。诗文收入《拟山园选集》诗集五律卷二。

施中行

深山客至图

纵 151 厘米　横 103 厘米

绢本　设色　立轴

钤印：施中行印　元偏

施中行（？—1652），其传略见李楚石《齐溪小志》（引《足徵集》）："字中行，号不大。少孤，与兄中立两相师友，学日以进。天启中，诏修神宗光宗两朝实录。……大司马袁崇焕巡抚辽东，奏请为参军……司马倚如左右手。然见司马之恃功，而喜自用也，策其后必败，乃坚以疾辞，归隐山中。"

施大政与其他遗民画家互有来往，如金俊明、邵弥、方夏、杨补等，应是相对比较固定的画友圈，但又相对疏离，因众人文集对之提及甚少，且其他几人参加的京口三山大社、半塘诗社等均未参与，在关于明遗民画家的研究中也常被疏漏。在翁方纲藏邵弥山水卷（施大政为受画人）中有方夏题跋："中行，名大政，一字不大，文行高洁，吴之西洞庭人。"杨补题跋："中行吾中年友也，抱负敦义善诗文"。

此画有蓝瑛之风，布局精整，笔法工谨，山石以刚硬方折线条勾勒轮廓后，侧锋横扫，斧劈皴刚劲爽利，却并不放纵，整体意境清幽，笔墨明洁，正合其身心俱隐。

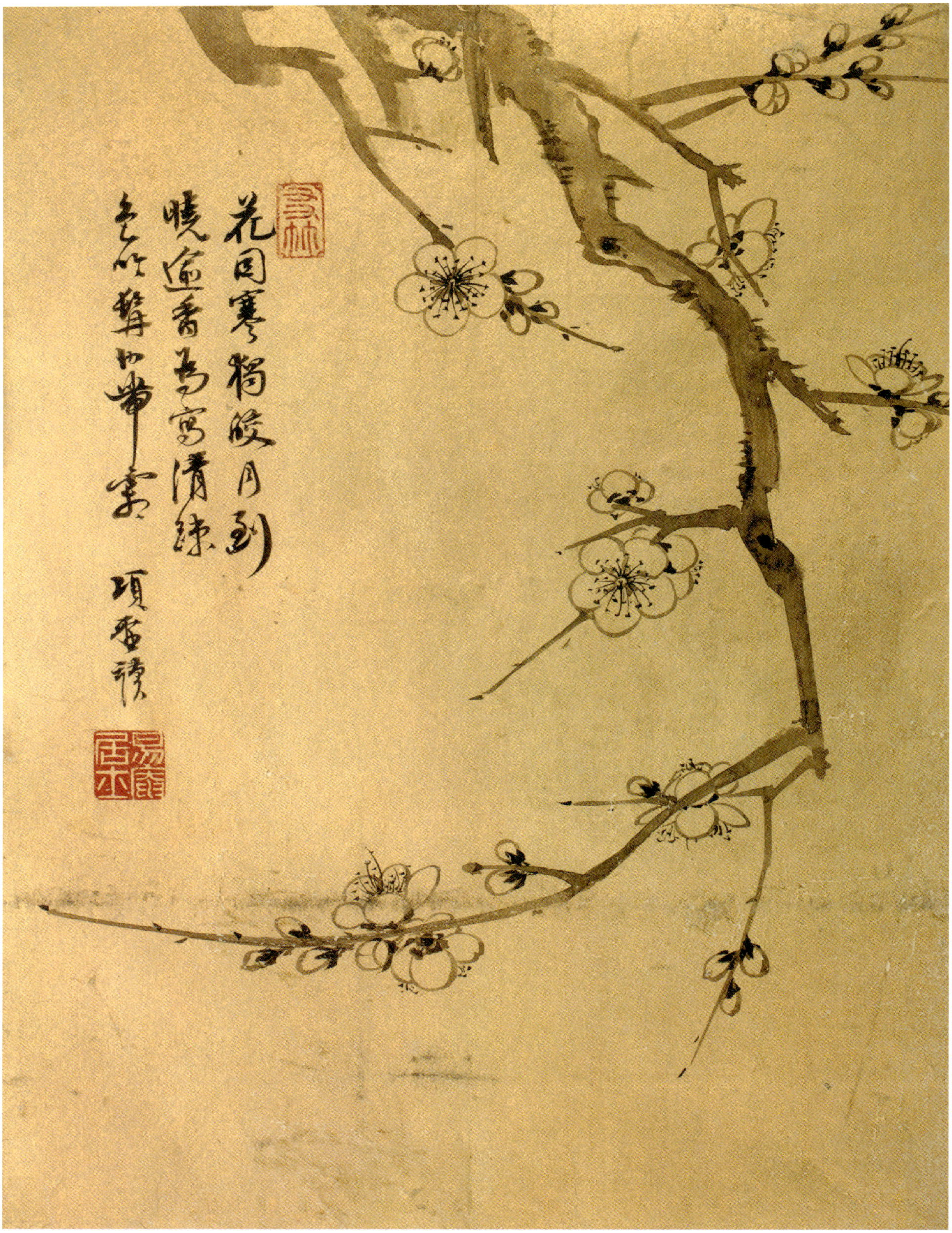

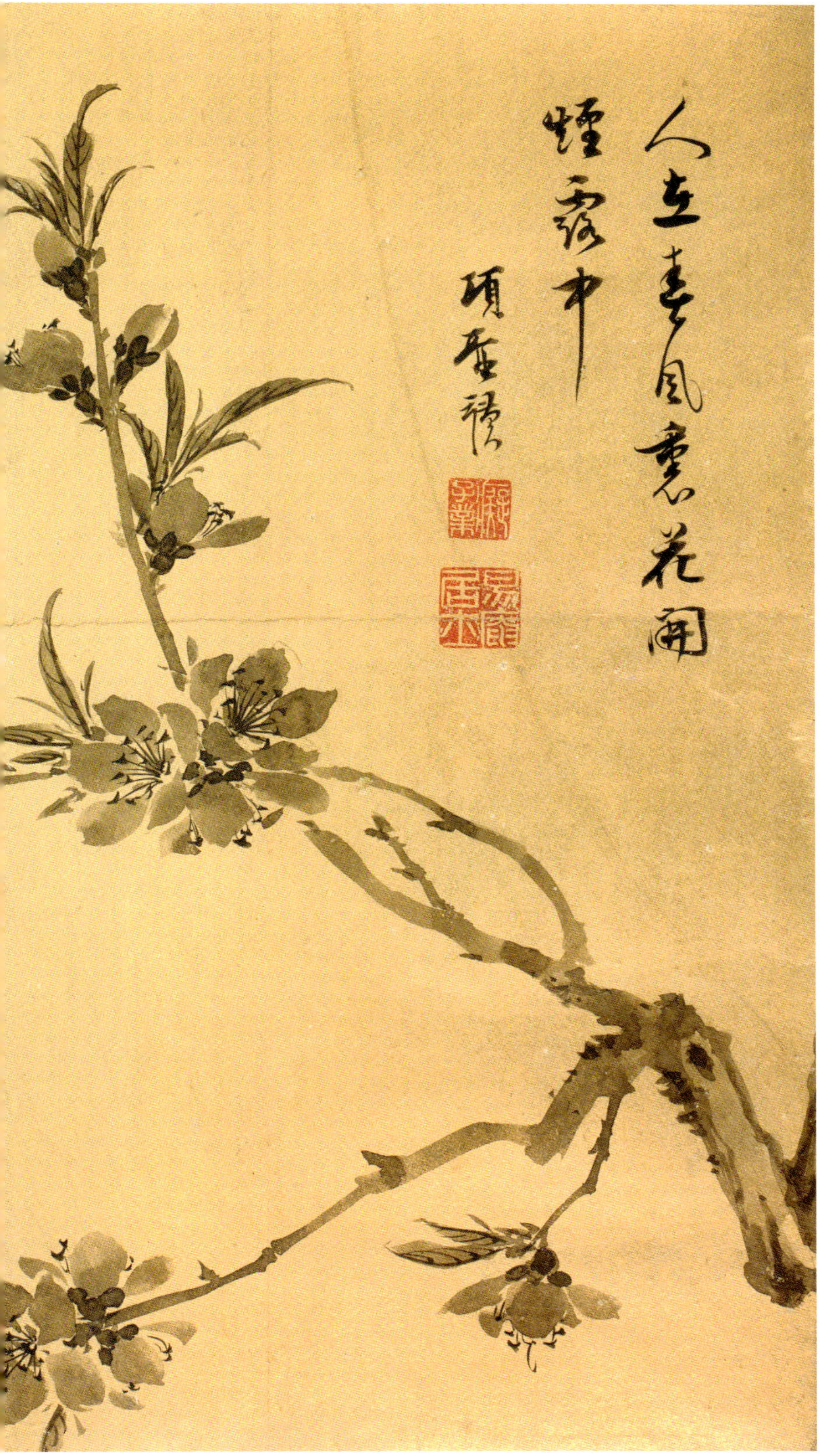

项圣谟

花卉（2件）

纵31厘米　横22厘米

金笺　镜心

钤印：痴子业　易庵居士　友竹

项圣谟（1597—1658），字逸，后字孔彰，号易庵，别号甚多，有子璋、子毗、胥山樵、胥樵、古胥山樵人、兔鸣叟、莲塘居士、松涛散仙、大酉山人、存存居士、烟波钓徒、狂吟客、鸳湖钓叟、逸叟、不夜楼中士、醉疯人等，浙江嘉兴人。祖父项元汴，为明末著名书画收藏家和画家。伯父项德新也善画。自幼精研古代书画名作，曾由秀才举荐为国子监太学生，但不求仕进，沉心于书画，山水、人物、花鸟无一不精。早学文徵明，后追宋人用笔之严谨，兼取元人韵致。

该作用笔严谨，笔端劲健、细致，风格清逸。意境明净清雅，结构严谨而富于变化，笔法简洁秀逸，气韵高雅，极富书卷气，具有很高的品格和思想内涵。构图巧妙，取折枝对角之势，笔墨俊秀飘逸，寓嶙峋之风骨。

真稿真蹟
壬寅春
天瑞題

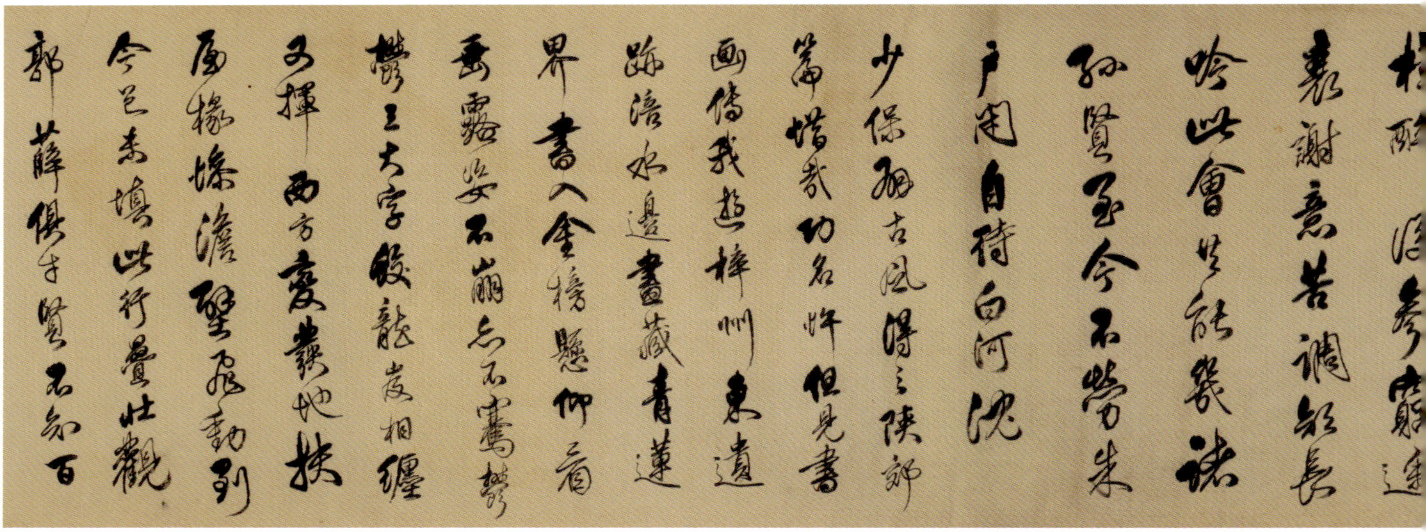

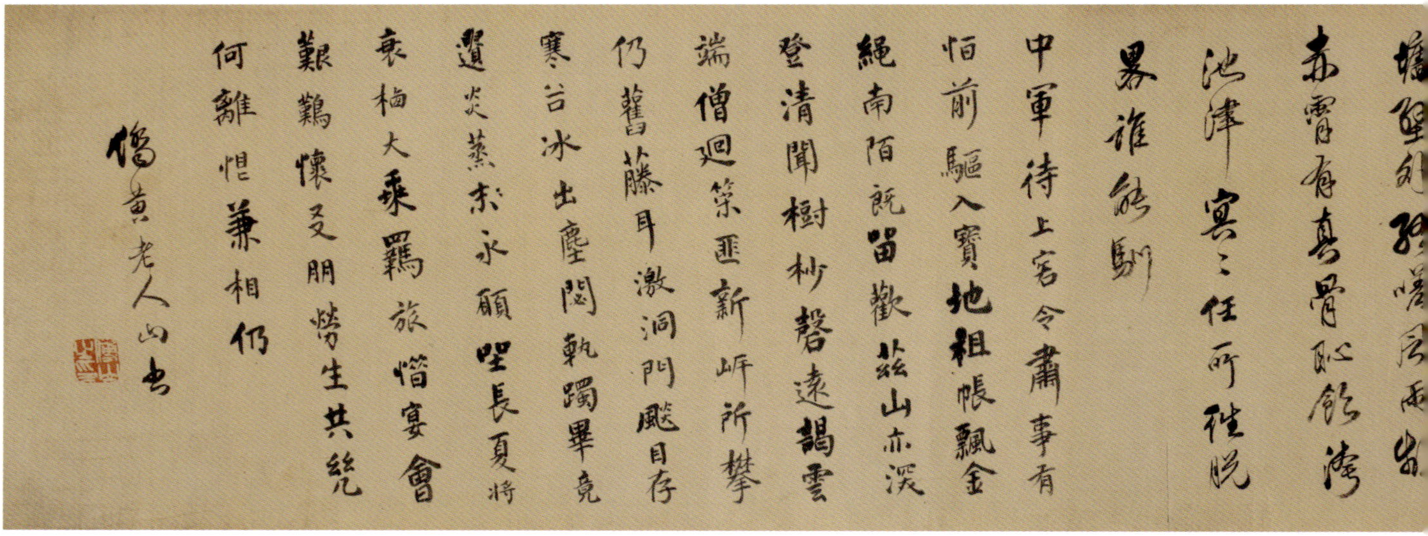
赤霄有真骨恥飲洿
池津冥冥任所往脫
略誰能馴
中軍待上客令肅事有
恒前驅入寶地祖帳飄金
繩南陌旣留歡茲山亦深
登清聞樹杪磬遠謁雲
端僧迴策匪新岸所攀
仍舊藤耳激洞門飈目存
寒谷冰出塵閟軌躅畢竟
還炎蒸本永願坐長夏將
衰栖大乘羈旅惜宴會
艱難懷友朋勞生共幾
何離恨兼相仍

傅山

行书 杜诗卷

纵 33 厘米 横 280 厘米

绫本 手卷

钤印：傅山之印

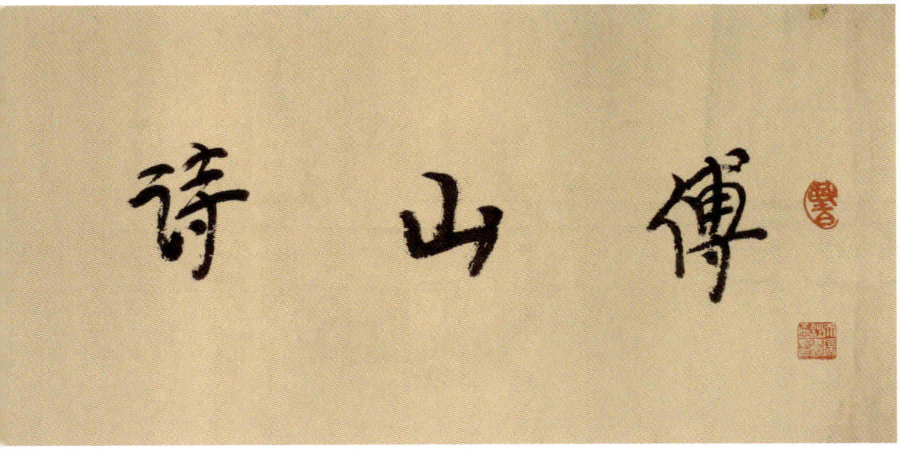

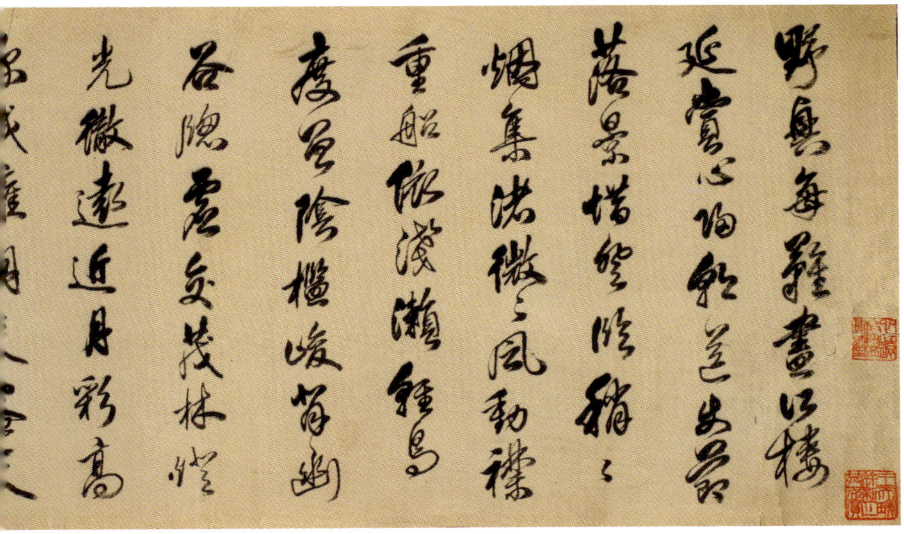

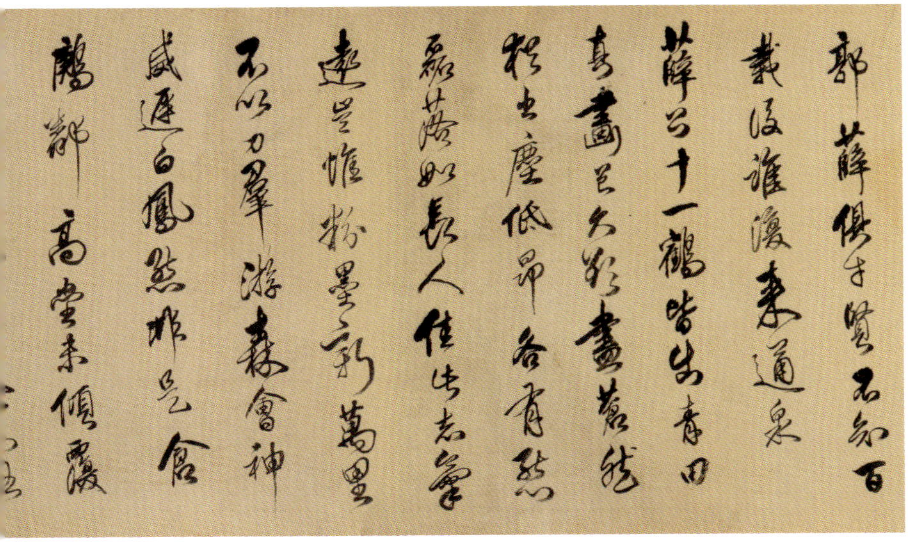

傅山（1607—1684），字青竹，后改青主，山西阳曲人。博通经史诸子，兼工诗文、书画及医学。书法雄厚豪放，富有浪漫色彩，被时人尊为“清初第一写家”。楷隶行草诸体兼擅，楷书端庄遒劲，刚健有力。尤善草书，其笔势雄浑，线条婉转飘逸，点画顿挫抑扬。

此卷傅山书写杜诗五首，分别是《送严侍郎到绵州，同登杜使君江楼》《观薛稷少保书画壁》《通泉县署屋壁后薛少保画鹤》《陪章留后惠义寺饯嘉州崔都督赴州》，作品龙腾虎跃，蛇行草伏，潇洒奇逸，纵逸奇宕，气韵连贯，气势豪迈。用笔流畅，点画圆润，大气凛然，别具新意，字距、行距、大小疏密参差有致，于变化中见统一，蕴含千钧之力和博大精深的胸怀。

戴明说

竹

纵140厘米　横45厘米

绫本　立轴

钤印：戴明说印　存存惺惺　米芾画禅

烟峦如觌明说克传图章用锡

戴明说（1609—1686），字道默，号岩荦，晚号定圃，沧州（今河北沧县）人。入清官户部尚书。工书画，尤精墨竹、山水，博大奇奥，不让古人。

此轴墨竹得元代吴镇笔意，劲健爽利，颇具古趣。此轴以不同墨色写竹叶，翩翻飞动，迎风作态，用笔迅疾，兼具气韵。

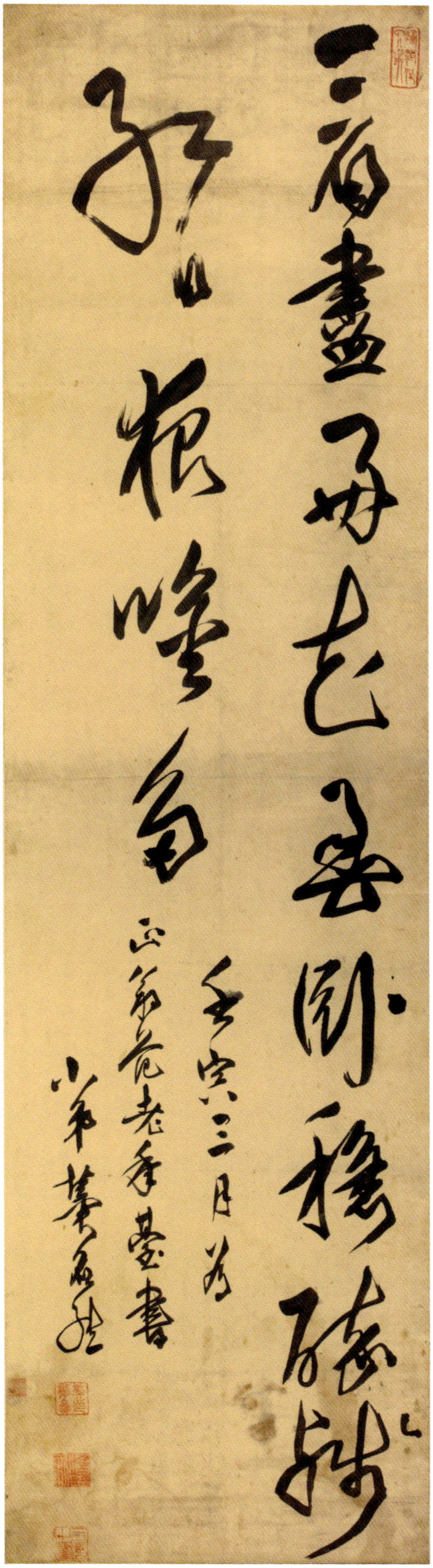

冀应熊

草书

纵 195 厘米　横 51 厘米

绫本　立轴

钤印：冀应熊印　司寇之章　烟波作四邻　渭公氏

冀应熊（1607—1690），字渭公，号华微，别号藕花庄主，河南辉县人，清顺治年间成都知府。擅写榜书。“看尽好花春卧稳，醉残红日夜吟多”出自唐末五代诗人谭用之的《山中春晚寄贾员外》，此轴规模王铎，足见王铎在清初河南本地乃至整个北方书坛的巨大影响和号召力。

仿香光居士

仿馬文敏

王 鉴

山水（10开）

纵 26 厘米　横 21 厘米

绢本　册页

1669 年作

钤印：王鉴之印　员照　弇山后人　来云馆

王鉴（1609—1677），字玄照，以避康熙帝讳改字圆照，号湘碧，复号染香庵主。江苏太仓人，明末曾任廉州太守，入清不仕，优游林下，以书画自给。画得董其昌指授，复纵观其所藏宋元名画，浸淫陶冶，自成一格，为“画中九友”之一，又与王时敏、王翚、王原祁并称四王，复与吴历、恽寿平并称为“清六家”，是清初传统山水画派的代表人物。

此册是王鉴因绍兴之行有感而作，布局丰满，一笔不苟，用色均当，极见功力。用笔精良，施色淡雅，虚实相间，虽云仿宋元诸家，但温润秀丽已全然是其自家面目。

仿梅道人

倣孟頫

倣趙文敏

仿曹雲西

仿北苑

仿陈惟允

仿徐贲

仿仲圭

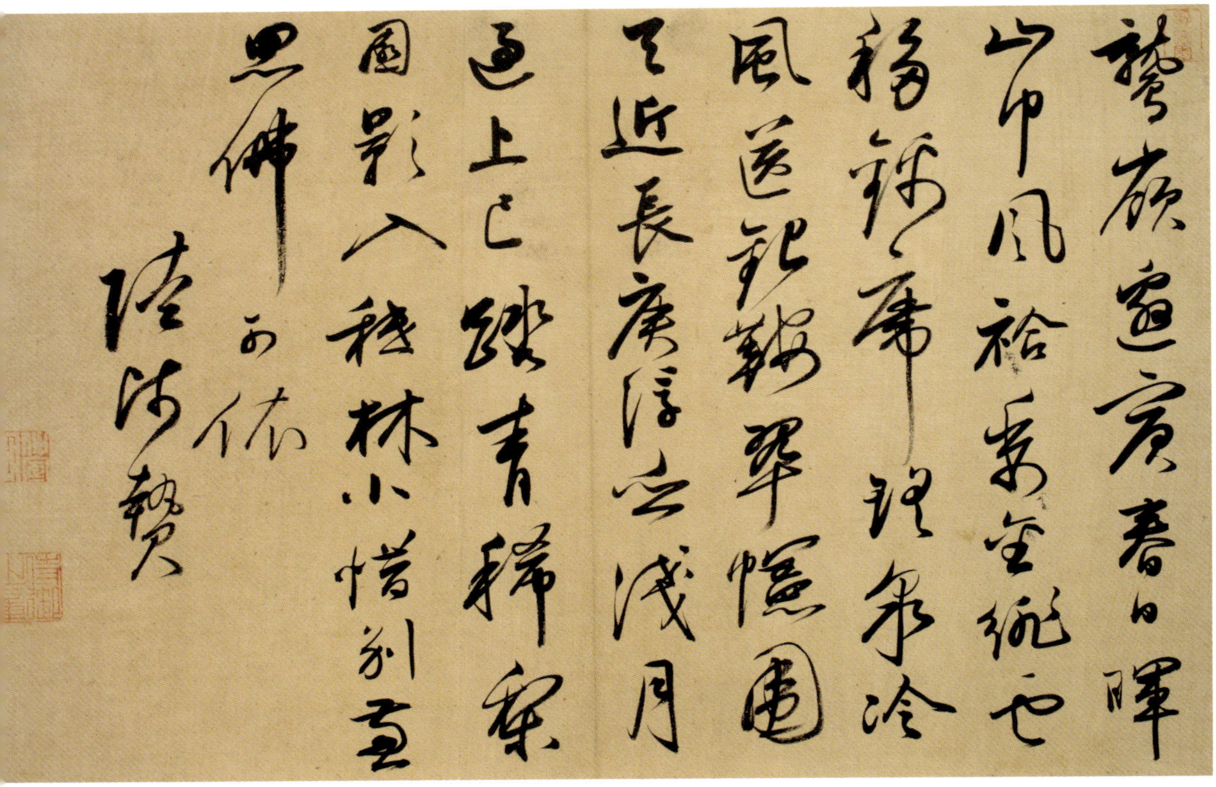

兩峰插雲

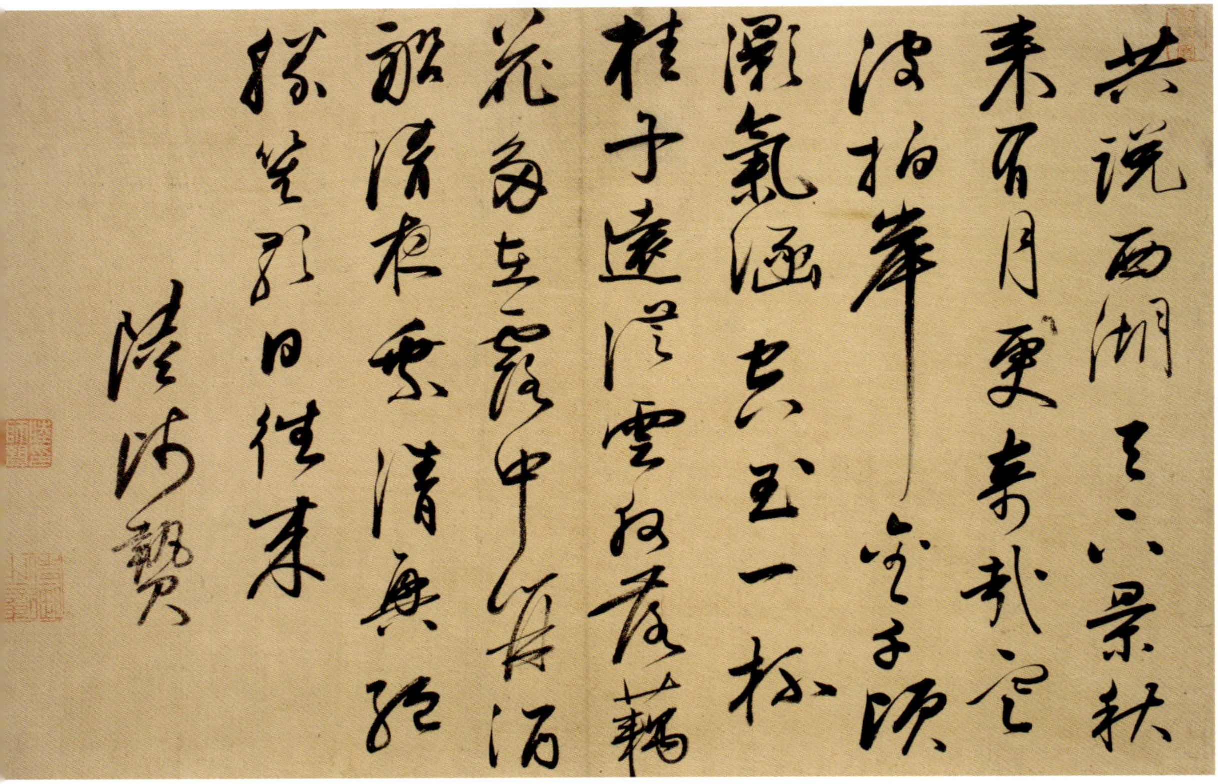

雷峰夕照

齐民

明西湖十景图（21开）

纵32厘米　横51厘米

绢本　册页

癸卯年（1603）作

钤印：齐民之印　逸民氏　六指生

此《西湖十景图》为黄国鼎题引首，陆师贽对题诗词。《画髓玄诠》载："齐民，字逸民，杭州人。善绘事，焚香课诗，杜门却扫，甘贫守约而已。"据此《西湖十景图》上"六指生"印文，可知齐民与祝枝山一样手有枝生，因有此号。齐民在"断桥残雪"一开记录了此册的绘制时间是"癸卯秋日"，又《画髓玄诠》为明天启六年（1626）刻本，黄国鼎墓志铭作于天启二年（1622），那么此癸卯就应该是天启癸卯（1603）年。由此，亦可知齐民在天启初年仍有活动。

每景都以小篆题名，赋色清淡典雅，景致悠然寂寥，颇显隐逸之趣。风格大体为南宋院体画风，传马远一路；一定程度上又受吴门文人画影响。由此可知，齐民当为职业画家。陆师贽对题之诗词，7首为明初高得旸咏西湖作品，一首为灵隐社集录李维桢诗，一首为灵隐社集录羌诗，只一首不具名。

行春
黄国鼎

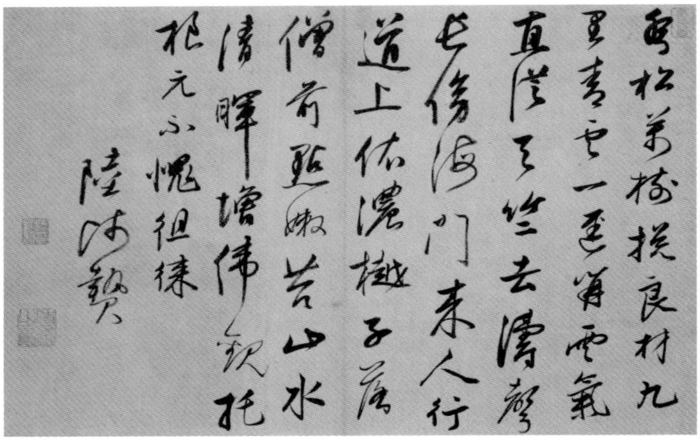

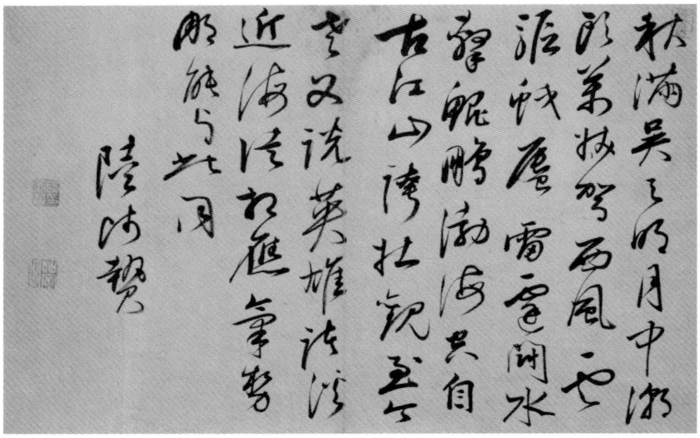

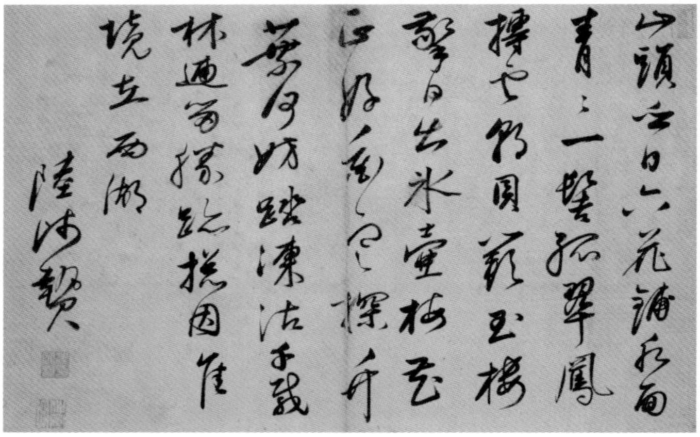

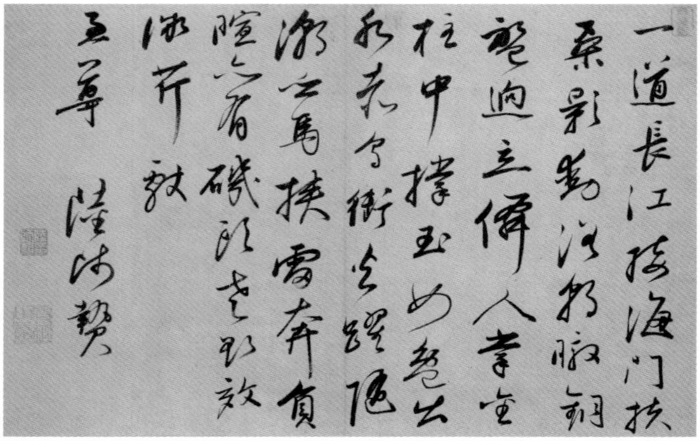

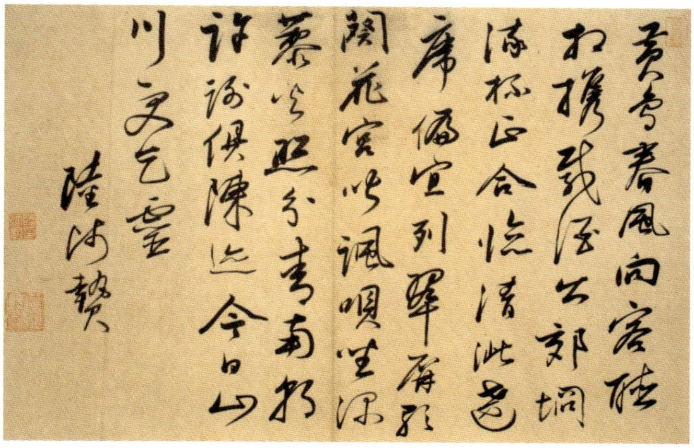
陆治赞

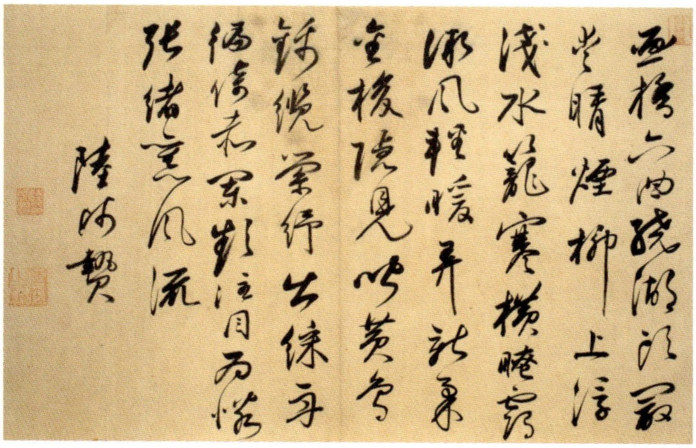
陆治赞

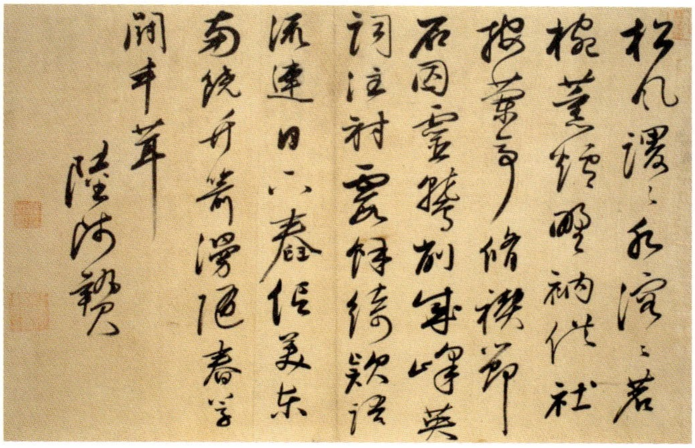
陆治赞

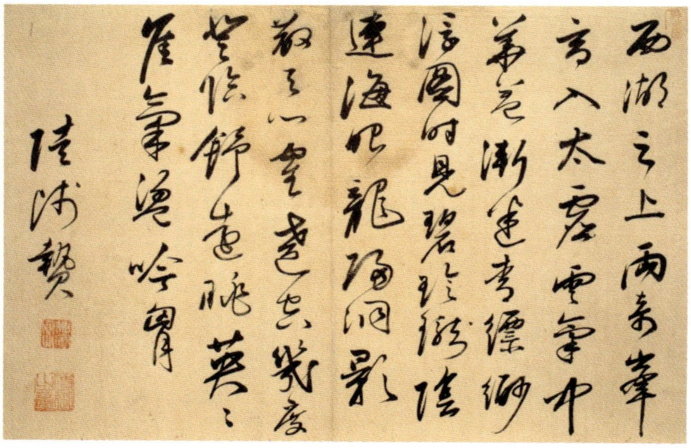
陆治赞

老去夜來御香常坐穀山榜肖
野樹上珊瑚螢千林火倩誰收
據無愁情書琵琶氣屏歌秦臺
花開金粟香綠繡明月縷枝
下問樽亭雨蹄如氣嗁樹嚶石浪鳴碧
柯條竹丁香穿紫鎖綠蘭朱鋪刺鳳皇
頻玳瑁床鈿寶花紅淺紅深綠綠梅觴杯
蘭葉浴青池琴碧玉盞玳瑁光金縷紫
貝合鬢安火榴迴廊雲色清氣來氣
青溪桃椰迢羅袂七寶琉璃照青徑五
術果紅燈靈窗碧琉璃輕紗薄幕
烟鶯春宮裊……何文史撰……秋月芝……

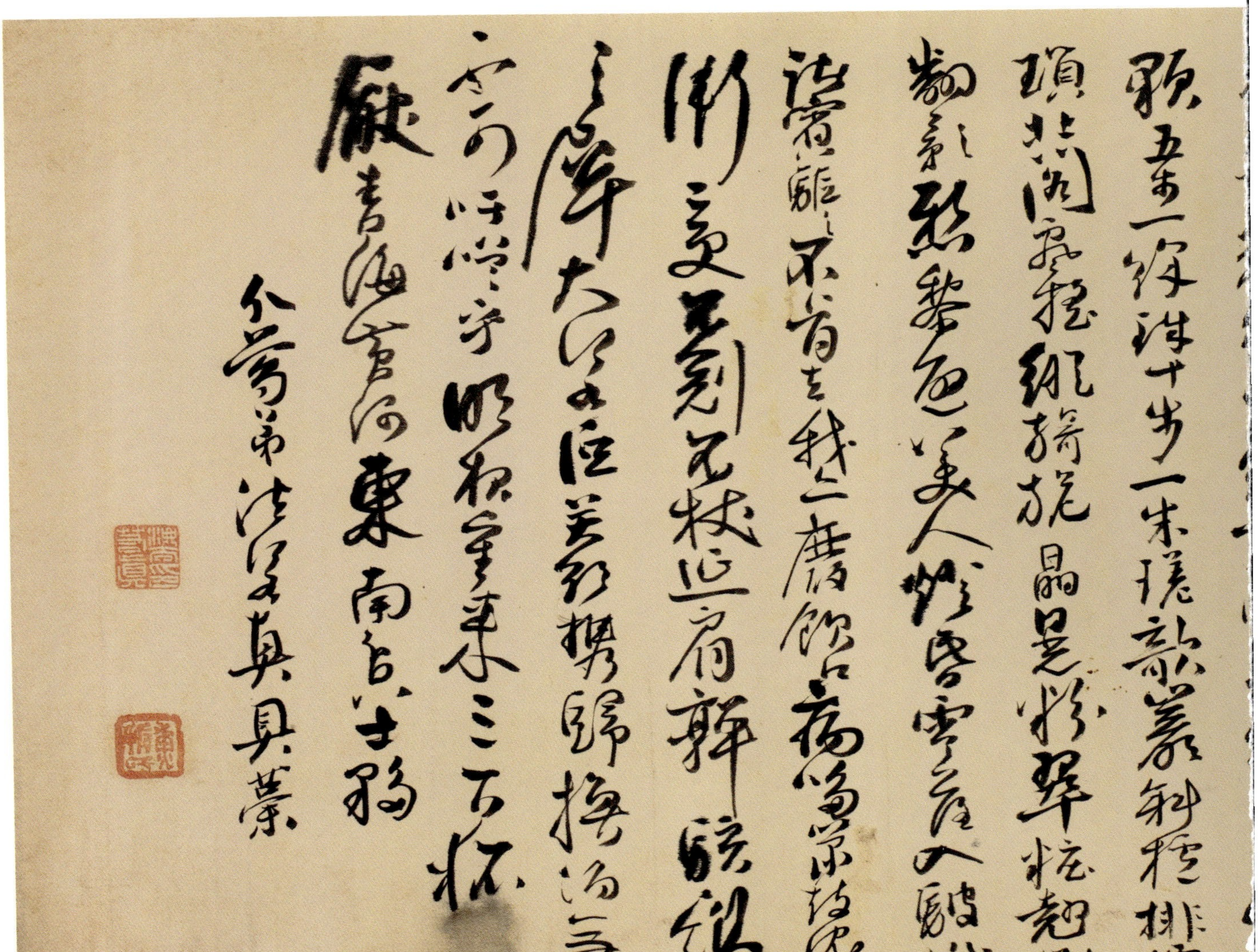

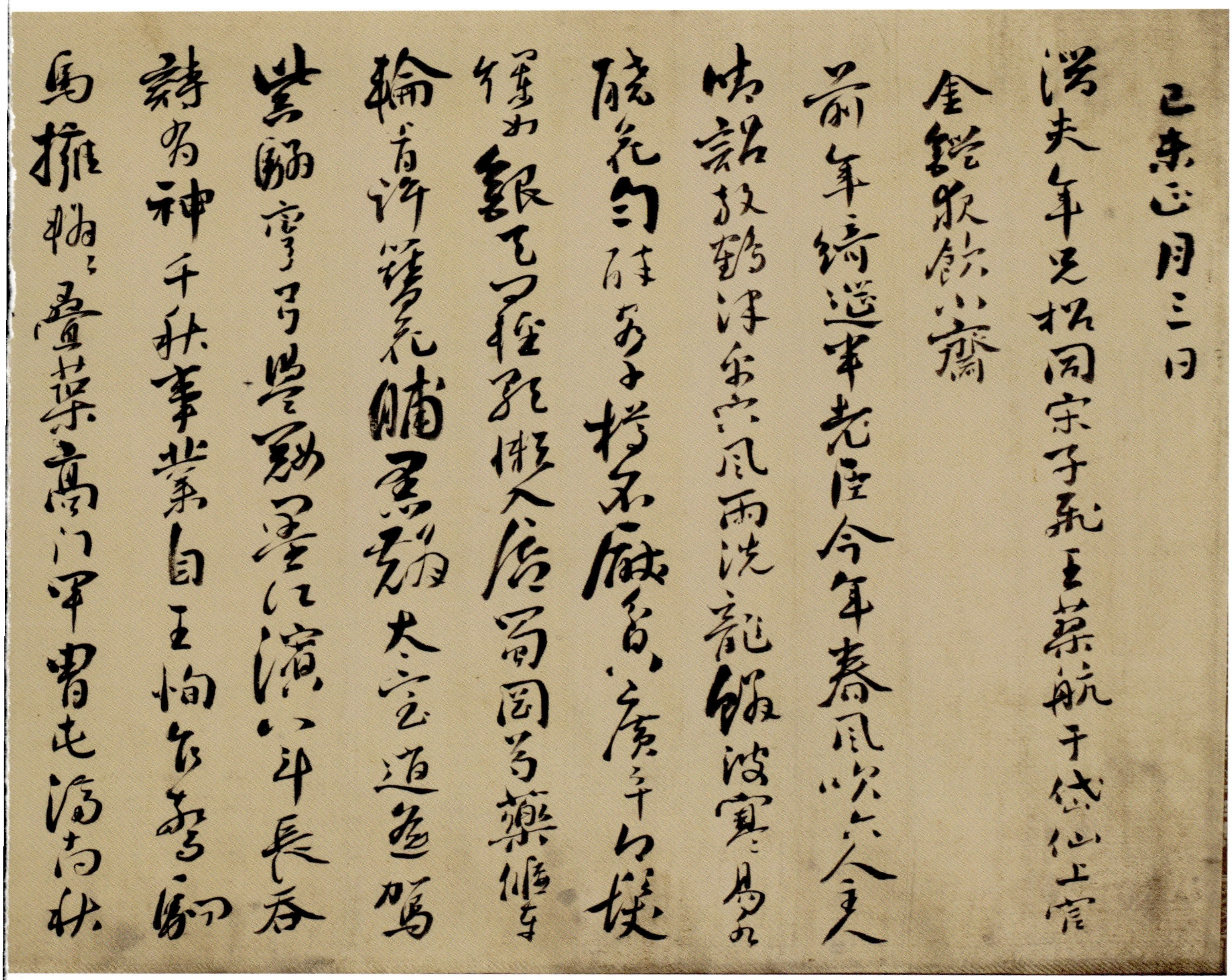

法若真

行草　诗卷

纵 26 厘米　横 130 厘米

绫本　手卷

己未年（1679）作

钤印：法若真印　黄石氏

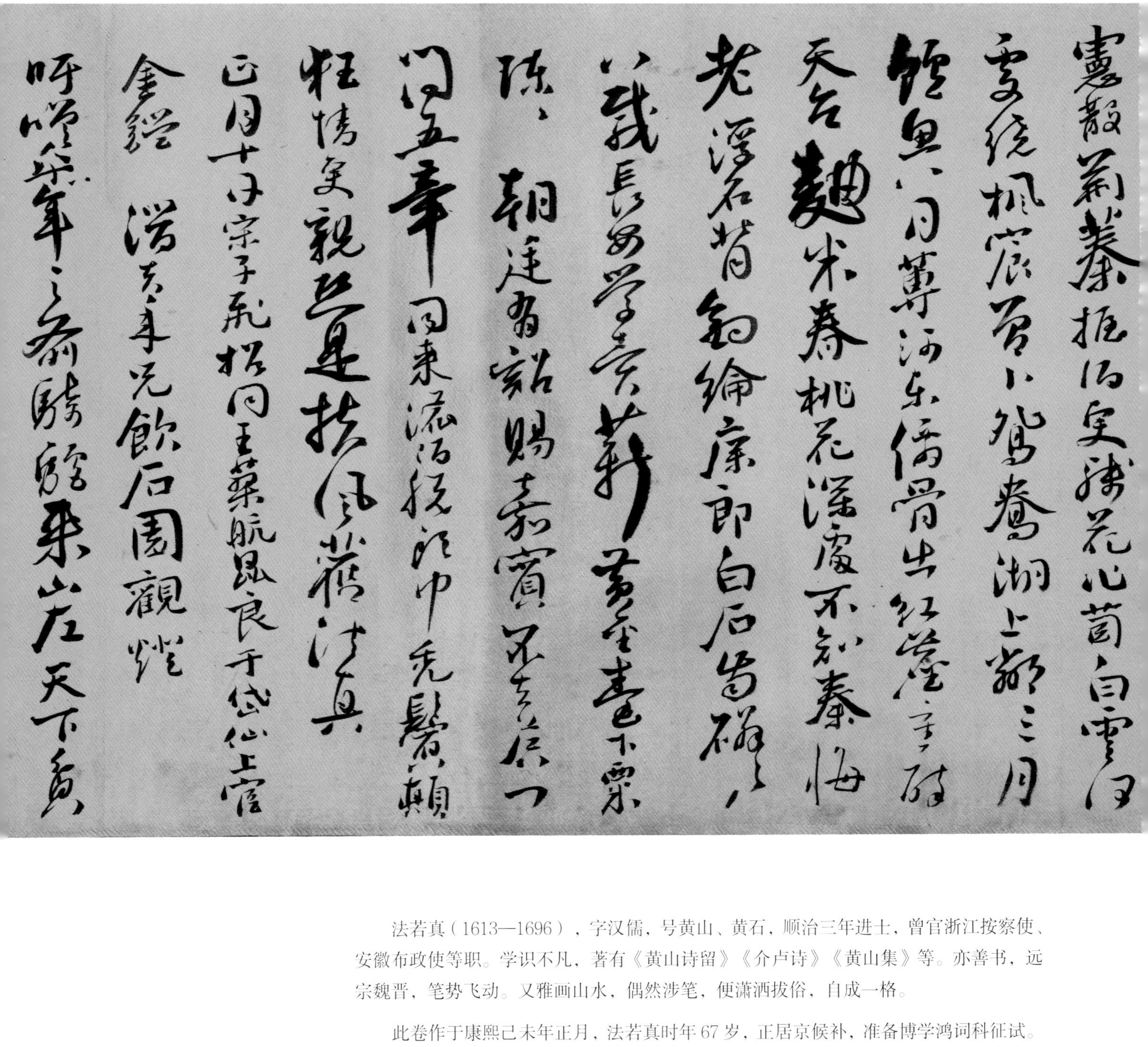

法若真（1613—1696），字汉儒，号黄山、黄石，顺治三年进士，曾官浙江按察使、安徽布政使等职。学识不凡，著有《黄山诗留》《介卢诗》《黄山集》等。亦善书，远宗魏晋，笔势飞动。又雅画山水，偶然涉笔，便潇洒拔俗，自成一格。

此卷作于康熙己未年正月，法若真时年67岁，正居京候补，准备博学鸿词科征试。期间，法若真与同科进士王紫绶、上官鉴、于嗣登、刘霦等人两次宴游唱和，并作此卷为记。是年三月初一日，博学鸿词科开试，法若真自言因腿疾未试（《听雨丛谈》说其“与试未中”）；王紫绶、上官鉴均与试未中。卷中内容虽多为观灯赏景，宴饮纵欢，却也流露出法若真因仕途失意而郁郁不得志的烦闷心情。此卷于《黄山诗留》有著录，题名略有差异。

此卷书法面貌多变，卷首颇具颜真卿、苏轼法度，体丰骨健，浑厚敦实；卷尾则有王羲之、米芾气象，纵意恣肆，绮丽幽险，有晚明书风遗韵。

吴焕、胡湄

杂画册（16开）

纵35厘米　横40厘米

绢本　册页

钤印：吴奂　胡湄之章

吴焕，清代书画家，生卒不详，约活动于康熙时期，字铭仙，花鸟得元人笔意，题款多作“商山吴焕”。商山，因“四皓”得名，“商山雪霁”为古商洛八景之一，所以其出身应与陕西有关。此册含其一开山水及五开花鸟，题“己巳重九”，为康熙二十八年（1689），作品清丽工整，运笔严谨，如第七开松鹤，画面细腻精致，墨线气力十足，柔韧相宜。

胡湄，生卒不详，约活动于清康熙至雍正初，字飞涛，号晚山，又号秋雪，浙江平湖人，是明代著名画家、收藏家项元汴的外孙，幼年常随其母亲到项家，对外祖所藏书画，恣观临摹，画艺日精。善花鸟、虫鱼、人物，署款字形奇特，甚有个性。性旷达，但常年隐居，以致传世作品甚少，画名之显不如弟子沈铨。此册两开均为山水人物，如第四开画禅宗指月，用笔大胆泼辣，颇类五代梁楷，兼合细笔勾画，水墨浓淡有致，线条凝练概括，使画面形成巨大张力，给人强烈的艺术冲击。

对题另有八开，金笺墨笔，为查士标（1615—1698）、尤侗（1618—1704）、韩菼（1637—1704）、李仙根（1621—1690）等题唐代杜甫《秋兴八首》等诗，共同为“君选年翁”庆六秩荣寿，有题“丁巳小春”。为康熙十六年（1677）。

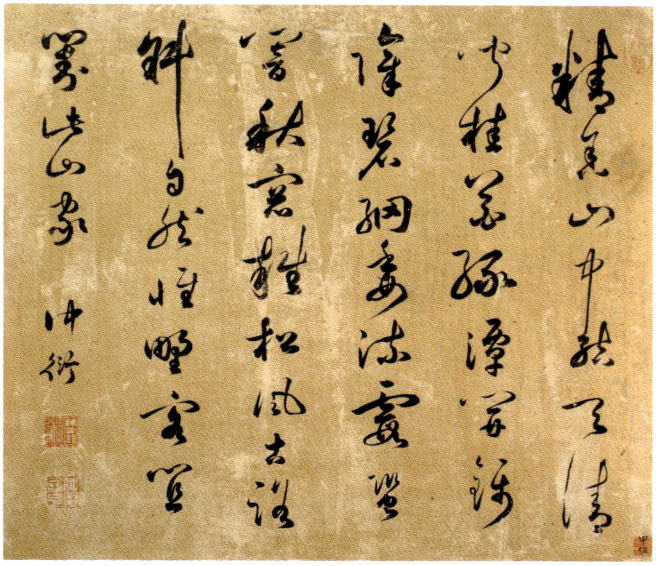

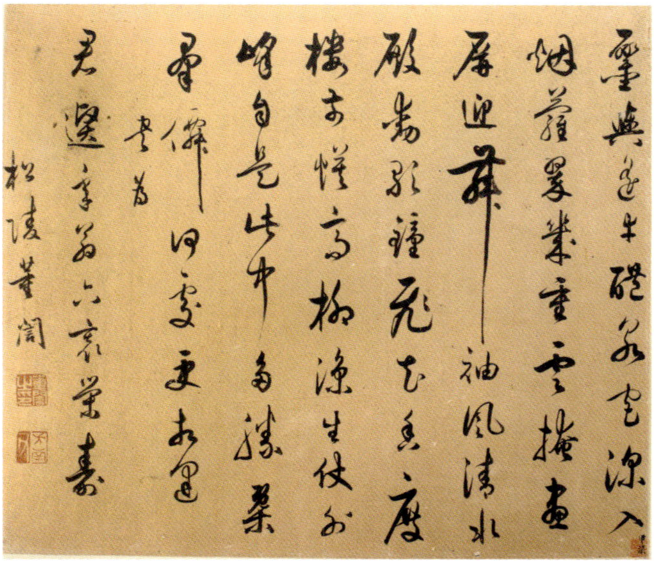

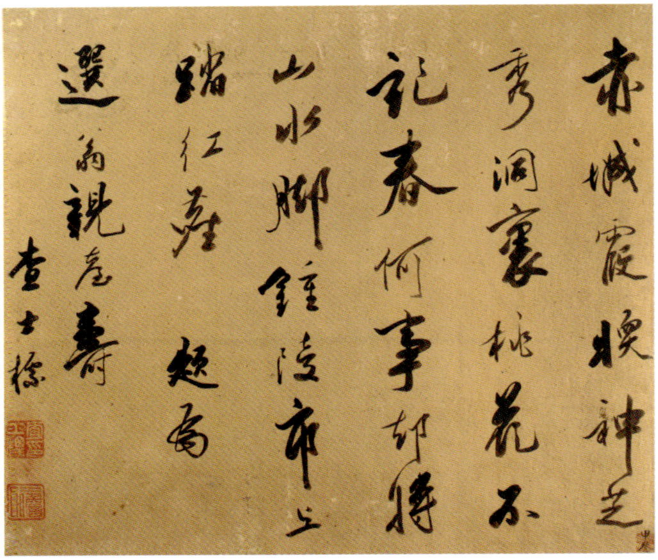

吴焕

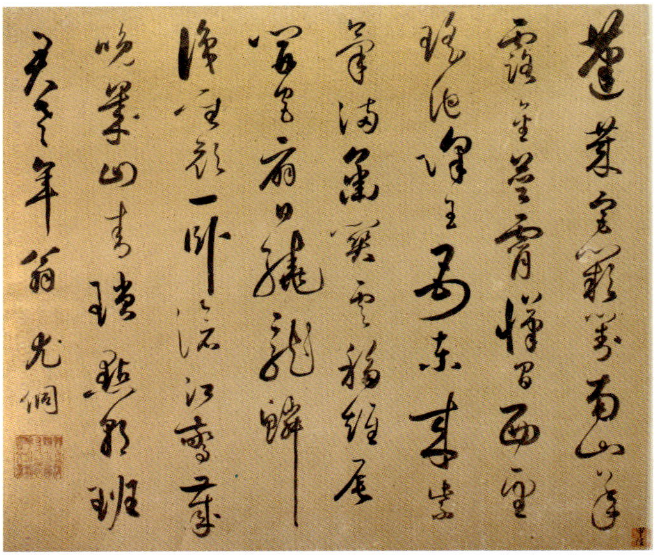

吴焕

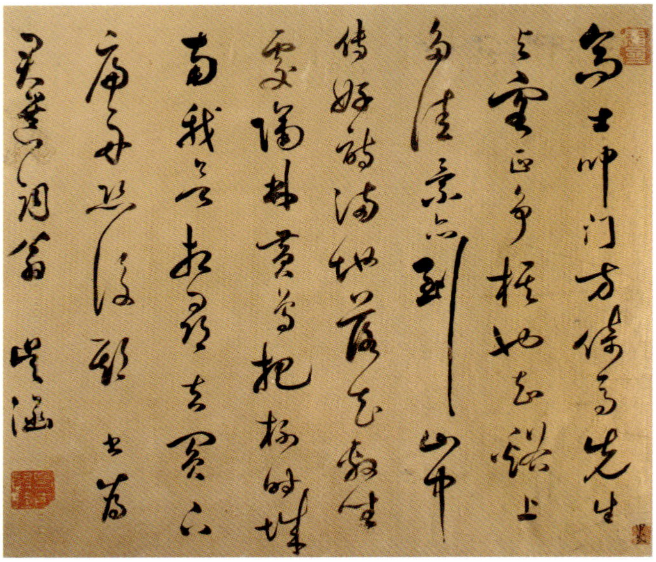

商山吴焕

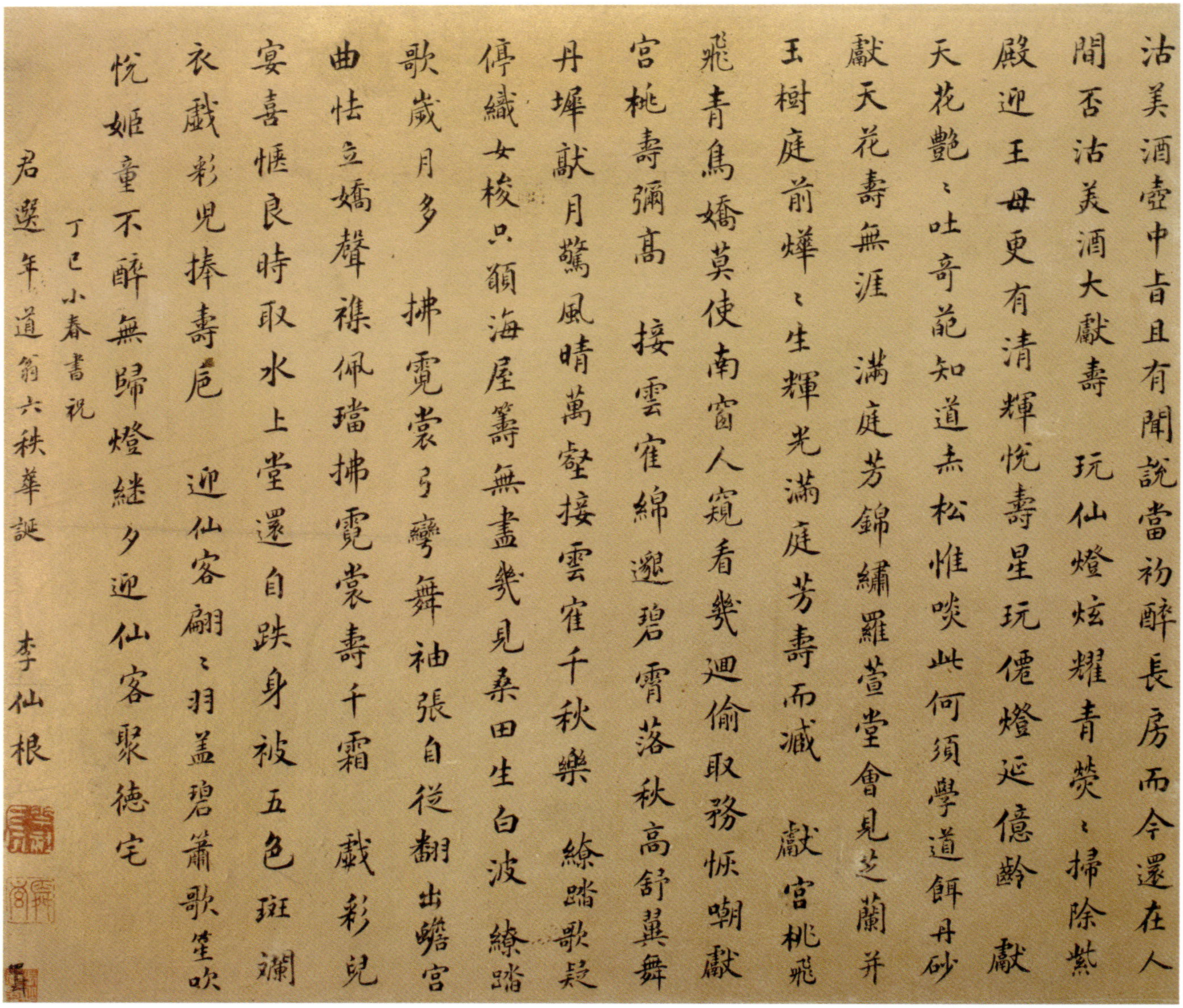
沽美酒壺中旨且有聞說當初醉長房而今還在人
間否沽美酒大獻壽　玩仙燈炫耀青熒々掃除紫
殿迎王母更有清輝悅壽星玩儷燈延億齡　獻
天花艷々吐奇葩知道赤松惟啖此何須學道餌丹砂
獻天花壽無涯　滿庭芳錦繡羅萱堂會見芝蘭并
玉樹庭前燁々生輝光滿庭芳壽而滅　獻宮桃飛
飛青鳥嬌莫使南窗人窺看幾迴偷取務愜嘲獻
宮桃壽彌高　接雲寉綿邈碧霄落秋高舒翼舞
丹墀猷月驚風晴萬壑接雲寉千秋樂　繚踏歌疑
停織女梭只額海屋籌無盡幾見桑田生白波　繚踏
歌歲月多　拂霓裳弓彎舞袖張自從翻出蟾宮
曲怯立嬌聲襟佩璫拂霓裳壽千霜　戲彩兒
宴喜愜良時取水上堂還自跌身被五色斑斕
衣戲彩兒捧壽卮　迎仙客翩々羽蓋碧簫歌笙吹
悅姬童不醉無歸燈繼夕迎仙客聚德宅
丁巳小春書祝
君選年道翁六秩華誕　李仙根

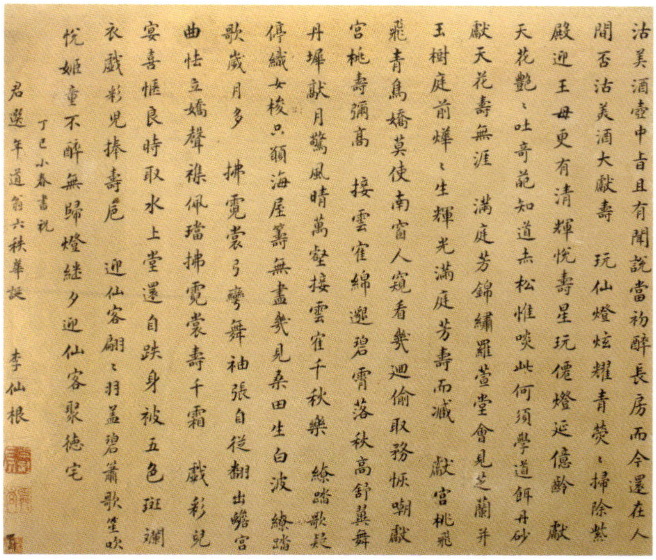

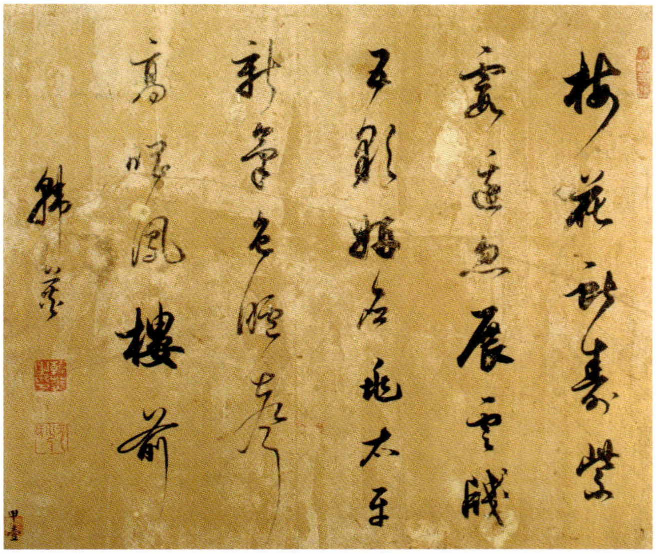

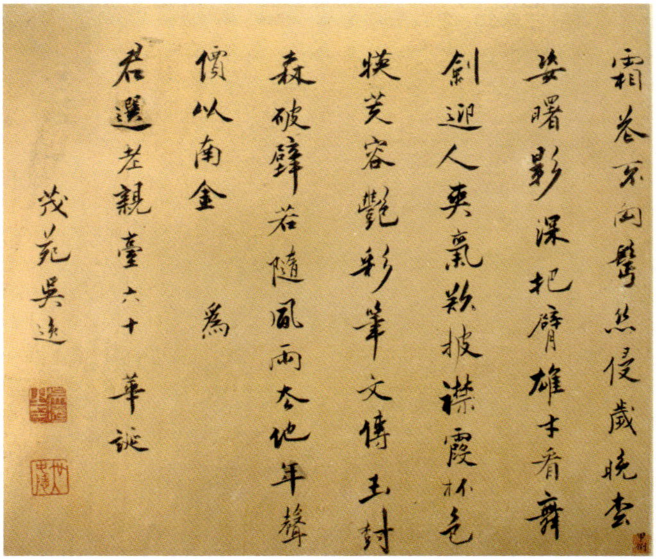

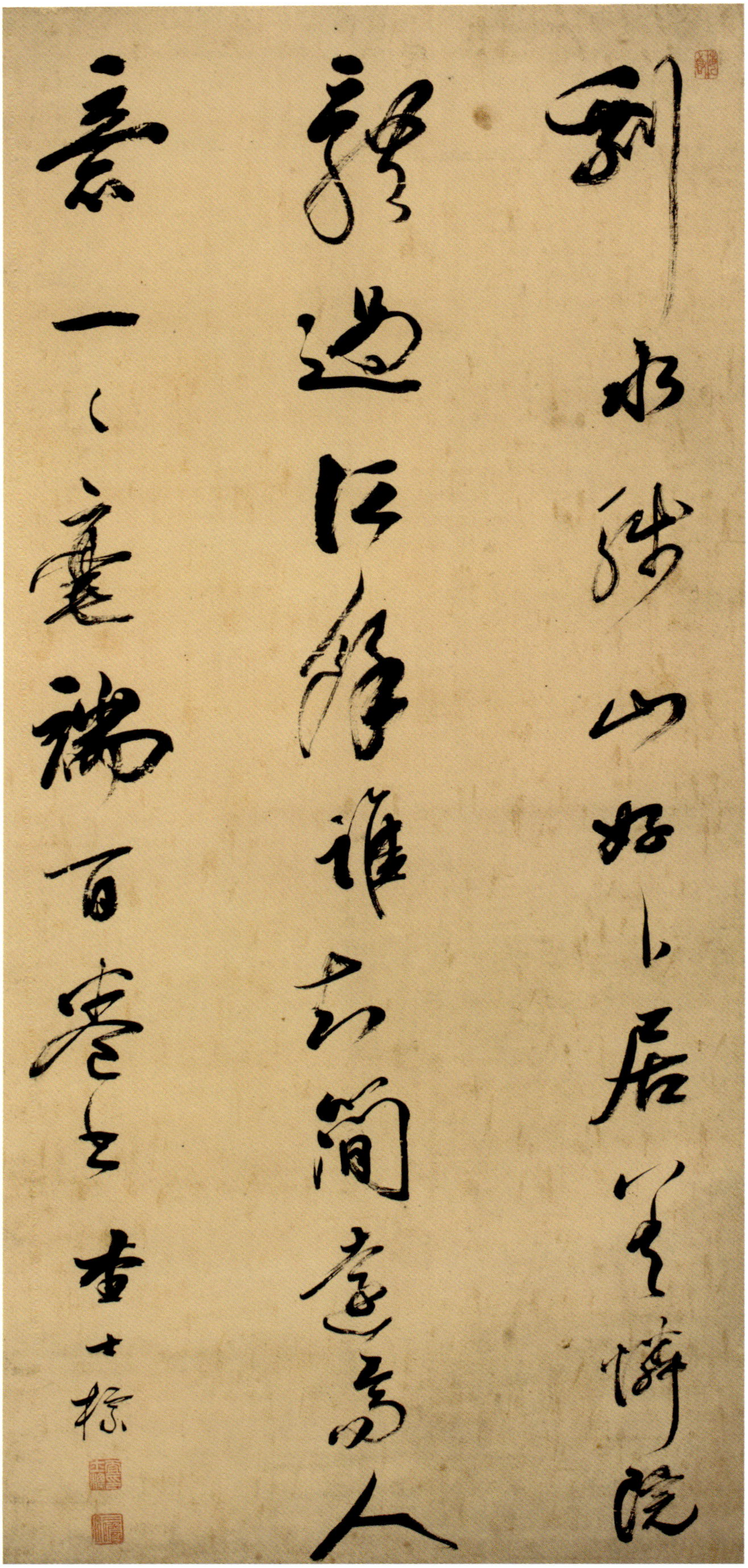
查士标

查士标

行书 七言诗

纵 126 厘米 横 59 厘米

纸本 立轴

钤印：查士标印 二瞻氏 梅壑

查士标（1615—1698），字二瞻，号梅壑、懒老、梅壑散人，安徽休宁人。后流寓扬州、镇江、南京。善书画、工诗文、精鉴赏。工书画，精鉴别。用笔不多，惜墨如金。与弘仁、孙逸、汪之瑞称“新安四家”。

查士标书法以行书、草书见长，书出米、董，上追颜真卿，颇得精要，时称“米董再生”。此幅行书七言诗，整幅作品神采娟秀，气韵高远，布局行间疏朗，行笔俊逸疏秀，空灵萧散，颇得董其昌神韵。

查士标

雨后飞泉

纵 159 厘米 横 74 厘米

纸本 立轴

钤印：查士标印 梅壑氏一字日二瞻

查士标绘画初学倪瓒，后参吴镇、董其昌笔意。以笔墨疏简、意境荒寒为特点。画家自用别号也效仿倪瓒以“懒老”自称。此图笔法疏朗，以粗笔湿墨写山绘树，画山石坡树、飞泉溪流，平笔皴擦，萧疏有致。画面右上题七言绝句“雨后飞泉下碧湾，长松修竹草堂寒。无人识得高人意，溪上青山独自看。”师古而不泥古，查士标之高即在此也。

丁卯夏日寫
錢唐諸昇

诸昇

竹

纵168厘米　横89.5厘米
纸本　立轴
丁卯年（1687）作
钤印：诸昇之印　曦菴

诸昇（1618—？），字日如，号曦庵，仁和（今杭州）人。擅长墨竹，兼善山水，知名于时。

竹竿以淡墨勾画，枝节圆润，劲拔毕现。竹叶以浓墨撇写，明暗相间，繁密而不乱，向背俯仰各具姿态，神气俱全。运笔遒劲挺秀，用墨润泽清新，以墨色深浅描绘竹子之远近、向背。整个画面高古雅洁，构图极富层次感，浓淡相宜，取势娴熟。特别是风中竹叶的动感之态，技法纯熟，简洁精妙，笔墨浑厚沉着而无半点凝滞，灵秀之气溢于楮墨。从中可管窥见作者借画竹石，来标榜自己如竹一般高洁的思想感情和不同凡俗的精神气质。

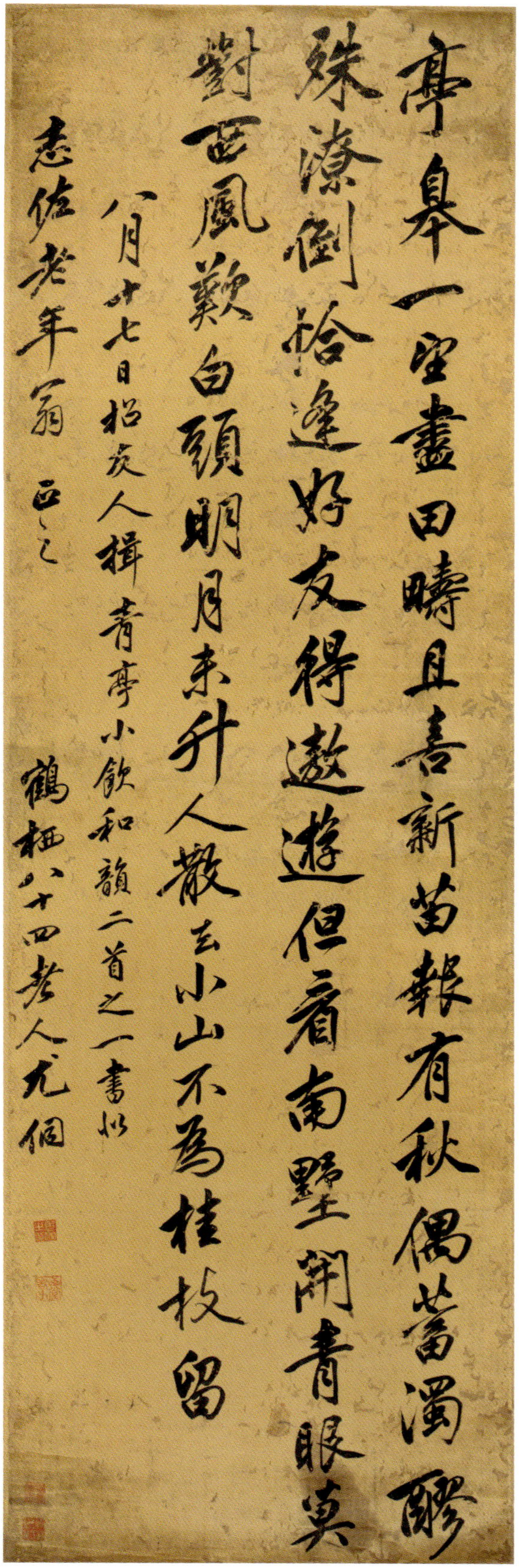

尤侗

行书

纵152厘米　横48厘米

绢本　立轴

钤印：尤侗之印　西堂老人

尤侗（1618—1704），字同人，号悔庵，晚号西堂老人。江苏苏州人。曾被顺治帝誉为“真才子”，康熙帝誉为“老名士”。明末清初著名诗人、戏曲家。

此轴为其晚年所作，机枢自如，活泼任性，不计工拙，自是名士风韵。

王翚

泰岱松风

纵 69 厘米　横 44 厘米

绢本　立轴

庚辰年（1700）作

钤印：王翚之印　耕烟散人

泰岱松風
海虞王翬

王翚（1632—1717），字石谷，号耕烟散人、乌目山人、清晖老人等。江苏常熟人，清代著名画家，被称为“清初画圣”，“四王吴恽”之一。师从王时敏、王鉴，但他不拘于一家，而集唐宋以来诸家之大成，在发展南宋的基础上借鉴北宋的技法，创造出华滋浑厚、气势勃发的山水画风格。王石谷作画喜好干、湿笔并用，多以细笔皴擦，画面效果比较繁密。曾说“以元人笔墨，运宋人丘壑，而泽以唐人气韵，乃为大成。”他早期画风清丽工秀，勤于摹古。四十岁至六十岁为中期，此时绘画不拘一格，集各家之大成。六十岁以后为晚期。此《泰岱松风》为康熙庚辰年（1700）所作，属于晚期作品。远景山峦隐约，中景楼台亭榭树木掩映，近景溪水潺潺。整幅作品构图严谨，意境悠远。画中景观丰富，丘壑多姿，草木丰茂，点景精细，墨色清润，笔法苍秀，或综合诸家化为己有，或阐释诸家之法，使其晚年面目十分显著。

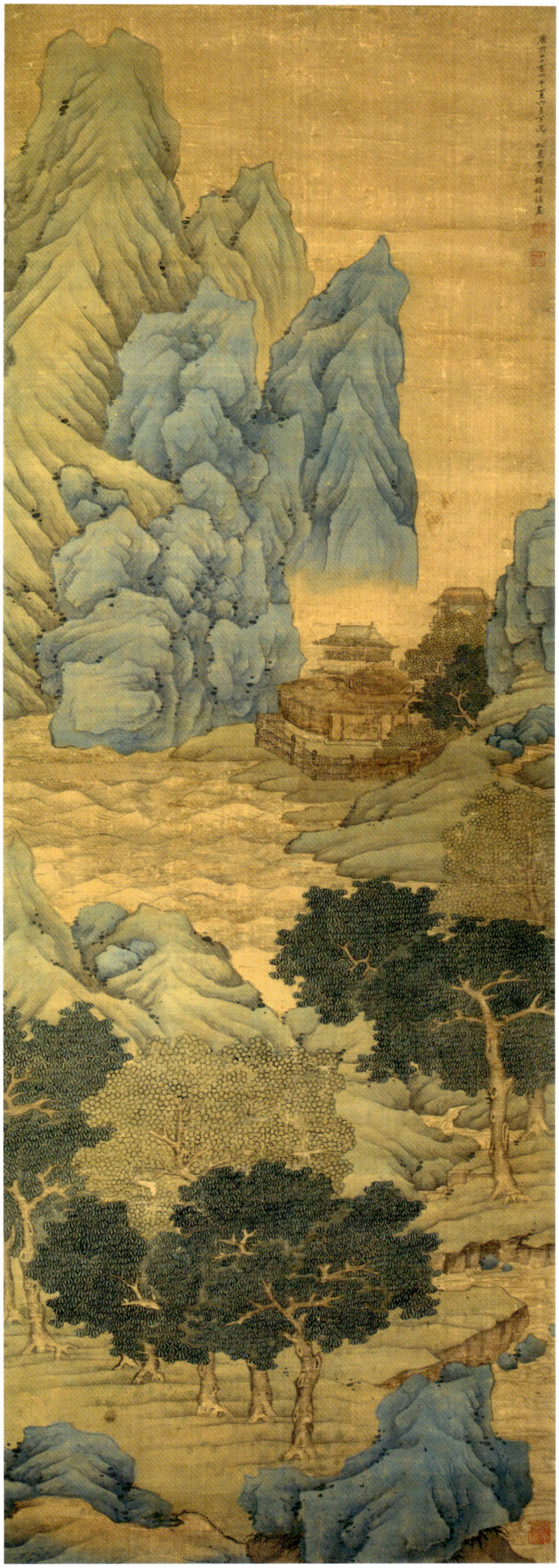

顾符稹

仙山楼阁图

纵 139 厘米 横 47 厘米

绢本 立轴

钤印：顾符稹印 瑟如

顾符稹（1634—1718），字松巢，号小痴，清初山水画家，擅青绿设色。族谱称他“善丹青，穷幽极细，得小李将军之秘。”张庚《国朝画征录》：“顾符稹，……山水人物学小李将军。工细人毫发。阮亭赠诗所谓：丹青金碧妙铢黍，近形远势穷毫芒是也。临摹托古者俱多。”

此作清秀典雅，装饰意味颇浓，创作于画家五十二岁，与当时盛行的“四王”主流画风迥然不同。笔墨皴法结合青绿重彩，石青石绿的颜色纯净度高，辅以赭石染茅屋楼阁，增添画面清新明丽之感。中景水波粼粼，墨线简练，时断时续，体现风吹浪起的自然动态。近景平远法构图，嘉林茂树细笔，幽谷掩映，溪流潺潺，动静相宜，将观者审美兴致引向无穷画外。整体风景绮丽而富于仙境感，但笔墨写实，用色互补，层次分明，是现实与想象的优美结合。

顾符稹

秋山行旅图

纵 117 厘米　横 36 厘米

纸本　立轴

钤印：符稹　五埜农

顾符稹（1634—1718），初名稹，字瑟如，后名符稹，字松巢，号小痴，江苏兴化人。擅山水，多青绿设色，奇峰怪石，画境奇僻，风格独特。山水、人物远学李昭道，善以勾染作画，近学赵孟頫，以清丽著称。

画家一生走南闯北，涉足诸多名山大川，故其笔底景致亦多取材于真山真水，逼真天成。画中树石细笔，描绘秋日景致，崖树耸峙，栈道盘旋，行旅如贯，在红树掩映间蜿蜒而上。笔法工致严谨，峰峦浑厚险峻。

当时的文坛盟主王士祯，曾专门延请顾符稹，创作了一批不同样式、风格的栈道图，其《渔洋诗话》卷上和《带经堂诗话》卷八都有相关记载。清末藏书家杨锺羲在《雪桥诗话》中提他：“尤善栈道图，人马盘空，细极毛发。”目前已知顾符稹纪年八十一岁作品题材即为栈道图，这一题材在他一生创作中的重要性可想而知。

李 寅

马渡清江图

纵 177 厘米　横 46 厘米

绢本　立轴

钤印：李寅　白也一字辰陬

李寅，生卒不详，字白也，号东柯，江都（今江苏扬州）人，约活动于清顺治、康熙时期。传世作品有故宫博物院藏《黄鹤楼图》《红楼夜宴图》、南京博物院《江亭凭眺图》等，继承了宋人建筑画结构严谨、状物精微的写实精神，同时于构图、技法等都融入自己的见解创新，对清初界画的发展产生相当大的影响。此画作于康熙己巳年（1689），意境深远，气势宏大，而细节处如近景树枝，仿郭熙法下垂蟹爪，笔力劲健。景物前后关系层次清晰，处处紧扣诗意，水墨苍润，但皴法并未多作积染，更注重用虚实转折来体现山石体积感。

张衡

雾山图

纵 140 厘米 横 48 厘米

绫本 立轴

钤印：张衡 晴峰之章 七竹山房

张衡（1628—1701），字友石，又字羲文，号晴峰。直隶河间府景州（今属河北）人，清顺治十八年（1661）进士，累任浙江学政、榆林东路道等职。有《听云阁集》传世，诗多记塞外山川景物。

此图以高远法写秋季山景。前景中矮丘连绵，杂树并立。两间草庐挤在山坳，空无邻里，只有一座石桥连接着外界。远景中峰峦耸立，雾气笼绕，渺无人烟，一练飞泉似有回响。全图营造了一种空寂清冷的氛围，用笔疏峭，墨色含润。以苏轼、米芾两家笔法题诗文“羁情相望隔西延，呖呖沤鸿天半点。茅屋扶竦枫树冷，几回清梦到君前”，格调哀苦，表达了多年旅居他地，为情所怨之烦闷；深层亦有不受君王重用之落寞。

王原祁

仿黄子久晴峦暖翠图

纵 82.5 厘米　横 82 厘米

纸本　立轴

康熙壬午年（1702）作

钤印：王原祁印　麓台　期仙庐　西庐后人

王原祁（1642—1715），字茂京，号麓台、石师道人，苏州府太仓（今江苏太仓）人，王时敏孙。康熙九年（1670）进士，官至户部侍郎。善山水，与王时敏、王鉴、王翚合称“四王”，加上吴历、恽寿平又称“清六家”。著有《雨窗漫笔》《麓台题画稿》《罨画楼集》。

此图作于 1702 年，王原祁时年 61 岁。全图呈亚字形排列，布局严整工稳。主峰和右峰由中景分别向左右欹侧，呈动态之势。主峰虚处略有皴擦，笔迹似有似无，有光影之感；右峰留空白，具高光之态。虚白之处实为晴光浮动，点睛“晴峦”之笔。左峰的峭壁顶部有一座空亭，没有任何烟云掩映，清晰可见，以呼应右峰的晴光潋滟。山间林木繁茂，晴光浮动；山下清净寂寥，绵日悠长。近景中矾石磊磊，进深处平渚连绵，几处屋舍水阁错落其间，虽空无一人，却有板桥沟通，一派可游可居的景象。作者虽自言以黄公望《晴峦暖翠图》笔法所绘，其实融合了倪瓒等人的笔法，为融会贯通之作。笔墨中既有黄公望的“浑厚华滋”，又有倪瓒的空寂平淡；却又“非倪非黄”“理趣合出”。

对比天津博物馆藏王原祁《仿黄子久浮峦暖翠图》，二者虽然都是自题仿黄公望，却在笔法之中融入了不同的元素。《晴峦暖翠》融入的是倪瓒，取其静寂疏落，体现的是“晴”；《浮峦暖翠》则更多地融入了王蒙的繁密苍茫，以体现“浮”。由此也可看出王原祁绘画语言、绘画符号的精准。

王原祁

仿倪黄山水

纵72厘米　横43厘米

纸本　立轴

1714年作

钤印：王原祁印　麓台　御书画图留与人看　西庐后人

王原祁（1642—1715），字茂京，号麓台、石师道人，苏州府太仓（今江苏太仓）人，王时敏孙。善山水，尤以拟黄公望浅绛山水为绝，熟而不甜，生而不涩，淡而厚，实而清，极具书卷之气。与王时敏、王鉴、王翚合称“四王”，加上吴历、恽寿平又称“清六家”。著有《雨窗漫笔》《麓台题画稿》《罨画楼集》。

王原祁晚年写倪黄大意，画风简洁平淡。布局取法倪瓒的平远丘壑，一河两岸图式，视角疏朗开阔。山石、树法、赋色方面则得力于其对黄公望、倪瓒笔法之融合。取黄之朴厚，舍倪之冷寂；取倪之简洁，去黄之繁复，终归朴实无华。

禹之鼎

溪堂种菜图

纵 54 厘米　横 36 厘米

绢本　立轴

1704 年作

钤印：禹之鼎　慎斋

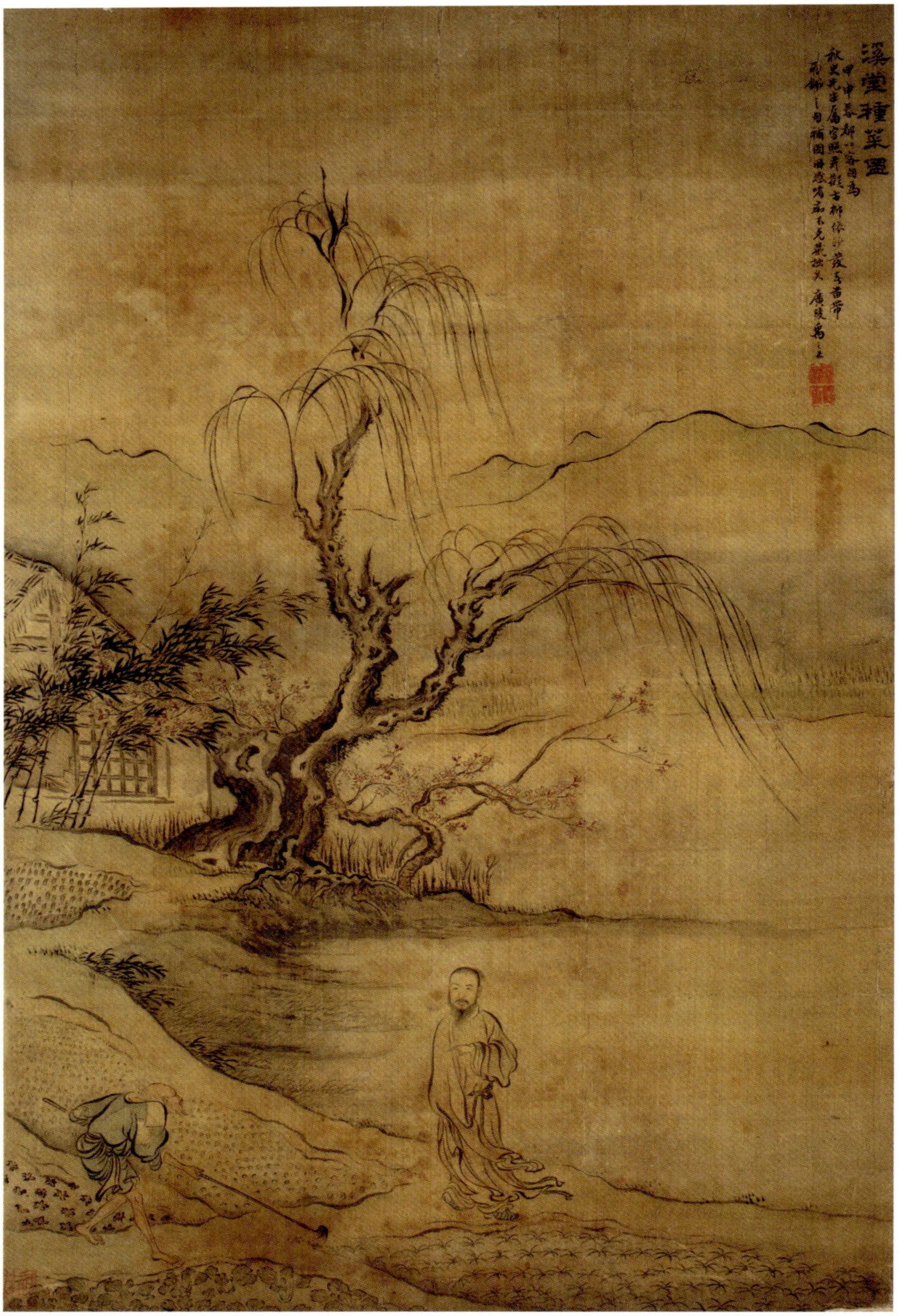
溪堂種菜圖

禹之鼎（1647—1716），字尚吉，一字尚基，一作尚稽，号慎斋。后寄籍江都。初师蓝瑛，后取法宋元诸家，转益各师，精于临摹，功底扎实。肖像画名重一时，有白描、设色两种面貌，皆能曲尽其妙。形象逼真，生动传神，一时名公巨卿，都以重金聘其画像。又善山水屋木，故布景生动，生活气息极浓。

“古柳依沙发，春苗带雨锄”出自唐代诗人刘长卿的作品《过鹦鹉洲王处士别业》，此图主人公“秋史先生”位于画面中心，立于田间地头，面容清癯，须眉如生，神采奕奕。岸边桃花盛开，柳树成荫，竹竿数丛，掩映水阁幽居的隐士生活，是一件诗书画意，相得益彰的杰作。

杨晋

松柏同春

纵118厘米　横54厘米

绢本　立轴

康熙辛丑年（1721）作

钤印：杨晋之印　子鹤父

松柏同春

杨晋（1644—1728），字子鹤，号西亭，自号谷林樵客、鹤道人，又署野鹤，江苏常熟人。为王翚入室弟子，曾参与绘圣祖南巡图绘制，笔法颇精。亦曾为其代笔，几可乱真。此图亦可见王氏画风之影响。

祝寿图为绘画中的常见题材。此图主绘松、柏、椿、梧桐，辅以竹、灵芝、萱草、花生、寿石，并以仙鹤点睛，取长生不老、一品当朝之意，所谓“寿且贵”。另外，老松苍凛，翠柏蟠虬，灵椿高拔，喻男子刚健峻拔之美，为男寿图中常见意象。萱草、花生喻宜男多子，则多见于女寿图中。画家将其汇于一图，并佐以梧桐、仙鹤，又有男女合寿、比翼连枝、鸾凤和鸣之意。全图布局精妙，笔墨苍润，赋色典雅，可谓妙笔。

王云

雪夜访戴

纵60厘米 横32厘米

绢本 屏条

甲戌年（1694）作

钤印：王云之印 汉藻

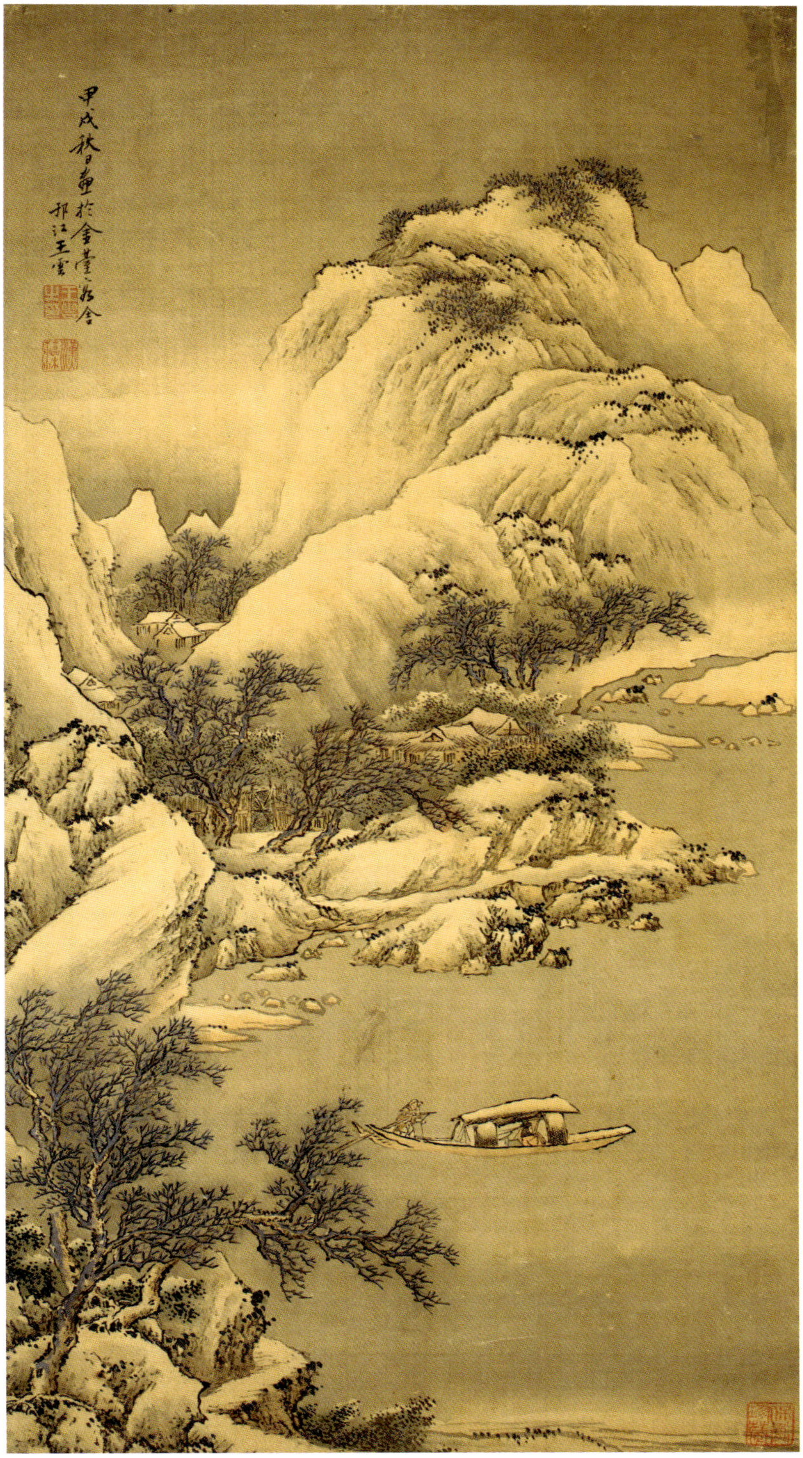
甲戌秋日畫於金臺客舍
邗江王雲

王云（1652—？），字汉藻，号清痴，一字雯庵，号竹里，江苏高邮人。由宋荦推荐入京，供奉内廷十七年。常见山水画风为工笔楼阁，学李思训、两宋院体，乃至仇英一路。

此图山石、树木、房屋的画法均与王翚相类，较为少见。图绘王子猷雪夜访戴逵的故事。峰峦层叠，郊溪蜿蜒，村舍错落，空寂无人。溪中有一叶篷舟，舟人着斗笠蓑衣，奋力摇橹；王子猷拢袖御寒，却将船帷尽敞，以观雪景。天色昏濛将明，应是“兴尽而返”之时。由款识可知，此图绘于金台客舍，其时王云正值供奉内廷，并与同时供奉的王翚有所合作（台北故宫博物院藏有二人合璧图）、交往，是以有画风之变。

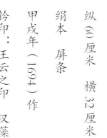

丁酉春月寫
王雲

王云

夜访图

纵96厘米 横108.5厘米

绢本 立轴

丁酉年（1717）作

钤印：王云之印 清痴老人

王云（1652—？），字汉藻、号清痴、一字雯庵、竹里，江苏高邮人。善楼台、人物，用笔圆中寓方，近仇英风格；亦作写意山水，意境清幽。康熙年间，享名江淮。

平远构图，绘一河两岸春景。左岸绘一院落，高台叠榭，雕梁画栋，灯火荧煌。厅堂内画屏矗立，书卷盈几。天井中三两女子罗绮艳丽，鬟簪高绾，似在交谈。回廊处女子凭栏望春。院墙之外，两长者，锦衣玉带，驻足门前，等候小童掌灯。长松下，奚官理马，男子小歇，回望舟船。种种迹象表明，此处并非普通庭院，很可能是一座青楼，一处文人雅会之所，而且即将举行一场文人夜宴雅集。右岸绘城阙高阁，屋宇比邻，渔家聚落，一派平安祥和，与左岸灯红柳绿形成鲜明对比。楼台人物绘制精微秀丽，山水点染青绿，明快清雅。

高其佩

英雄独立图

纵 123 厘米　横 60 厘米

纸本　立轴

钤印：高其佩印

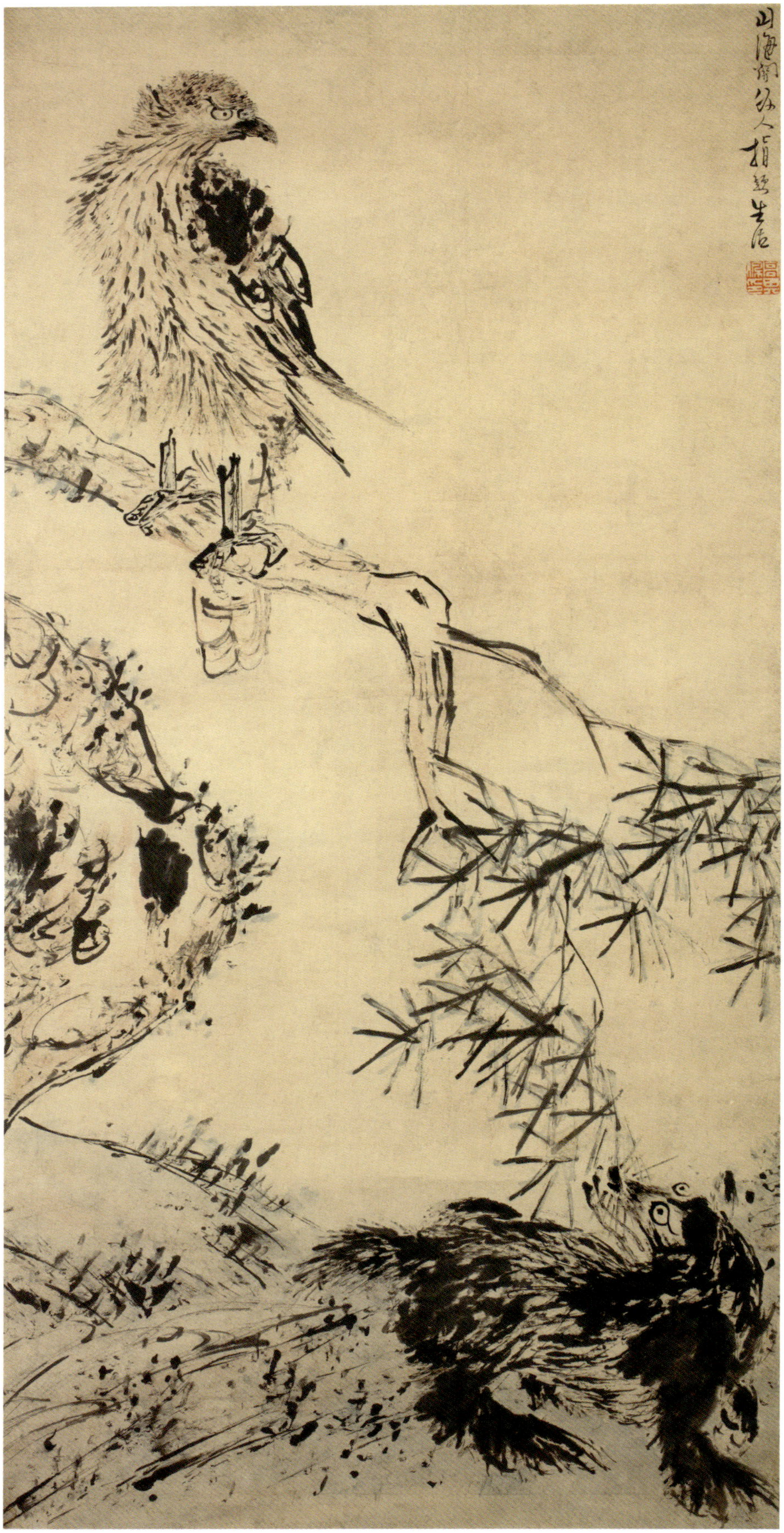

高其佩（1660—1734），字韦之，号且园，别号颇多，铁岭人，隶籍汉军，清代官员、画家。徐珂在《清稗类钞》“高且园指画”条写道：“指头画，始于明，至汉军高且园侍郎其佩而穷其妙。”

高其佩的花鸟题材作品颇多，此画构图对角取势，部分主干曲折回环，一截松枝于画外横来，松针劲挺。浓墨于鹰背、熊身、松干三处点到即止，并不过分渲染，运墨凝练。鹰目机警，熊态谨重，二者间情势相峙。整画设色清淡，意态生动，刻画精微，运指、运甲均顿按自然，焦墨细擦，轻重层次丰富，技术转换娴熟，朴拙之感扑面而来。行书亦佳，爽利酣畅。

题签：“清高且园指墨英雄独立图”“半丁老人题”。

姚 年

芦边清趣

纵165厘米 横50厘米

绫本 立轴

钤印：姚年之印 雷步

姚年，生卒不详，约活动于康熙时期。此作款署壬子秋仲于西湖，画宗蓝派，风格略粗放，古木杂树，崖壁丛生，用笔苍劲，点染别致，四五好友舟中小聚，颇有江南野趣。

查士标《溪山归棹图轴》真迹题跋："书三姚年翁博古鉴赏，雅擅临池，兼精绘事。"《图绘宝鉴续纂》，清代画史著述，以夏文彦《图绘宝鉴》及明人增补明代部分为基础，续编至清初，该书记录姚年"字雨侯，杭州人。善人物、花鸟及写照。"综合以上两处线索，姚年应比查士标年长，此作推为康熙十一年（1672）较为妥当。

袁江

山水四屏

纵 182 厘米　横 41.5 厘米

绢本　条屏

己亥年（1719）作

钤印：袁江之印　文涛

袁江（约 1671 之前—1746 之后），字文涛，号岫泉，主要活动于清康熙、雍正、乾隆时期，工山水楼阁界画，师法前人但有所创新。其早年生活于扬州，还到过江宁、会稽、京师等地。此幅作品题材即以主人公宦迹生涯做串联，客观反映会稽风貌，四条屏题诗分别为王秉和、孟士楷、鲁曾煜、朱培，均为当地耆老名宿。

画面中，山峦耸峙，阡陌纵横，片片粉染，春花烂漫，农人牛耕休憩，整体色彩清丽。构图场面宏大，层次分明，用笔精整工细，而长松峻岭，气势雄强，山石注重体积感的表现，笔触灵活。纵向“高远法”布局，杂糅“深远法”，富于流动感。

到明清时期，青绿山水总体已趋式微，袁江所坚持的风格并非时代画坛主流，其所呈现的绘画多样性，分外可贵。

袁江

竹深留客

纵206厘米 横50厘米

绢本 立轴

钤印：袁江之印 文涛

袁江（约1671之前—1746之后），字文涛，号岫泉。画面上方写山峦起伏，下方水势开阔，岸边行旅与文人烹茶幽赏被置于同一环境下，刻画自然精细，笔墨润秀，景物浸满画家情思。

《扬州画舫录》中提到袁江“初学仇十洲”，可知其主要继承了唐宋以来的青绿山水画法，但在传承古风同时，袁江也很注重对同时代画家们的学习，也即活动于扬州的一批略早于他的青绿山水画家，如李寅、萧晨、颜峄、颜岳等。没有明文记载袁江曾向李寅学画，但从此画的风格看，构图、运笔、人物造型等，都与李寅颇为接近。

蒋廷锡

嘉禾图

纵 133 厘米 横 64 厘米

绢本 立轴

钤印：蒋廷锡印 笔霑恩雨

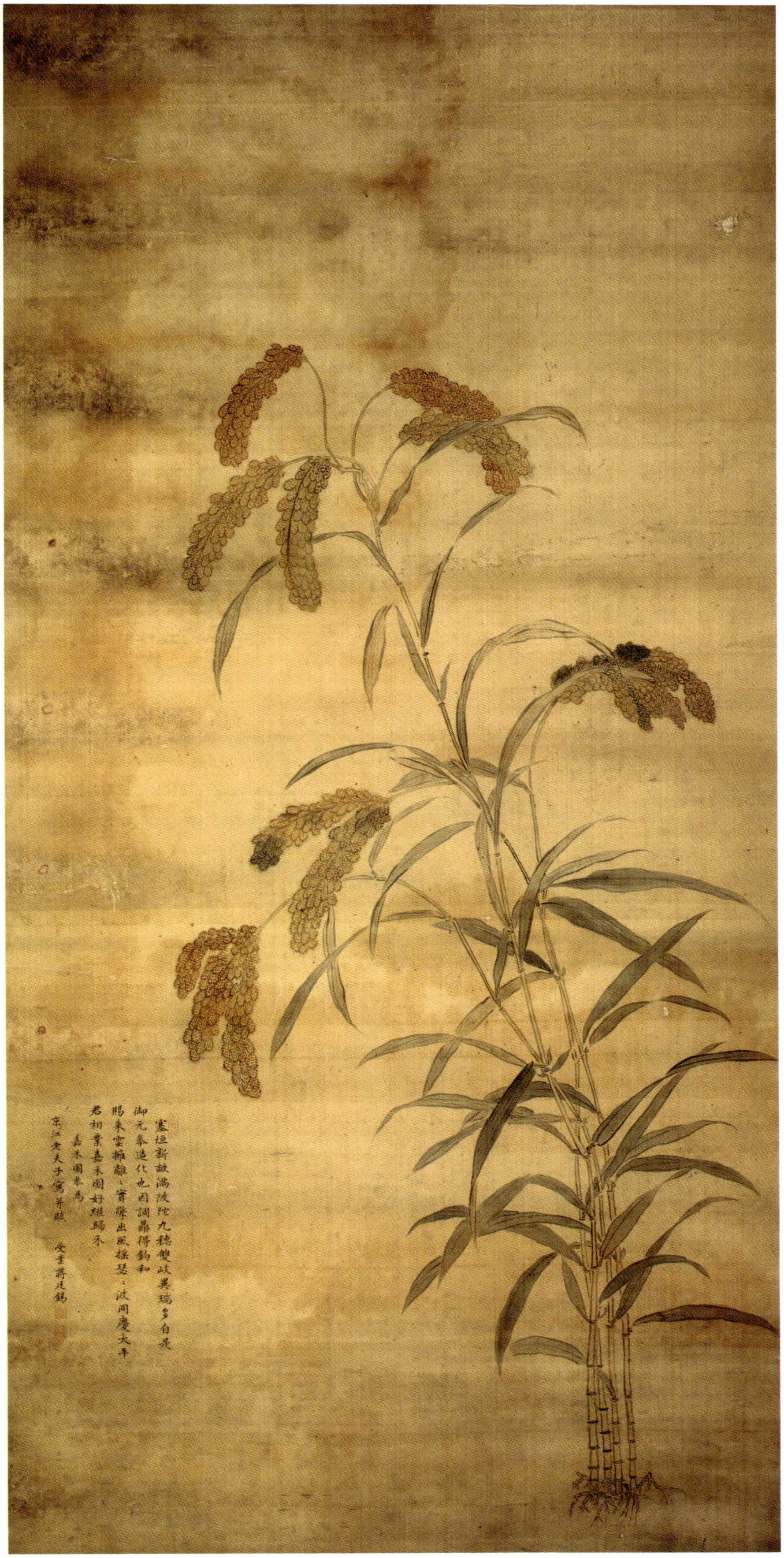

塞垣新畝滿陂陀九穗雙岐異瑞多自是
御元參造化也因調鼎得鈞和
賜來雲擁離離實聲出風搖瑟瑟波同慶太平
君相業嘉禾圖好繼歸禾
嘉禾圖來爲
京江老夫子寫并賦
受業蔣廷錫

蒋廷锡（1669—1732），字西君、杨孙，号南沙、西谷，又号青桐居士，江苏常熟人，清朝康熙、雍正时期官员、画家。擅长花鸟，以逸笔写生，奇正率工，敷色晕染，得恽寿平韵味。开创了根植江南，倾动京城的"蒋派"花鸟画。他画风有两种，一为逸笔写生，以水墨作小写意，颇得苍厚之趣，书卷气甚浓。一为工笔重彩，妍冶秀丽。图中所绘几株嘉禾，稻穗饱满沉重，呈现出丰收预兆。用笔极为精细，设色清淡雅致无媚俗之气。构图空旷灵动，题材高雅，主题强烈，独具一种雍容华丽的富贵之气。

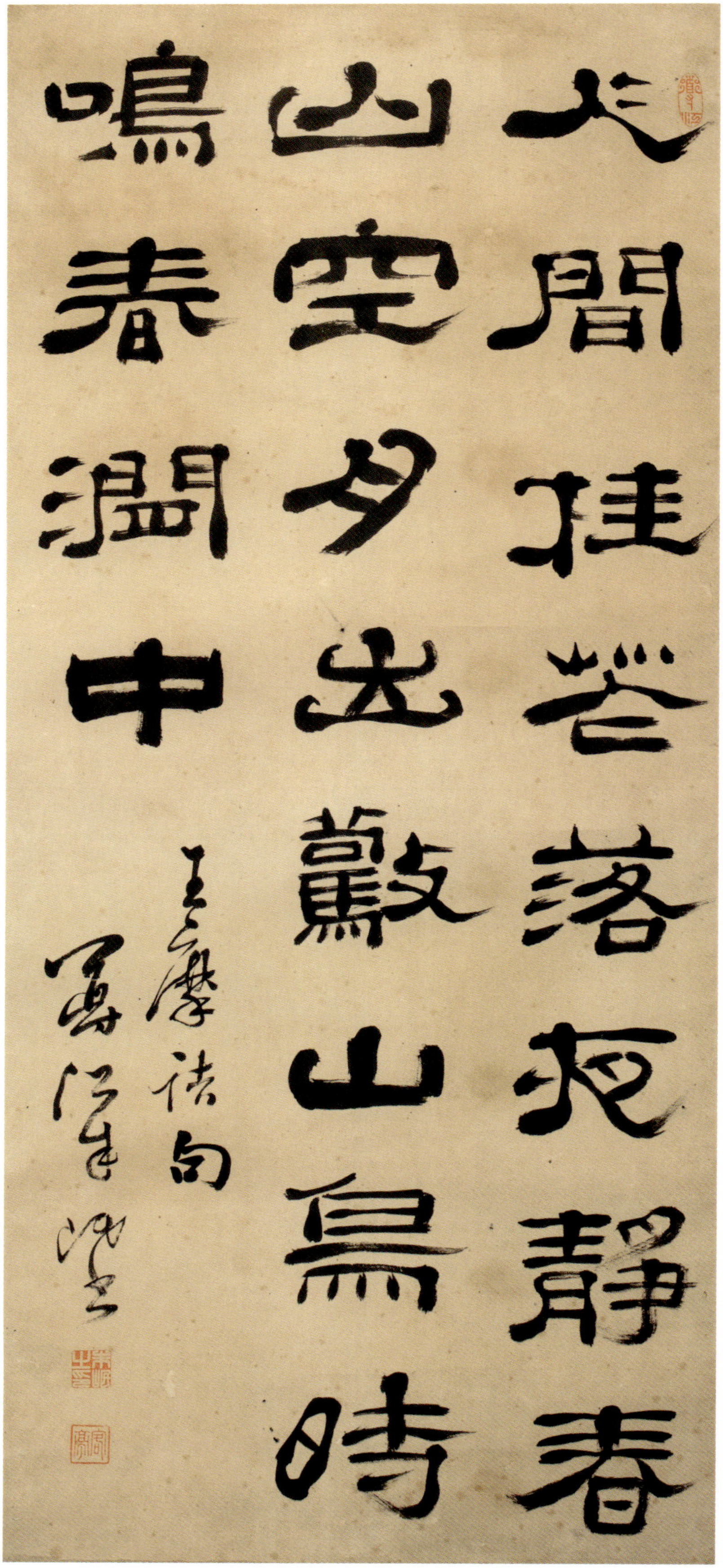
人間桂花落夜靜春
山空月出驚山鳥時
鳴春澗中
王摩詰句

朱岷

隶书 五言诗

纵99厘米 横44厘米

纸本 立轴

钤印：朱岷之印 客亭 导江

朱岷（约康熙年间），字导江，号客亭，原籍江苏武进，后应查为仁之邀，遂居天津水西庄。善绘画，竹石花木，浓奇苍秀，各尽其致，尤善指画。亦善书，尤长隶书。他的隶书初学郑簠，直学汉碑。此《隶书五言诗》保持了汉碑的特点，结体端庄雅逸，笔锋转换流畅，富于变化，扁平舒展，秀中见拙。

露井僊姿
法崔白意
扶風馬元馭

马元驭

露井仙姿

纵46厘米 横35厘米

绢本 立轴

钤印：扶羲

马元驭（1669—1722），字扶羲，号栖霞，又号天虞山人，江苏常熟人。又称马眉子。得恽寿平、蒋廷锡真传。

此轴一派活色生香，雅俗共赏，而构图波澜起伏，疏密轻重，顾盼呼应，皆见用心，是他画中极精之品。

唐岱

松风读易

纵 106 厘米　横 50 厘米

纸本　立轴

雍正十年（1732）作

钤印：岱字毓东　考古　御赐书画状元　忠孝传家

唐岱（1673—1752 后），字毓东，号静岩，又号知生、爱庐、默庄，满洲正蓝旗人。承祖爵，任骁骑参领，官内务府总管，以画祗候内廷。与王敬铭、张宗苍同为王原祁弟子，名动京师。康熙帝赐称“画状元”。

此轴用笔沉着，布置沉稳，画风沉稳浑厚，庙堂之气溢出画外，构图清新雅秀，古意盎然。山石用干笔皴擦，浓墨横点，富有层次和立体感。

高凤翰

清供图

纵 113 厘米　横 59 厘米

纸本　立轴

乾隆丙辰年（1736）作

钤印：翰

高凤翰（1683—1748），字西园，号南村，自号南阜山人，山东胶州人。曾任安徽歙县县丞，去官后流寓扬州。擅画山水、花卉。山水师法宋人，近赵令穰、郭熙一派。55 岁左右，右手病改用左手。更号“尚左生”，刻印“丁巳残人”。其画具有宋人雄浑之神，元人静逸之气。因其画不拘成法，寓扬州时与郑燮等友善，亦被归入“扬州八怪”，或列为“画中十哲”。工书画，草书圆劲。善山水，纵逸不拘于法，纯以气胜，花卉亦奇异得天趣。

清暉懸霧
滃烟光濯ゝ
嵬峰帶翠
涼梧館蕭
閒人倚榻
好教賦句
屬歐陽
乾隆辛未初秋
御題
梧館新秋
臣張宗蒼恭繪

张宗苍

梧馆新秋图

纵 78 厘米　横 116 厘米

纸本　立轴

钤印：张　宗苍　乾隆宸翰　几暇临池

张宗苍（1686—1756），字默存，字墨岑，号篁村，吴县（今江苏苏州）人。初以主簿理河工事。善画，笔墨生动秀润。用笔沉着，是黄鼎弟子、王原祁再传弟子，是乾隆时期重要的宫廷画家。

此作青绿着色，山峦叠翠，树木馥郁，草木华兹，苍苍莽莽。用笔随浓随淡，一气成之，自然精湛。所绘一屋舍，屋中高士闲坐，左侧摆放书籍，高士悠然自得的模样，甚是惟妙惟肖。此高士应是乾隆皇帝本人，所绘地点应是圆明园四十景之一的碧桐书院，书院因周围种植大量梧桐树而得“梧馆”之名。应该是由于御题诗存在明显改动的痕迹，从而造成该轴并没有钤盖乾隆的鉴藏印，说明乾隆帝对创作宫廷绘画有着严苛的标准，但《石渠宝笈三编》收入了一件张宗苍《梧馆新秋图》手卷，说明乾隆帝的精益求精最终得到满足。

张宗苍

写包山消夏湾图

纵 101 厘米　横 47 厘米

绢本　立轴

1732 年作

钤印：张宗苍印　墨岑　篁邨　看尽九州山水

张宗苍（1686—1756），字默存，字墨岑，号篁村，吴县（今江苏苏州）人。初以主簿理河工事。善画，笔墨生动秀润。用笔沉着，是黄鼎弟子、王原祁再传弟子，是乾隆时期重要的宫廷画家。春秋时，吴王夫差不耐暑热，携西施寻佳地避暑，消夏湾由此得名。此轴绘山静日常的夏天景色，山石皴法多以干笔积累，林木间亦用淡墨，干笔和皴擦的手法相结合，画风苍劲，表现出了深远的意境和深厚的气韵。崇山峻岭，层峦叠嶂，岩壑相连，奇峰绝壁，耸入天际。夏木森森，树林密布，水榭楼阁，依山而建，避暑胜地，不虚此行。

李鱓

花卉册（12开）

纵28厘米　横65厘米

纸本　册页

雍正庚戌年（1730）作

钤印：李鱓　宗扬　复堂　臣鱓　墨磨人　臣鱓之印

李鱓（1686—1756），字宗扬，号复堂，别号懊道人、墨磨人，江苏扬州府兴化人，在“扬州八怪”中，是年龄仅次于华嵒的长者。曾为内廷供奉，因不愿受“正统派”画风束缚而遭忌离职。乾隆初，出任山东滕县知县，不久罢官，居扬州，卖画为生。

此册作于雍正庚戌（1730，45岁）秋八月，分别画梅、松、荷、柳蝉、石榴、竹等，多有题句。因画家积极入世，画风明朗欢快，可以很明显看到蒋廷锡的影响，洒脱凝练亦有白阳之风，清新之意则类华嵒，加之行书流畅秀丽，题诗纵横参差，草虫细笔趣致，整体诗书画印结合，比兴寄情，审美意蕴尤增。

李鱓

謝堂前
李鱓寫

李鱓寫

李鱓

李鱓

百禄图

纵 181 厘米　横 90 厘米

纸本　立轴

乙卯年（1735）作

钤印：李鱓

李鱓（1686—1756），出于江苏兴化望族，六世祖李春芳曾任嘉靖年间首辅。从康熙五十七年离开宫廷，直到乾隆初年，他的花鸟画艺术经历了重要转变，转益多师，由工笔到写意，由细腻到恣放，无论风格还是技法，更广泛地吸取前人营养，从中拓展出自己的崭新方向。

此画正是这一阶段的作品，雍正十三年（1735），画家年值五十，可以清晰看到高其佩和石涛对他的影响，造型概括准确，简洁清晰，强化运笔，放弃了大面积泼墨，注重对淡墨的适度使用。柏树构图占到二分之一，气势夺人，富有韵律感。山石方峭，在柏鹿二者之间平衡画面，前后倚应。整幅作品不拘绳墨，酣畅奔放，以己画传己情，正如郑板桥在李鱓《花卉蔬果图》中所题：“盖规矩方圆，尺度颜色，深浅离合，丝毫不乱，藏于其中，而外之挥洒脱落。”

復堂鱓

李鱓

兰桂图

纵148厘米 横43厘米

纸本 立轴

钤印：复堂 鱓

李鱓（1686—1756），少时攻举业兼学画，康熙五十年（1711）中举，曾为宫廷画师，宦海沉浮，归于闾阎，促进其花鸟画风几变，于写意花鸟画方面造诣尤高。

兰桂题材，常寓意晚辈杰出，子孙扬名，明末清初顾炎武有《哭顾推官》诗“二子各英姿，文才比兰桂。”此作构图饱满，桂树以斜角取势，利落洒脱。整体造型简当，点染清淡，多种画法自然浑融，勾勒点笔并用，率意中见纯真。笔致潇洒清劲，色墨雅致，状物生动，兰花风姿翩然，又不失温厚蕴藉。以此写意表现力推测，可能创作于艺术中期，雍正至乾隆之初。鉴藏印提及南皮张氏藏书，此画应曾为张之洞长子张权（一说张仁权）所有。其工诗律，善填词，著述颇丰。

蔡嘉

韩江倚櫂图（44开）

纵22厘米　横32厘米

纸本　册页

乙丑年（1745）作

钤印：蔡嘉　松原　朱方

蔡嘉（1686—1779），字松原，一字岑州，号雪堂，又号朱方老民，江苏丹阳人，侨居扬州。花卉、山石、翎毛、虫鱼皆逸品，尤善青绿山水。

此图以平远法，绘扬州隋堤春景。邗江两岸绿柳成行，树色带烟。一篷画船，倚棹而驻。高士静坐，遥望远峰，有流连之意。画家以层层墨色积染主山，又以淡墨烘染远峰，渲染空蒙山色。树法多用点皴，虽是反复积擦，却也笔致工谨。仅以淡赭、水墨赋色，意境清幽，寓伤怀之情。

此图由金农题图名，沈德潜、钱大昕等27人题跋，计30则。体裁多为咏和的诗词，行文中，凡“舷”字均以缺笔方式避康熙皇帝名讳。内容多是记录石香先生在扬州的“宦心淡如水”、纵情声与色的宦余生活。其中鲍皋、盛锦、沈元鉴三人皆做两次题跋。最后一则为鲍皋之子鲍之锺所作石香小传。“静翁”“石香”即于静思，字石香，又字拾乡，著《拾香录》，记扬州烟月事。据题跋可知，石香先生即将离任扬州，入下邳为官，遂请蔡嘉绘制此“邗江倚櫂图”，以寄情“扬州梦”。

櫂倚

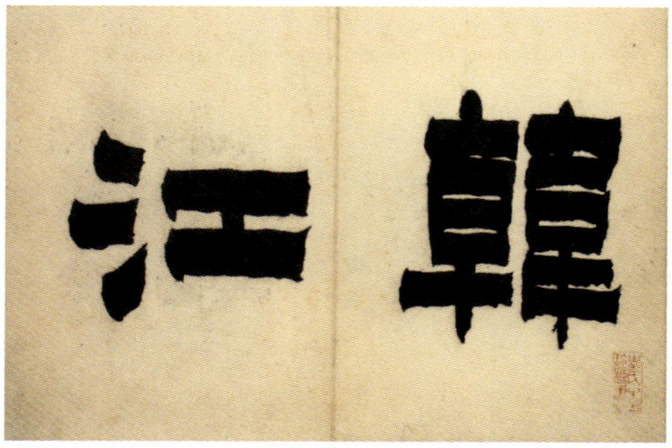

韓江

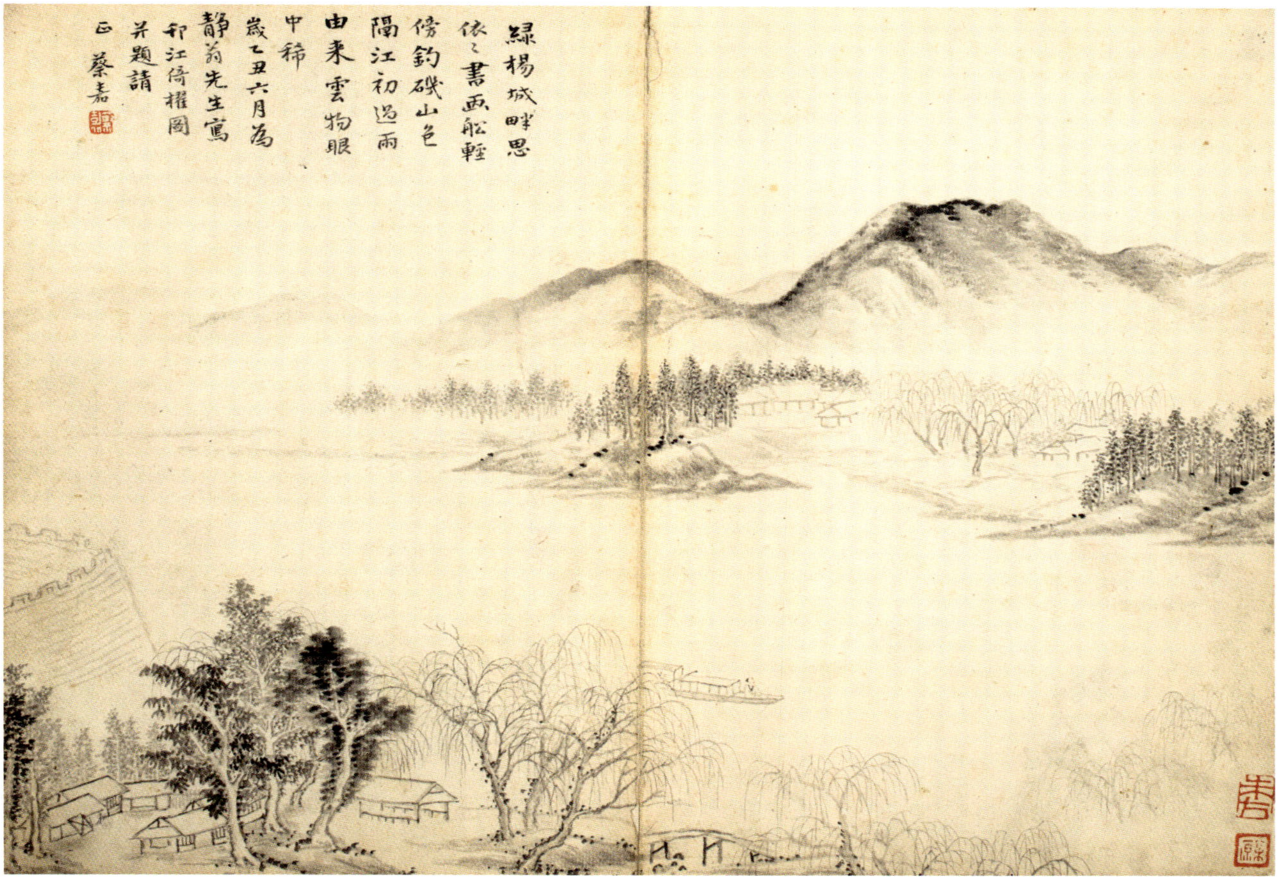
綠楊城畔思
依依書西船輕
傍釣磯山色
隔江初過雨
由來雲物眼
中稀
歲乙丑六月為
靜菊先生寫
邗江倚櫂圖
并題請
正 蔡嘉

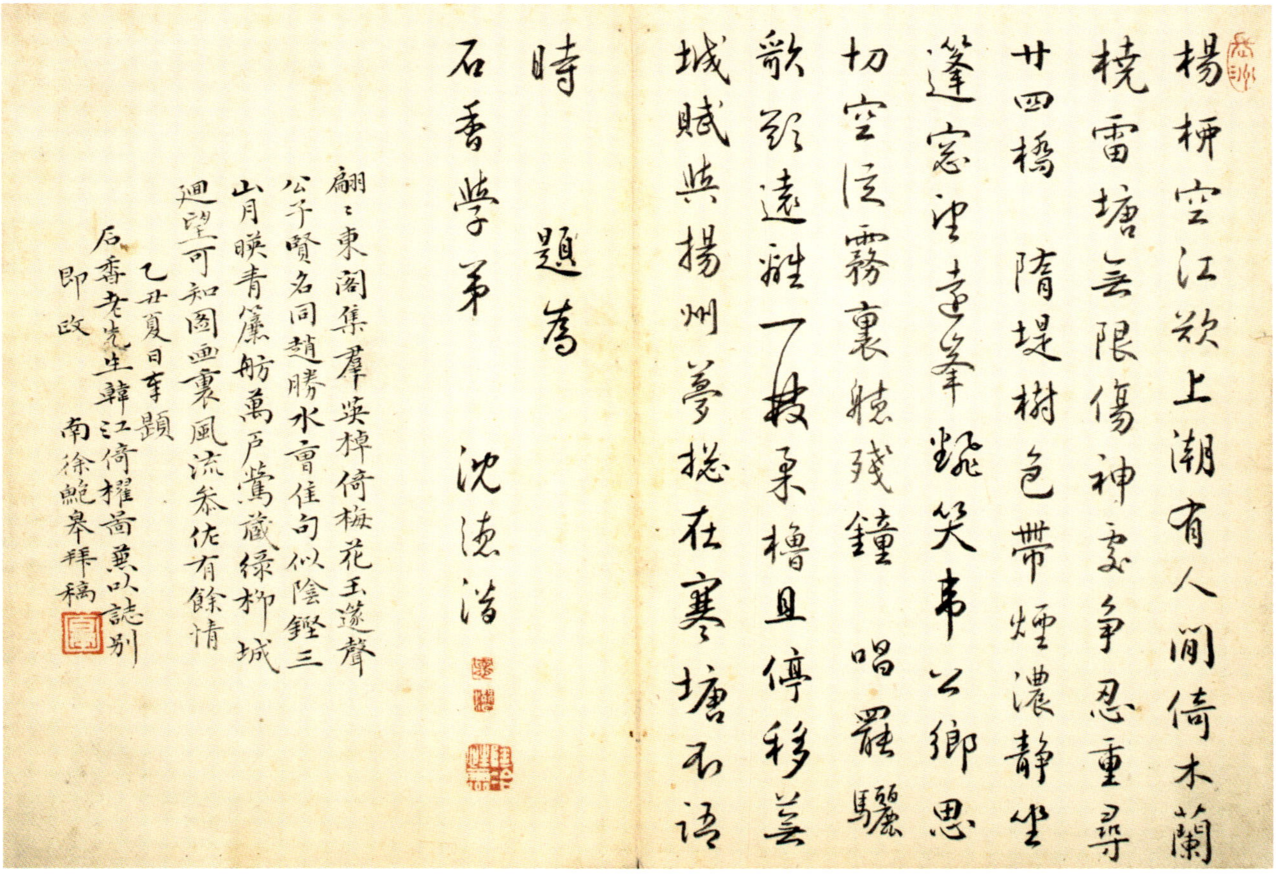
楊柳空江欲上潮有人間倚木蘭
橈雷塘無限傷神處爭忍重尋
廿四橋 隋堤樹色帶煙濃靜坐
蓬窗望遠峰笑殺少卿思
切空江霧裏聽殘鐘 唱羅驪
歌纜遠離一枝柔櫓且停移蕪
城賦與揚州夢揔在寒塘不語
時 題為
石香學弟 沈德潛
翩翩東閣集群英棹倚梅花玉笛聲
公子賢名同趙勝水曹佳句似陰鏗三
山月映青簾舫萬戶鶯藏綠柳城
迴望可知圖畫裏風流參佐有餘情
乙丑夏日率題
石香老先生韓江倚櫂圖兼以誌別
即政
南徐鮑皋拜稿

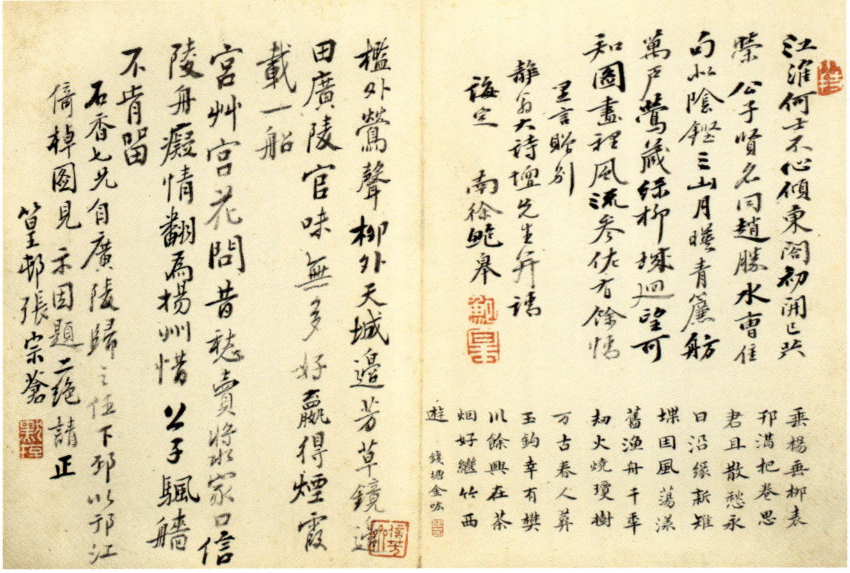

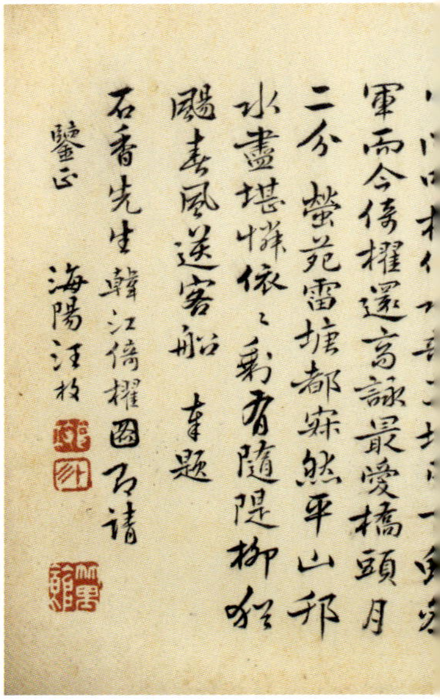
石香先生韓江倚櫂圖 屬請
鑒正 海陽汪枚

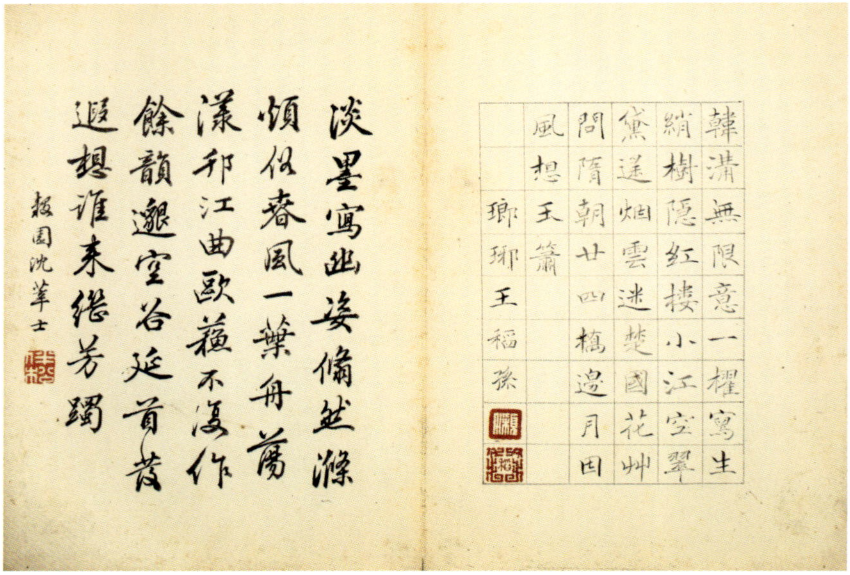
韓江清無限意一櫂寫生
綃樹隱紅樓小江空翠
黛送烟雲迷楚國花艸
問隋朝廿四橋邊月因
風想玉簫
瑯琊王福孫

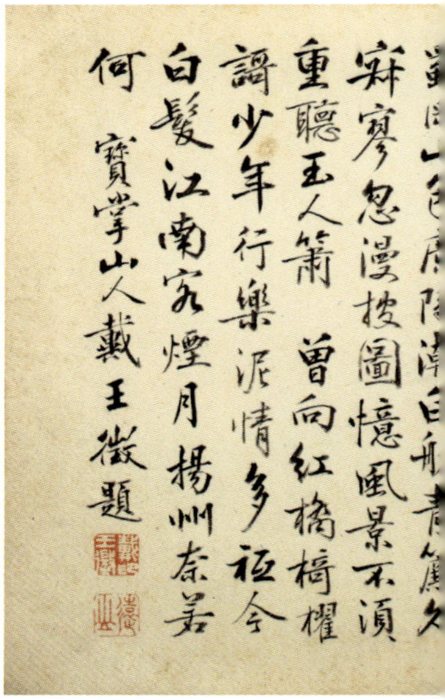
寂寥忽漫披圖憶風景不須
重聽玉人簫 曾向紅橋橋櫂
譜少年行樂泥情多祗今
白髮江南客煙月揚州奈若
何 寶掌山人戴王縉題

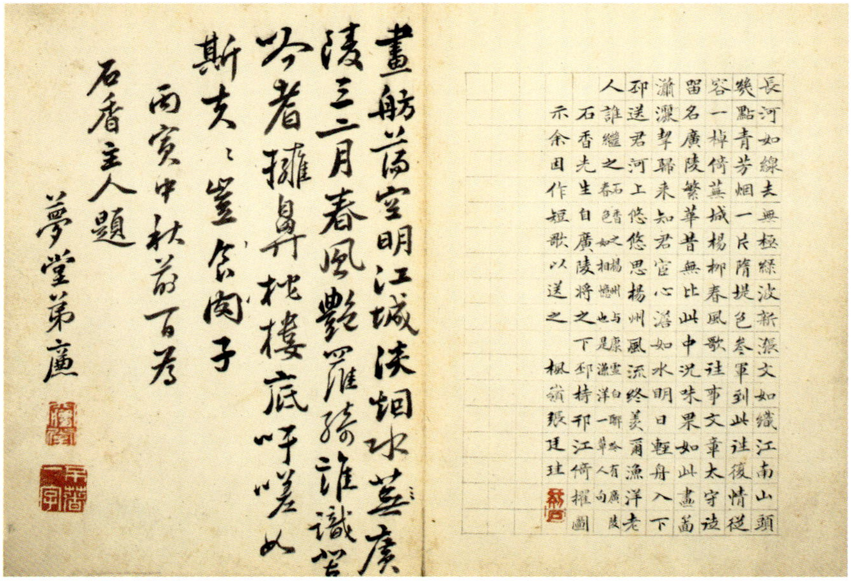
石香主人題

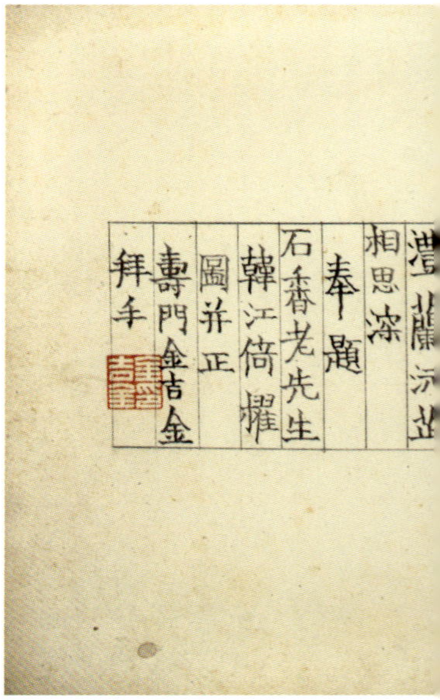
相思滚
奉題
石香老先生
韓江倚櫂
圖并正
壽門金吉金
拜手

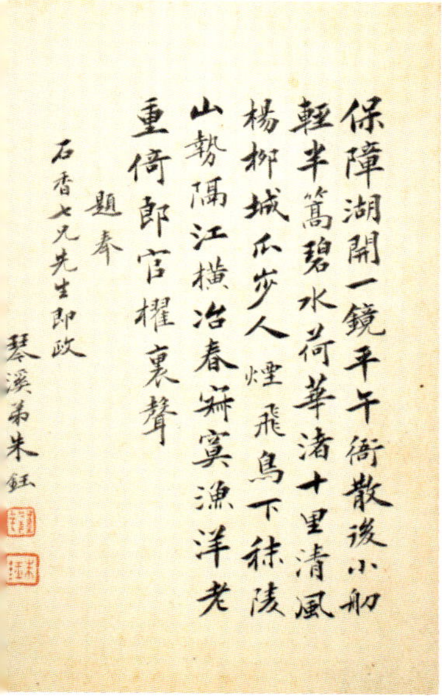

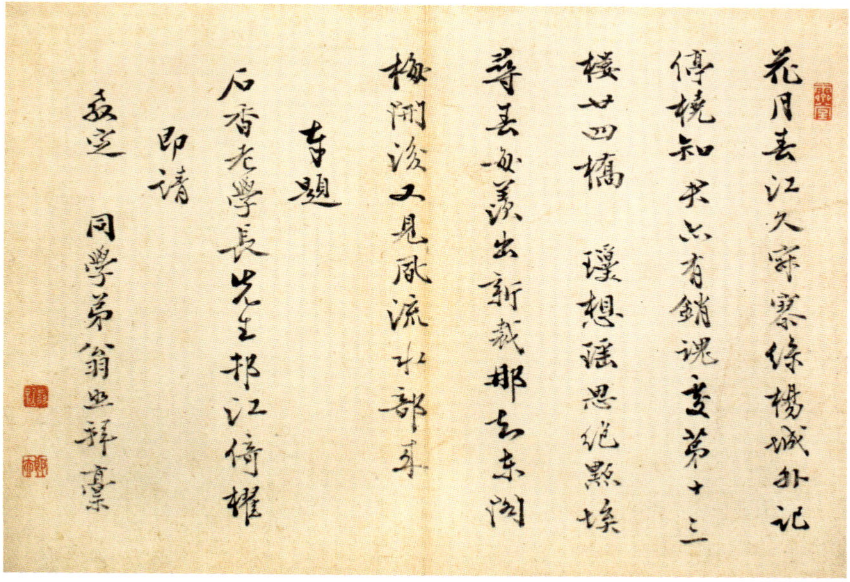

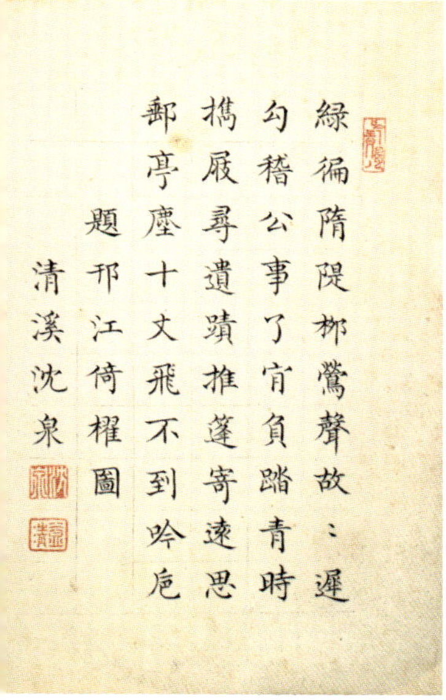

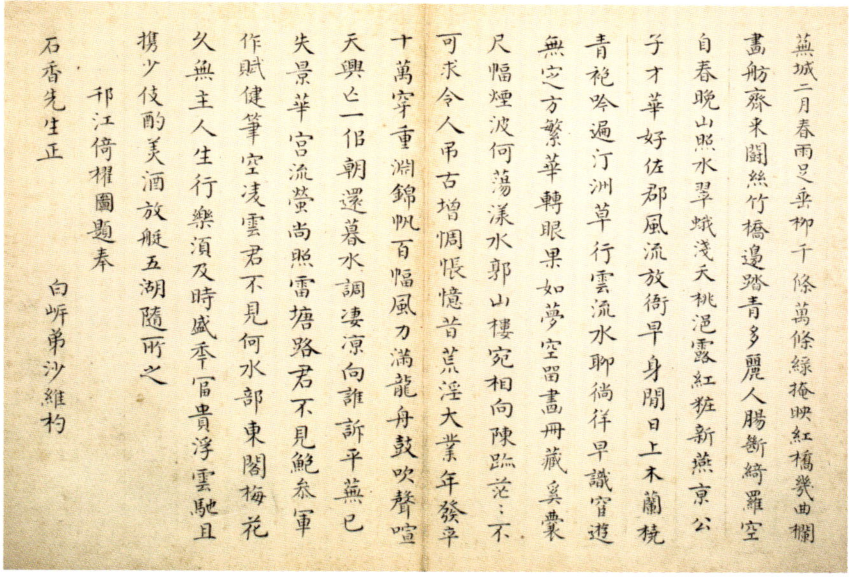

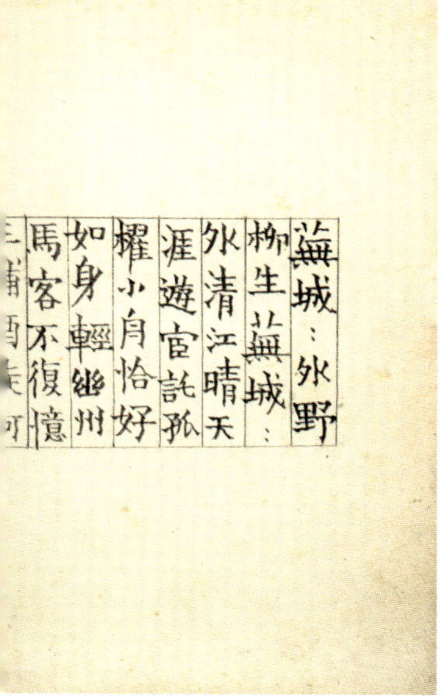

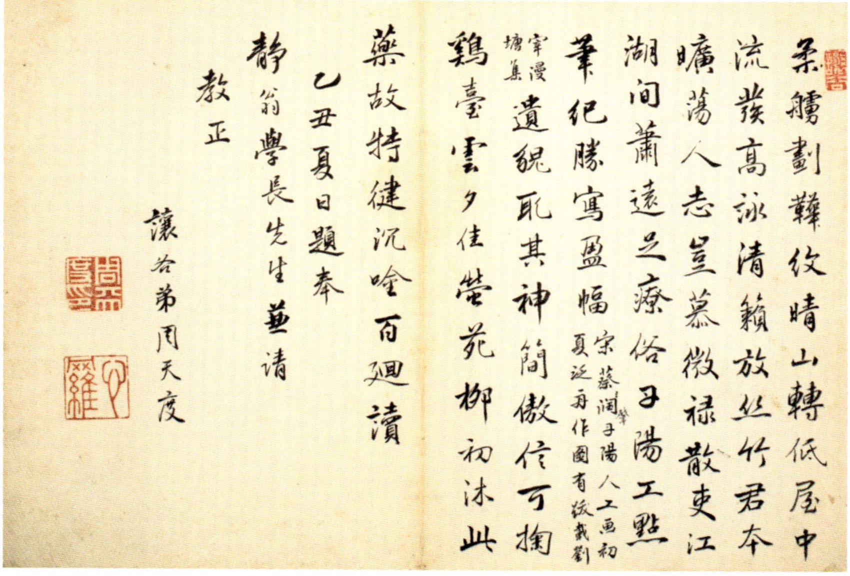

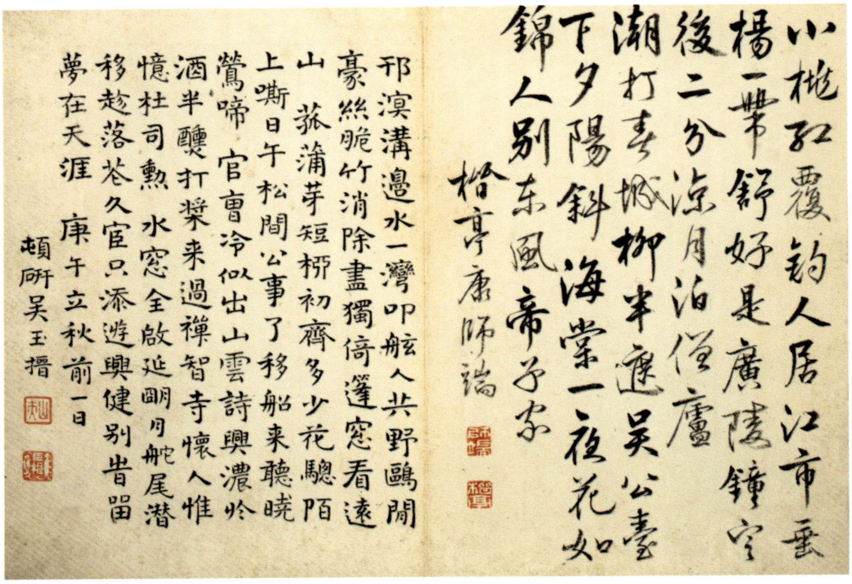
小桃紅
霞釣人居江市垂
楊一帶舒好是廣陵鐘空
後二分涼月泊從廬
湖打吳城柳半邊吳公臺
下夕陽斜海棠一夜花如
錦人別東風帝子家
檜亭康師端
邗濱溝邊水一灣叩舷人共野鷗閒
豪絲脆竹消除盡獨倚蓬窗看遠
山 菰蒲芽短柳初齊多少花驄陌
上嘶日午松間公事了移船來聽曉
鶯啼 官曹冷似出山雲詩興濃於
酒半醺打槳來過禪智寺懷人惟
憶杜司勳 水窗全啟延明月舵尾潛
移趁落花久宦只添遊興健別皆留
夢在天涯 庚午立秋前一日
頓研吳玉搢
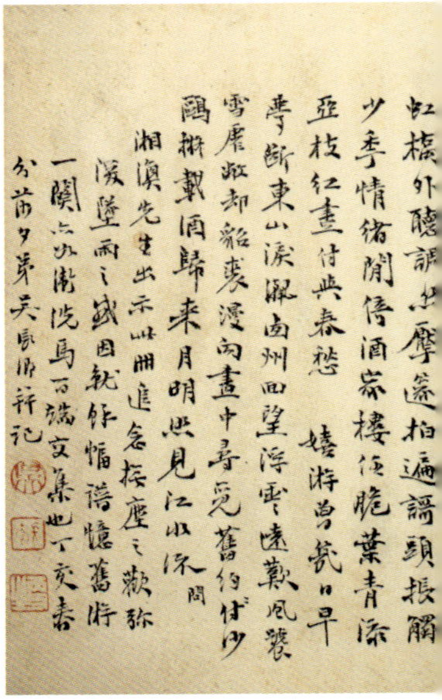
虹橋外聽謳出舉遊泊遍謳頭振觸
少年情緒閒傍酒家樓 任脆葉青添
亞枝紅盡付與春愁 嬉游曾幾日早
夢斷東山淚濕西州回望浮雲遠歎風鬟
霧鬢卻船來漫向畫中尋覓舊約付沙
鷗 樹載酒歸來月明然見江水流
湘濱先生出示此冊追念揚塵之歎
泼墮兩三歲因就作憶譜憶舊游
一闋 馬石端文集也丁亥春
分前夕弟吳
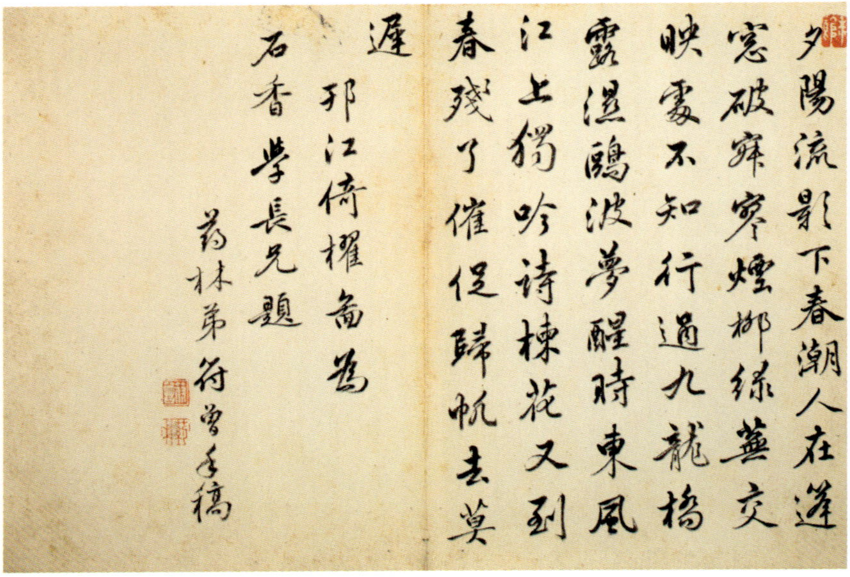
夕陽流影下春湖人在蓬
窗破寐寒煙柳綠蕪交
映處不知行過九龍橋
露濕鷗波夢醒時東風
江上獨吟詩楝花又到
春殘了催促歸帆去莫
遲
邗江倚櫂圖為
石香學長兄題
藕林弟符曾手稿
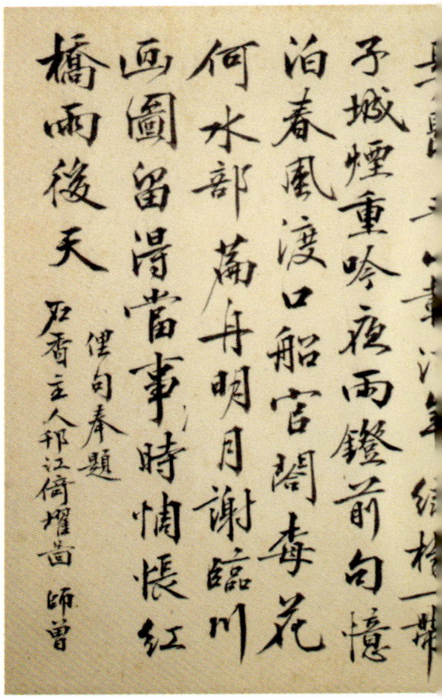
子城煙重吟夜雨鐙前句憶
泊春風渡口船官閣梅花
何水部蕭丹明月謝臨川
畫圖留得當年事惆悵紅
橋雨後天
律句奉題
石香主人邗江倚櫂圖 師曾
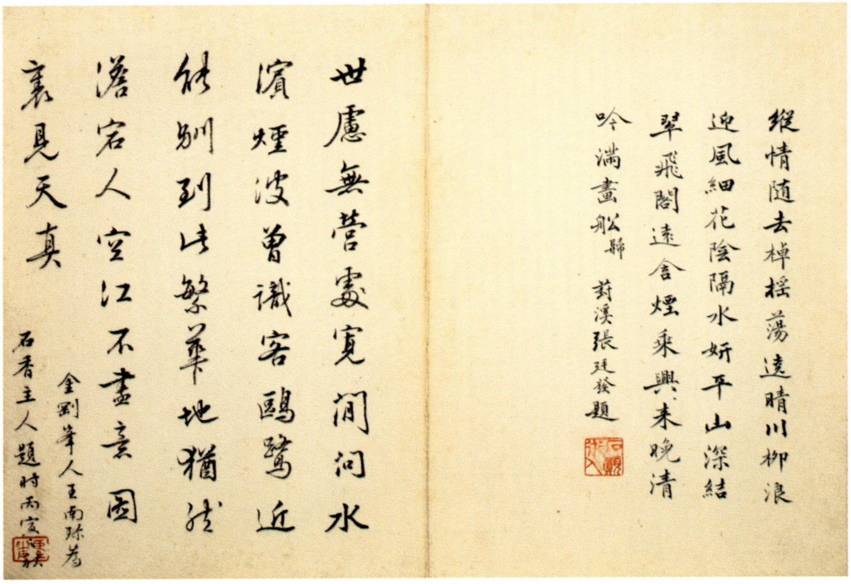
縱情隨去棹搖蕩遠晴川柳浪
迎風細花陰隔水妍平山深結
翠飛閣遠含煙乘興未晚清
吟滿畫舫歸
蒓溪張廷璐題
世慮無營處寬閒問水
濱煙波曾識客鷗鷺近
幽訓到時繁華地猶
落宿人空江不盡意園
裏見天真
金劉筆人王南琳為
石香主人題時丙寅
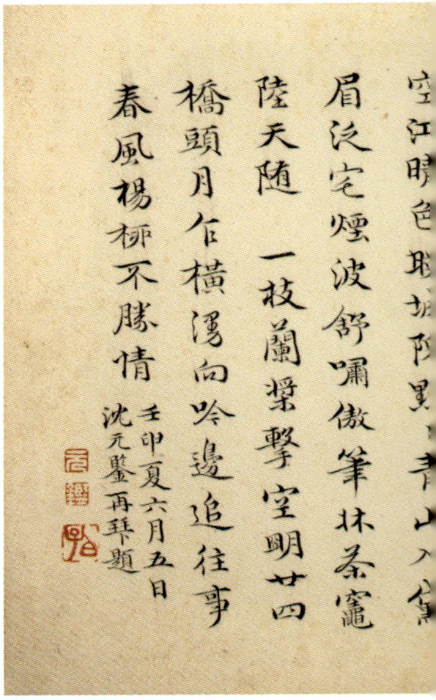
眉泛宅煙波舒嘯傲筆床茶竈
陸天隨 一枝蘭槳擊空明廿四
橋頭月下橫渠向吟邊追往事
春風楊柳不勝情
壬申夏六月五日
沈元鑒再拜題

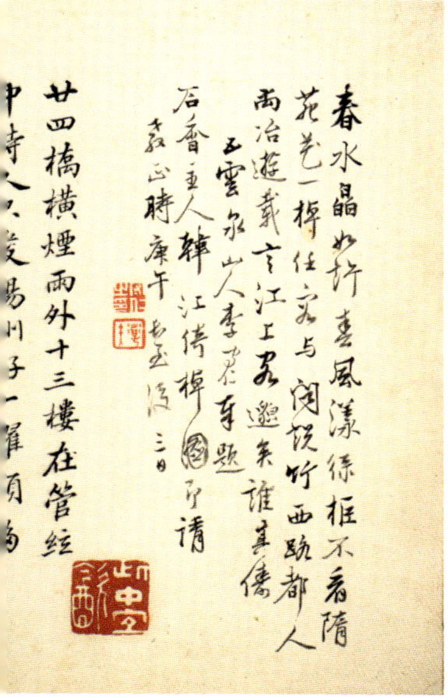

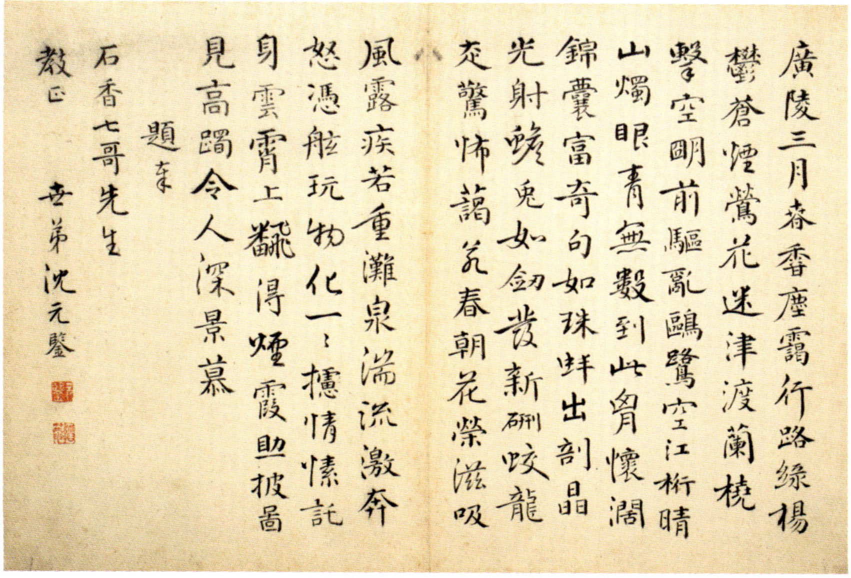
廣陵三月春香塵靄行路綠楊
鬱蒼煙鶯花迷津渡蘭橈
擊空明前驅亂鷗鷺空江桁晴
山燭眼青無數到此胸懷濶
錦囊富奇句如珠蚌出剖晶
光射蛟兔如劍發新硎蛟龍
驚怖蕩氣春朝花榮滋吸
風露疾若垂灘泉湍流激奔
怒憑船玩物化一一攄情愫託
身雲霄上巔得煙霞助披圖
見高躅令人深景慕
石香七哥先生 題
教正 世弟沈元鑒

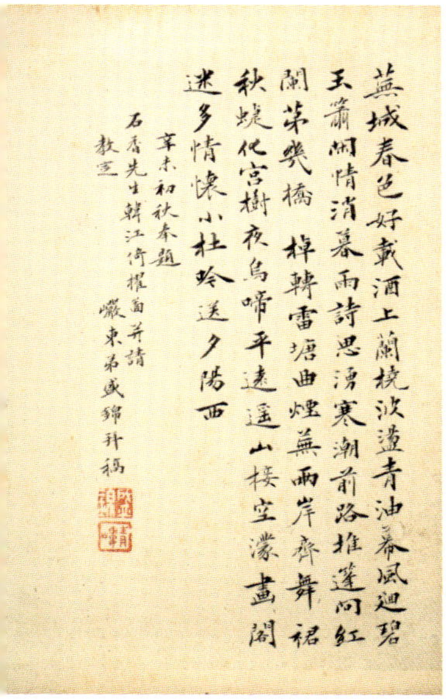
燕城春色好載酒上蘭橈波蕩青油幕風迴碧
玉簫閒情消暮雨詩思湧寒潮前路推蓬問紅
闌第幾橋棹轉雷塘曲煙蕪兩岸齊舞裙
秋蝶化宮樹夜烏啼平遠遥山接空濛畫閣
迷多情懷小杜吟送夕陽西

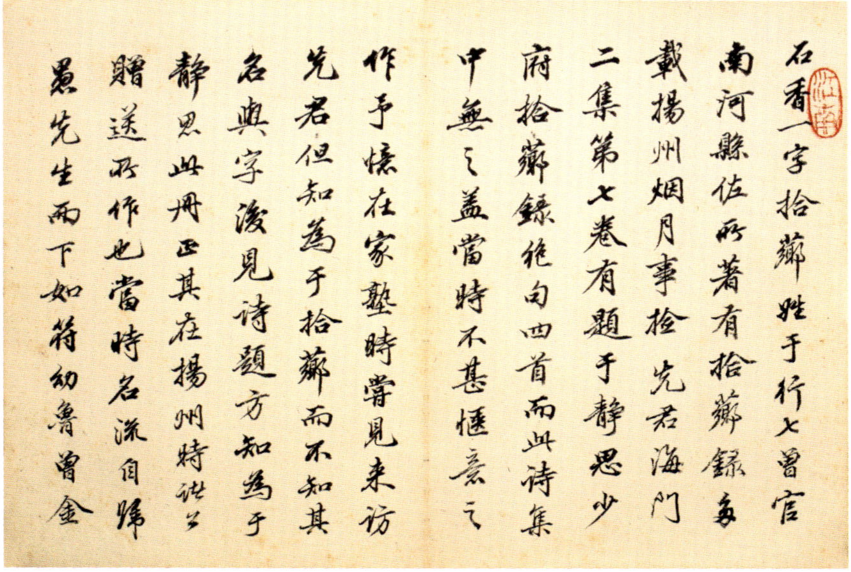
石香一字拾薌姓于行七曾官
南河縣佐所著有拾薌録多
載揚州烟月事拾先君海門
二集第七卷有題于靜思少
府拾薌録絶句四首而此詩集
中無之蓋當時不甚愜意之
作予懷在家塾時嘗見來訪
先君但知為于拾薌而不知其
名與字後見詩題方知為于
靜思此冊正其在揚州時誑之
贈送所作也當時名流自歸
嚮先生而下如符幼魯曾金

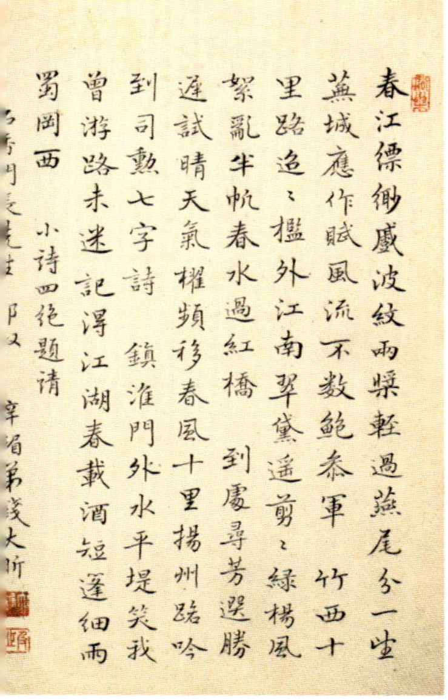
春江縹緲蹙波紋雨霽輕過燕尾分一坐
燕城應作賦風流不數鮑參軍竹西十
里路迢迢檻外江南翠黛遥剪剪綠楊風
絮亂半帆春水過紅橋到處尋芳選勝
遊試晴天氣櫂頻移春風十里揚州路吟
到司勳七字詩鎮淮門外水平堤笑我
曾游路未迷記得江湖春載酒短篷細雨
蜀岡西 小詩四絶題請

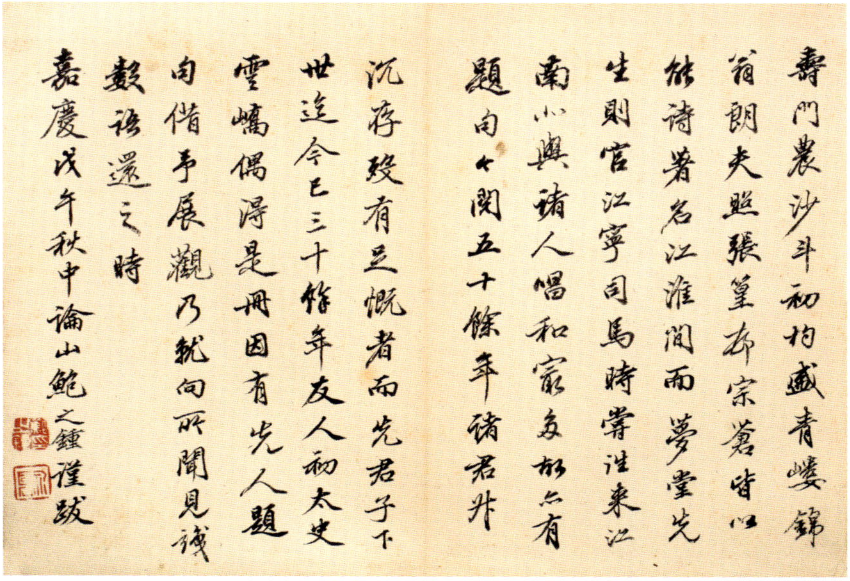
壽門農沙斗初杓盛青嶁錦
翁朗夫題張篁邨宗蒼皆以
能詩著名江淮間而夢堂先
生則官江寧司馬時嘗往來江
南與諸人倡和家多亦有
題句今閲五十餘年諸君丹
沉存殁有足慨者而先君子下
世迄今已三十餘年友人初太史
雪嶠偶得是冊因有先人題
句借予展觀乃就向所聞見識
數語還之時
嘉慶戊午秋中論山鮑之鍾謹跋

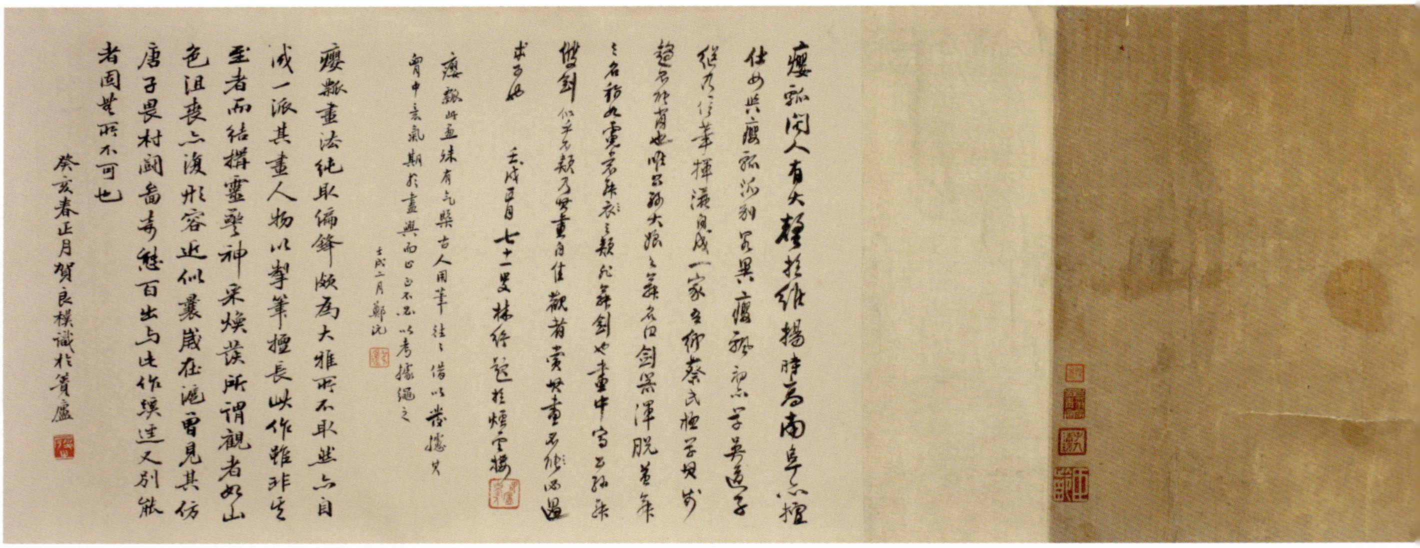

癭瓢畫法純取偏鋒頗為大雅所不取然亦自
成一派其畫人物以掌筆揮長峽作雖非正
至者而結搆靈犀神采煥發所謂觀者如山
色沮喪亦復形容近似曩歲在滬曾見其仿
唐子畏村閭畜壽態百出与此作殊途又別然
者固無所不可也
癸亥春正月賀良樸識於蕢廬

黄慎

公孙大娘弟子舞剑器图

纵 39 厘米　横 320 厘米

纸本　手卷

乙卯年（1735）作

钤印：黄慎

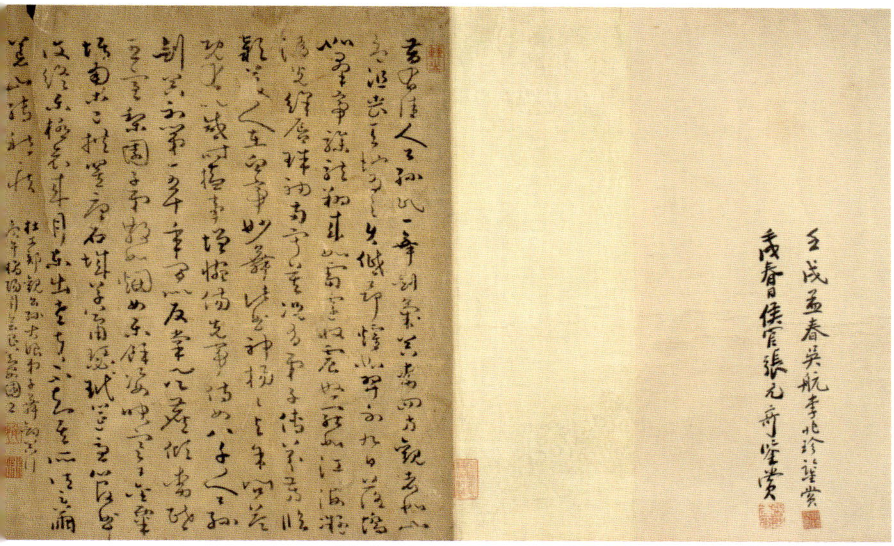

黄慎（1687—1772），福建宁化人，初名盛，字恭寿、恭懋、躬懋、菊壮，号瘿瓢子，别号东海布衣。“扬州八怪”之一。擅长人物、山水、花鸟，亦擅草书，后以狂草笔法作画。亦能诗。为“扬州八怪”之一。有《蛟湖诗钞》。

黄慎擅长人物、山水、花鸟，并以人物画最为突出，题材十分广泛和丰富，多为神仙佛道和历史人物，也擅长从民间生活中取材，塑造了纤夫、乞丐、流氓、渔民等下层人民的形象，这在古代的画家当中是十分难得的。此卷于雍正乙卯年（1735）根据唐代杜甫名篇《观公孙大娘弟子舞剑器行》所绘成。图中近 40 余个人物，不论男女老幼，高矮胖瘦，人物形象活泼，表情丰富生动。兼工带写，主次疏密。站立行止，动默语笑，顾盼呼应，无不安排妥帖。所绘惟妙惟肖，把市井人物形象表现得淋漓尽致。卷首有黄慎好友，江西会昌人刘安国草书题杜甫全文《观公孙大娘弟子舞剑器行》。后有林纾、郑沅、贺良朴题跋。

黄慎

游鸭图

纵 77 厘米　横 139 厘米

纸本　立轴

丁巳年（1737）作

钤印：黄慎

乾隆丁巳年
重陽

黄慎（1687—1772）的花鸟画题材甚为广泛。师法徐渭，继承其大写意的花鸟画风，且又具有自己疏狂的个性。此《游鸭图》作于乾隆丁巳年（1737），构图简洁，设色淡雅，墨笔芦苇，枝叶劲挺。几只游鸭姿态各异，戏于水中，水墨氤氲。笔态洗练劲爽，恣肆豪放。整幅画作意到笔精，神韵潇洒，极具艺术情趣。

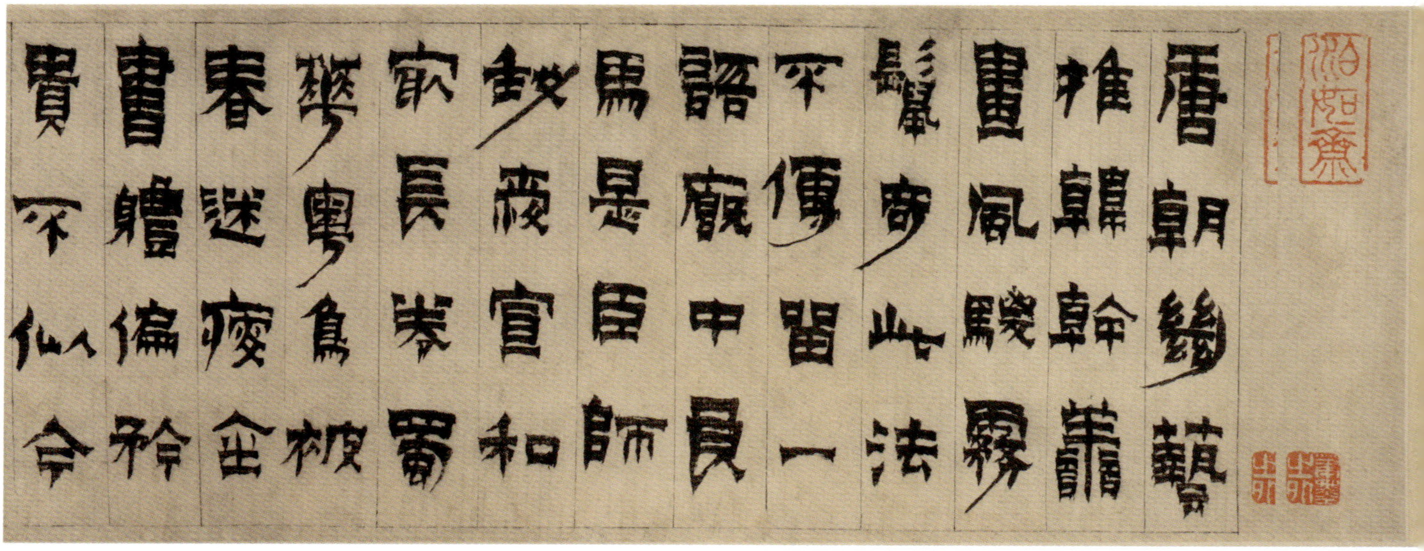
唐朝鞍韉
推韓幹蕭
畫風騣霧
鬣寄此法
不傳留一
語廄中員
馬是臣師
欽夜宣和
家長卷圖
殘粵鳥被
春迷瘦金
書體偏矜
貴不似今

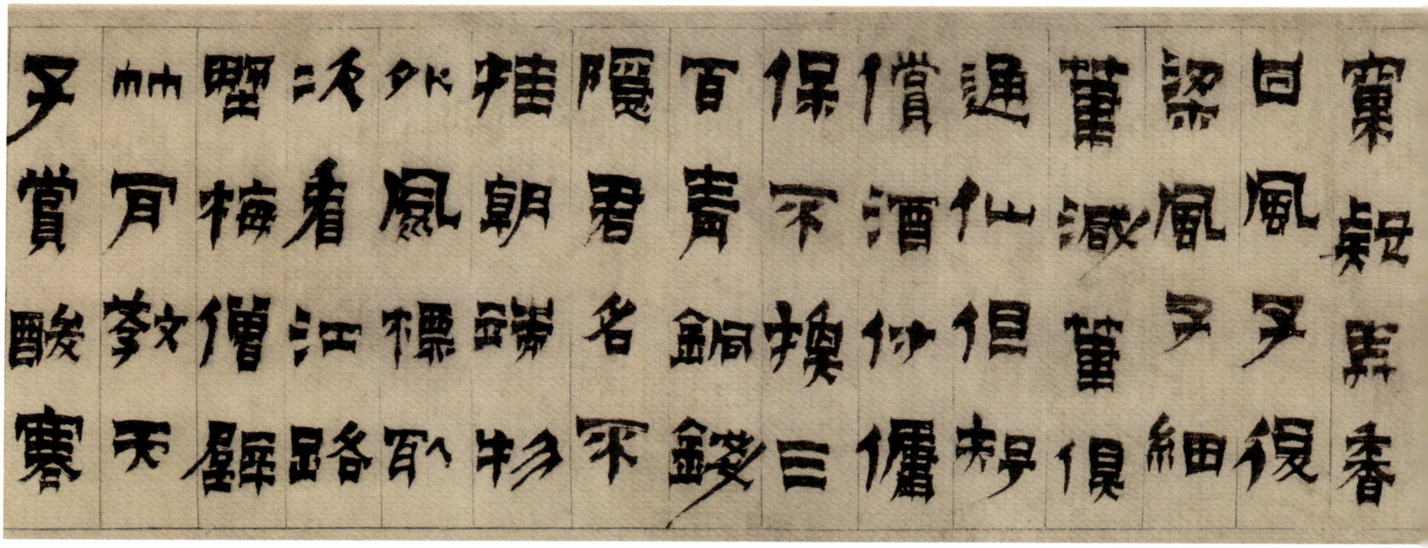
寫疑異香
回風子復
梁風子細
筆減筆俱
通仙但恐
償酒伊儔
保不換已
百青銅錢
隱君名不
掛朝端物
外風標耶
泛看江路
野梅僧屏
艸月數天
子賞酸寒

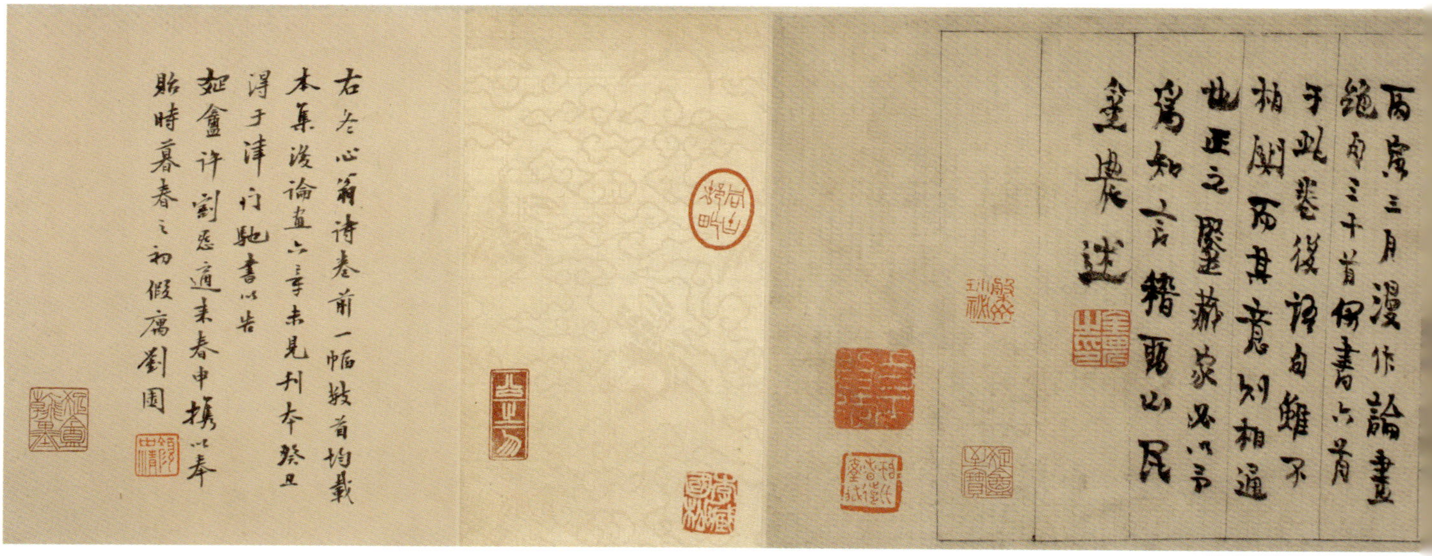
丙寅三月漫作論畫
絕句三十首附書六首
于此卷後詩句雖不
相關而其意則相通
也正之鑒藏家必以予
為知言稽留山民
金農述
右冬心翁詩卷前一幅缺首句載
本集後論畫六章未見刊本癸丑
得于津門馳書以告
拙盦許劉忍道來春申攜以奉
貽時暮春之初假廬劉園

金农

自书诗卷

纵 17 厘米　横 144 厘米

纸本　手卷

丙寅年（1746）作

钤印：金农之印

金冬心自書詩卷

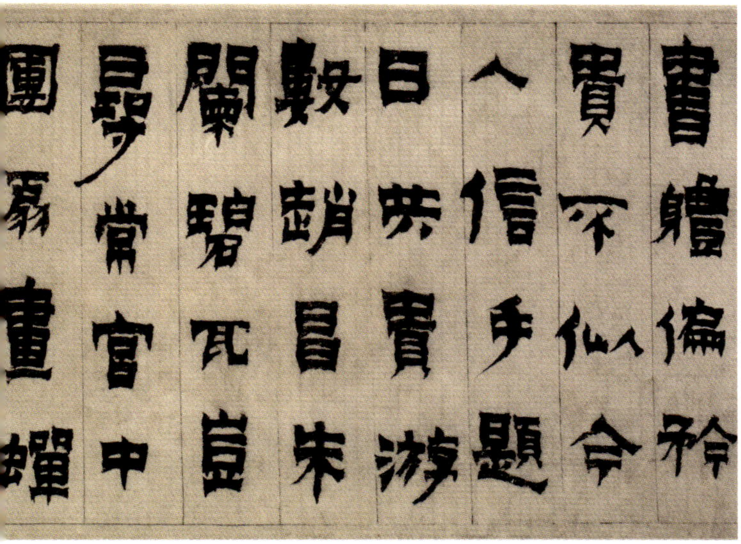

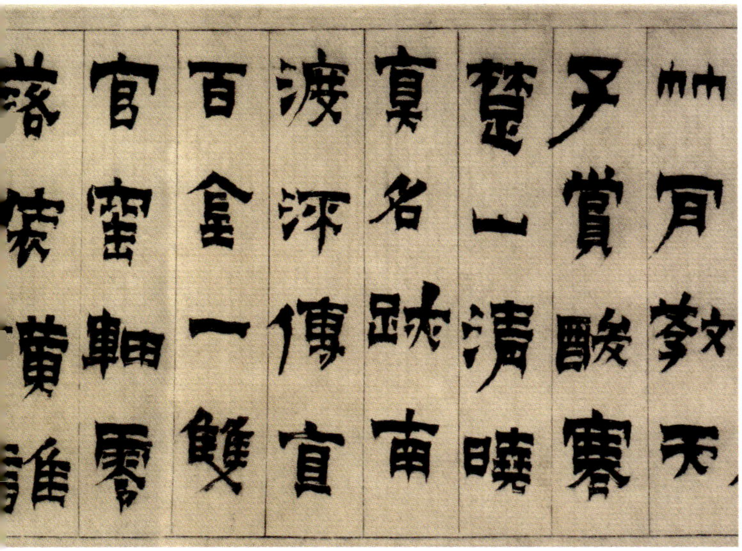

金农（1687—1763），字寿门、司农、吉金，号冬心先生、稽留山民、曲江外史、昔耶居士、寿道士等，浙江钱塘人，晚寓扬州，“扬州八怪”之一。工于诗文书法，诗文古奥奇特，并精于鉴别。书法创扁笔书体，兼有楷、隶体势，时称“漆书”。五十三岁后才工画。其画造型奇古，善用淡墨干笔作花卉小品，尤工画梅。

金农独创的“漆书”，是一种特殊的用笔用墨方法，所用的毛笔像扁平的刷子，用浓墨行笔，只折不转，像用刷子刷漆一样。他的隶书取法汉《西岳华山庙碑》及《天发神谶碑》，复参以北魏楷体，结体笔画带方扁之势，拙朴端严。此《自书诗卷》用笔醇厚朴实，结构严谨而富于变化，因字取势。在结字造型上或扁或长，或大或小，或松或紧，不计工拙，字法奇古，笔势雄浑，以字形的大小、横直及笔画的粗细相间、参差的长撇，使字与字、行与行的黑白产生种种变化，俨正而又灵动。后有颜世清跋。此卷曾经民国著名藏书家李国松所藏。

郑板桥

楷书 麻姑仙坛记

纵 101 厘米 横 47 厘米

绫本 立轴

钤印：郑风子 七品官耳 樗散

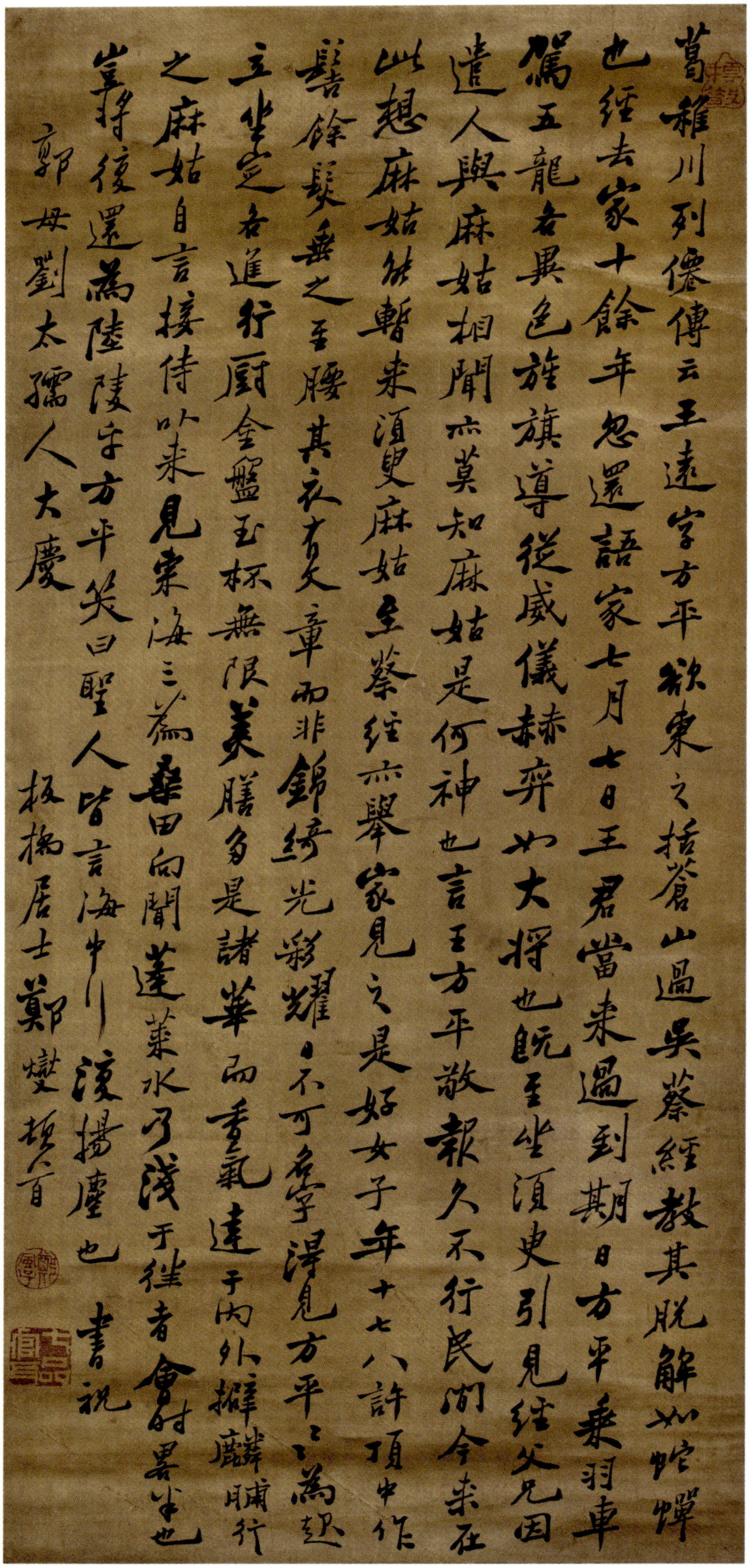

郑板桥（1693—1766），原名郑燮，字克柔，号理庵，又号板桥，人称板桥先生。江苏兴化人，祖籍苏州。曾官山东范县、潍县县令。后客居扬州，以卖画为生，为扬州画派重要代表人物。善画兰、竹、石。工书，用隶体掺入行楷，自称“六分半书”，人称“板桥体”。著有《郑板桥集》。

此文节选自《麻姑仙坛记》，略有删改。行文中将《神仙传》误作《列仙传》、“年十八九许”作“年十七八许”、脱“言”字；由此可知，此文为郑板桥背文改写，某种程度上反映了他对颜真卿《麻姑仙坛记》多有研习。以“脱解”代“尸解”的写法反映了他尊重社会礼俗，因地制宜地回避了寿诞中禁忌用语。整幅行笔运锋看似精心布置，却又浑若天成。笔法中既有楷书的工稳谨严，又有行书的俊朗秀逸；既有隶书的古茂厚重，又有草书的潇洒不羁，具“出尘之表”。上款郭母刘太孺人为山东潍县名绅郭伟业、郭伟勣之母。

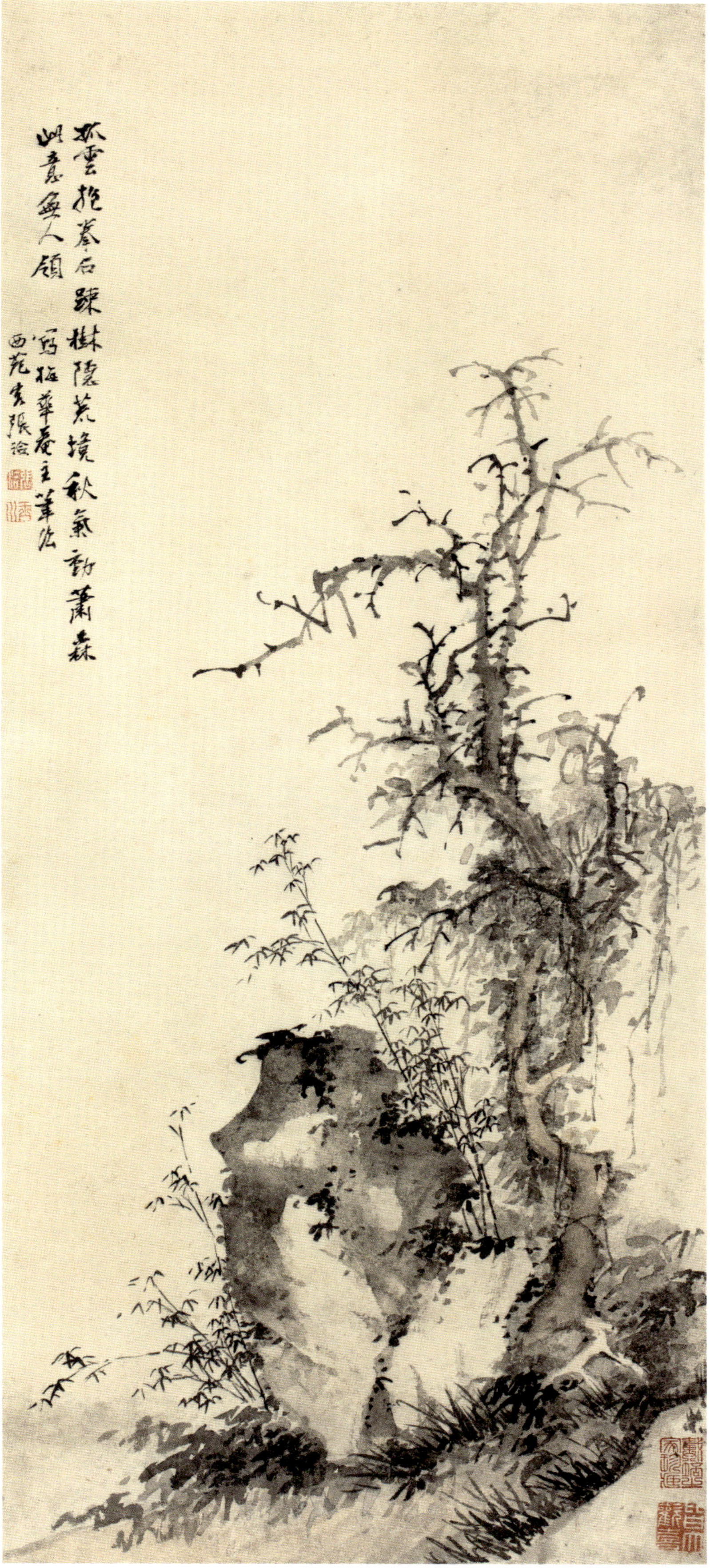
孤雲抱拳石
踈林隱荒境
秋氣動蕭森
此意無人領

张洽

枯木竹石图

纵71厘米 横31厘米

纸本 立轴

钤印：张洽 玉川 皆大欢喜

张洽（1718—1799），字月川，一字玉川，又字在阳，号圆光道士，又号青篛古渔，吴县（今江苏苏州）人，一作浙江人，或作武进（今江苏常州）人。张宗苍族子。善山水，得其法。

此图系画家仿吴镇《枯木竹石图》（现藏台北故宫博物院）之作。取吴镇湿笔画法，舍其宽墨，绘枯木幽篁，拳石疾草，笔法萧疏劲逸、姿致翩翩。与吴镇原作之豪迈率略相较，张洽此作略显气格稍小，却也与其题诗“孤云抱拳石，踈林隐荒境。秋气动萧森，此意无人领”相得益彰。

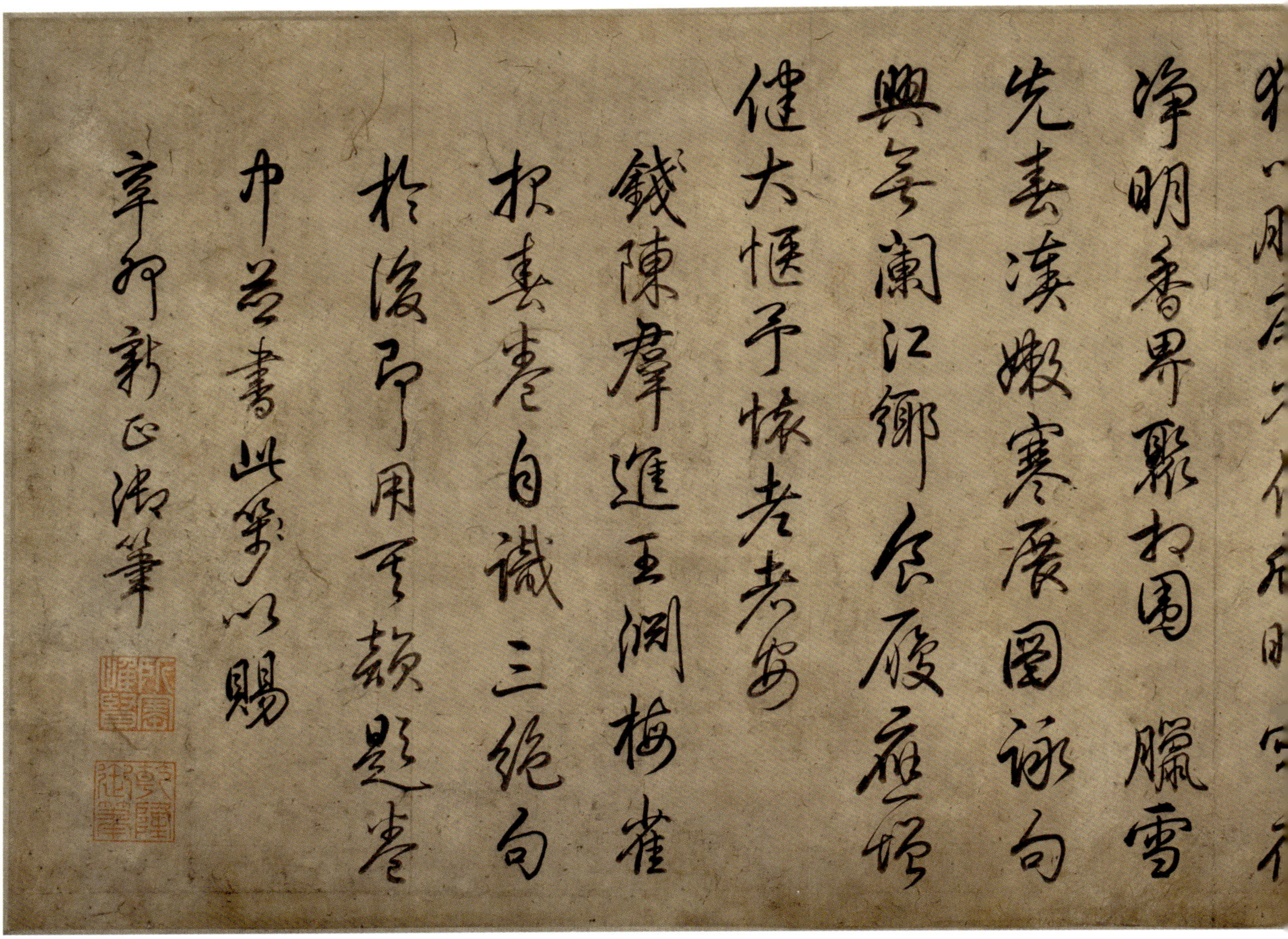
淨明香界聚羽圍　臘雪
先春溪嫩寒展圖詠句
與氣蘭江鄉合履庭語
健大愜予懷老者安
錢陳羣進王渕梅雀
報春卷自識三絕句
於後即用其韻題卷
并為書此箋以賜
辛卯新正御筆

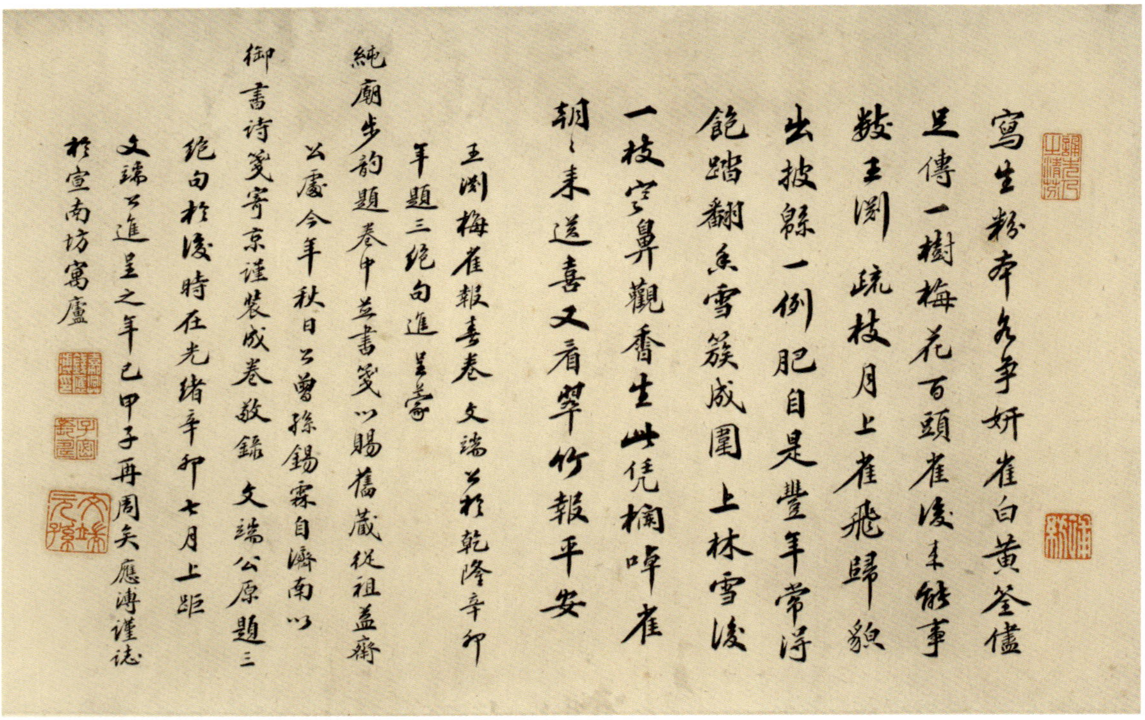
寫生粉本各爭妍雀白黃筌儘
足傳一樹梅花百頭雀淩未能事
數王渕　疏枝月上雀飛歸貌
出披緜一例肥自是豐年常浮
飽踏翻殘雪簇成圍　上林雪後
一枝空鼻觀香生此凭欄啅雀
朝朝來送喜又看翠竹報平安
王渕梅雀報春卷　文端公於乾隆辛卯
年題三絕句進呈蒙
純廟步韻題卷中並書箋以賜舊藏從祖益齋
公處今年秋日公曾孫錫霖自濟南以
御書詩箋寄京謹裝成卷敬錄　文端公原題三
絕句於後時在光緒辛卯七月上距
文端公進呈之年已甲子再周矣應溥謹誌
於宣南坊寓廬

乾隆帝

乾隆帝御赐钱陈群行书

纵 26 厘米　横 53 厘米

纸本　手卷

辛卯年（1771）作

钤印：所宝惟贤　乾隆御笔

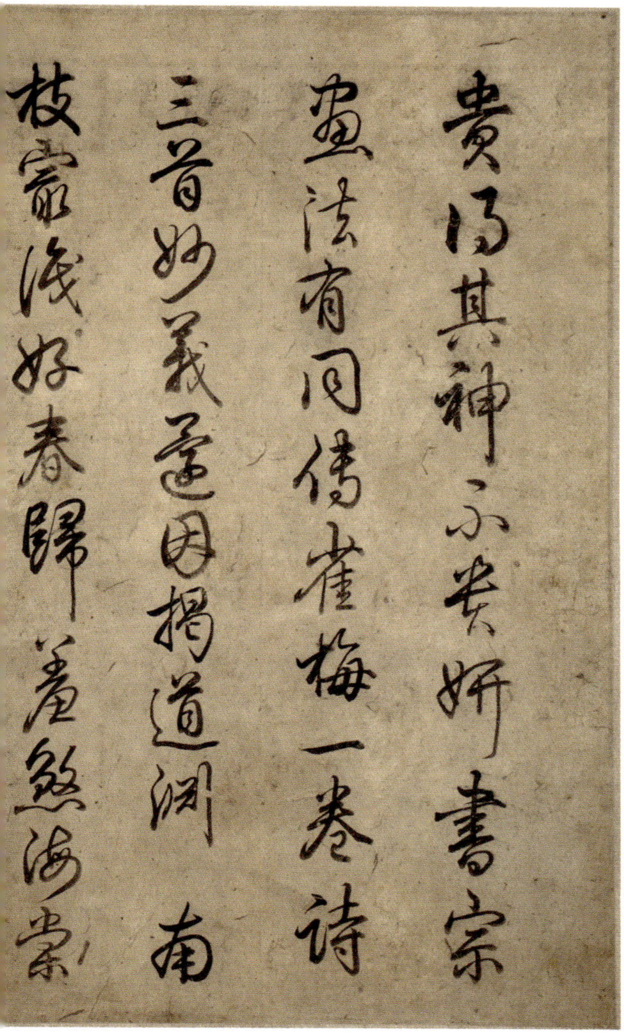

乾隆帝（1711—1799），清朝第六位皇帝，定都北京之后的第四位皇帝，是中国历史上实际执掌国家最高权力时间最长的皇帝，也是最长寿的皇帝。擅山水、花草、兰竹、梅花、折枝，喜用董其昌笔法，作平远小景，书学赵孟頫，功力深厚，圆润飘逸。

此御制诗卷以二王为宗，深得赵孟頫精髓，体现了赵体书风的圆润、柔美特点，通篇布局规整，章法严谨，行间字距匀称，字体结构大方舒朗、飘逸劲健，是亲笔之作。从卷后钱陈群后人钱应溥题跋可知，乾隆帝因钱陈群进献王渊《梅雀抱春图》卷而作此御笔行书手卷，见证了君臣之间的一段佳话。王渊《梅雀报春图》卷著录于《石渠宝笈三编》，御制诗著录于《御制诗三集》卷九十三。

闵贞
人物

纵164厘米　横88厘米

纸本　立轴

钤印：闵贞　正斋　蓼塘居士

闵贞（1730—1788），字正斋，江西南昌人，“扬州画派”画家，人物画题材广泛，功力深厚。早期以工笔入手，夯实基础，后期逐渐发展成大写意，故而其人物画分细笔和粗笔两种，前者工谨妍丽，后者笔墨奇崛。

此作充满笔情墨趣，耐人寻味。人物面部细笔勾勒，淡色晕染，眼窝、鼻翼交待清晰，眉目生动。衣纹线条粗放顿挫，以墨为主，墨线相融，用笔随意但不随便，简淡中不失法度，有泼墨，有虚勾实染，有渴笔急走，有大幅度的湿笔淡墨，甚或线条边界模糊，与墨色晕染为一体，格外增添线条凝重感外的拙趣，极富动感。这种对“用墨”的艺术探求，对墨与线的丰富处理，是闵贞独特的艺术魅力，奔放之余不乏柔媚，体现极强的笔墨操控力。

整部画作笔墨沉雄，气正神完，唯梅干、胡须等寥寥几处以重墨点缀。惜闵贞不善诗文，题跋甚少。他的这种画风，极大影响和启发了后世的任渭长、任伯年以及民国王一亭等画家。

罗聘

婴戏图

纵110厘米 横50厘米

纸本 立轴

钤印：罗聘 两峯画记 方氏白莲 两峯之妻

罗聘（1733—1799），“扬州八怪”之一，字遯夫，号两峰，又号衣云、花之寺僧、金牛山人等，为金农入室弟子。其妻方婉仪，字白莲，亦擅画梅兰竹石，二人情趣相投。此作下笔纤细简洁，用色明快，准确描绘儿童嬉戏瞬间，场景清新活泼，极富生活趣味。

泰州宫本昂兄弟，晚清著名收藏家、鉴赏家，仅一千余扇面就编有《书画扇存》六集。宫本昂与无锡廉泉为亲戚，又同好收藏书画，引为知己。廉泉，字惠卿，自号南湖，又号小万柳居士，曾于杭州西湖与上海曹家渡两处，先后建“小万柳堂”。在宫本昂殁后，廉泉与吴芝瑛夫妇接收他很多藏品，但廉泉晚年因生活窘迫，资产易主，部分藏品亦流散。

鉴藏印：“小万柳堂”“南湖鉴藏”、“泰州宫氏珍藏”“廉泉审定”。

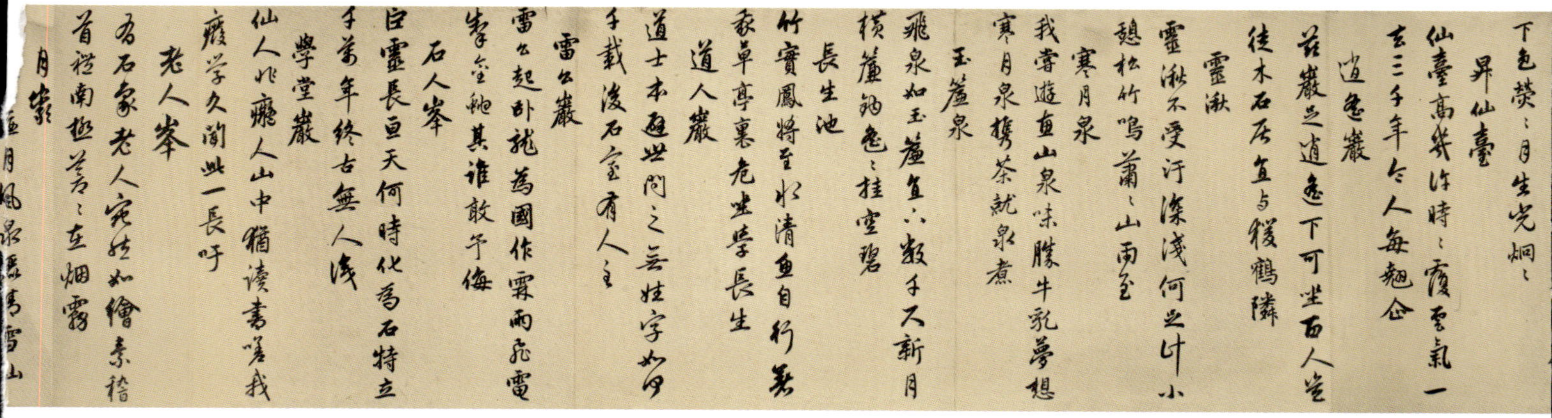
下色熒々月生光炯々
昇仙臺
仙臺高幾許時々霞雲氣一
去三千年々人每翹企
逍遙巖
茲巖之逍遙下可坐百人坐
徒木石居宜与猨鶴隣
靈湫
靈湫不受汙深淺何足計小
憩松竹鳴蕭々山雨至
寒月泉
我嘗遊直山泉味勝牛乳夢想
寒月泉攜茶就泉煮
玉簾泉
飛泉如玉簾直下數千尺新月
橫簾鉤彎々挂空碧
長生池
竹實鳳將至水清魚自行焉
秋草亭裏危坐學長生
道人巖
道士本避世問之忘姓字如
千載後石室有人主
雷公巖
雷公起卧龍為國作霖雨飛電
掣金鞭其誰敢予侮
石人峯
宛靈長亘天何時化為石特立
千萬年終古無人識
學堂巖
仙人非癡人山中猶讀書嗟我
廢學久謝此一長吁
老人峯
南石象老人宛然如繪素稽
首禮南極蒼々在烟霧
月巖

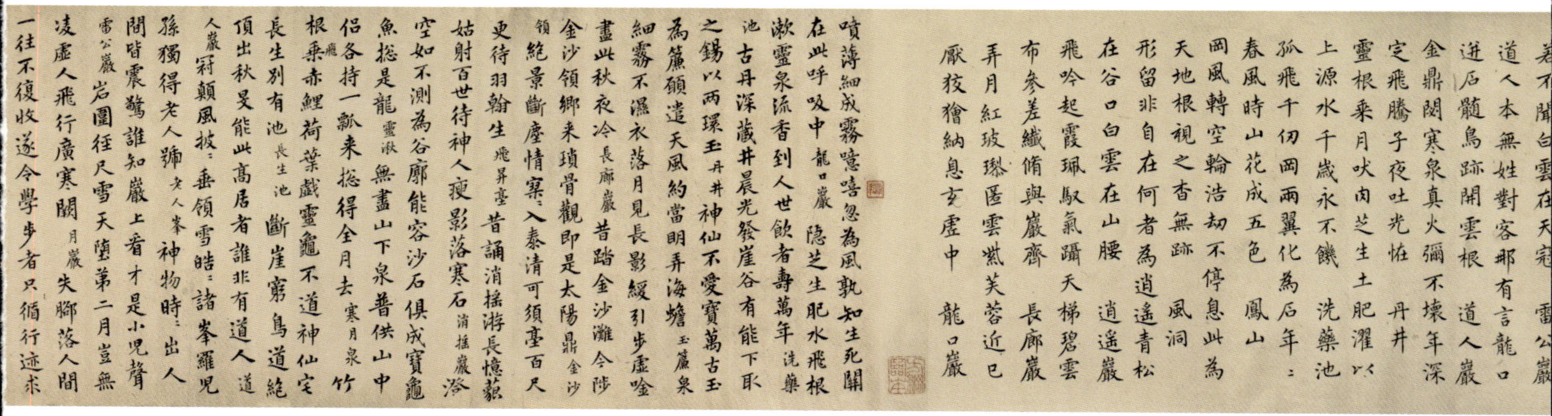
道人本無姓對客那有言龍口
迸石髓鳥跡開雲根　道人巖
金鼎閟寒泉真火彌不壞年深
定飛騰子夜吐光怪　丹井
靈根乘月吠肉芝生土肥濯以
上源水千歲永不饑　洗藥池
孤飛千仞岡兩翼化為石年々
春風時山花成五色　鳳山
岡風轉空輪浩劫不停息此為
天地根視之杳無跡　風洞
形留非自在何者為逍遙青松
在谷口白雲在山腰　逍遙巖
飛吟起霞珮馭氣躡天梯碧雲
布參差纖脩與巖齊　長廊巖
弄月紅玻瓈匿雲紫芙蓉近巳
厭狡獪納息玄虛中　龍口巖
噴薄細成霧噫嘻忽為風孰知生死關
在此呼吸中 龍口巖 隱芝生肥水飛根
漱靈泉流香到人世飲者壽萬年 洗藥
池 古丹深藏井晨光發崖谷有能下取
之錫以兩環玉 丹井 神仙不愛寶萬古玉
為簾頎遺天風約當明弄海蟾 玉簾泉
細霧不濕衣落月見長影緩引步虛唫
畫此秋夜冷 長廊巖 昔踏金沙灘今陟
金沙領鄉來瑣骨觀即是太陽鼎 金沙
領 絕景斷塵情寥々入泰清可須臺百尺
吏待羽翰生 飛昇臺 昔誦消搖游長憶藐
姑射百世待神人瘦影落寒石 消搖巖 濬
空如不測為谷廓能容沙石俱成寶龜
魚總是龍 靈湫 無盡山下泉普供山中
侶各持一瓢來總得全月去 寒月泉 竹
根乘飛赤鯉荷葉戲靈龜不道神仙宅
長生別有池 長生池 斷崖窮鳥道絕
頂出秋旻能此高居者誰非有道人 道
人巖 冠顛風披々垂領雪皓々諸峯羅兒
孫獨得老人號 老人峯 神物時々出人
間皆震驚誰知巖上看才是小兒聲
雷公巖 岩圍徑尺雪天墮第二月豈無
凌虛人飛行廣寒闕 月巖 失腳落人間
一往不復收遂令學步者只循行迹求

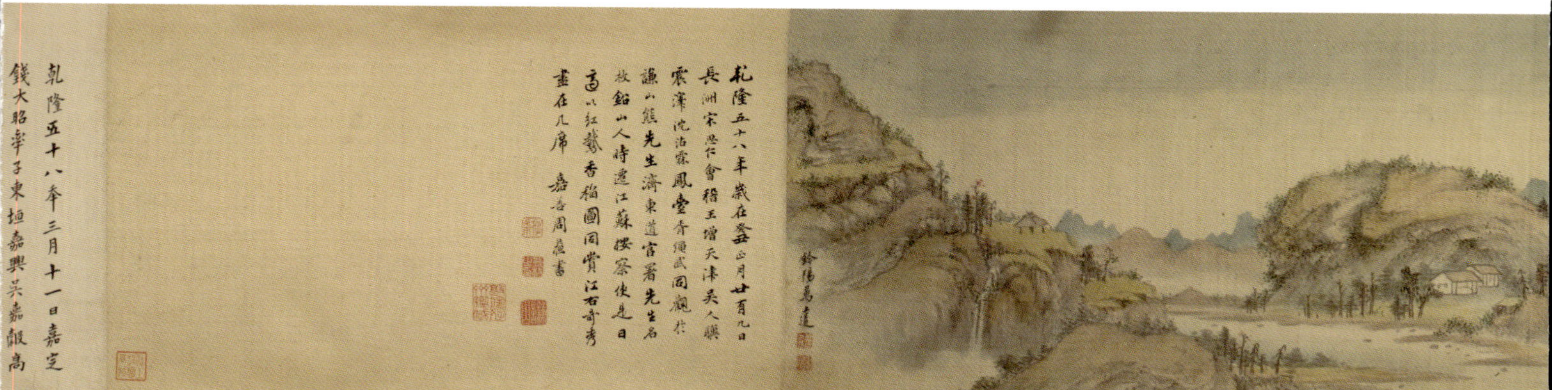
乾隆五十八年歲在癸丑正月廿有九日
長洲宋思仁會稽王增天津吳人驥
震澤沈治霖鳳臺秦瀛武同觀於
謙山熊先生濟東道官署先生名
枚鉊山人時遷江蘇按察使是日
适以紅藕香稻圖同賞江右奇秀
畫在几席
乾隆五十八年三月十一日嘉定
錢大昭率子東垣嘉興吳嘉猷高

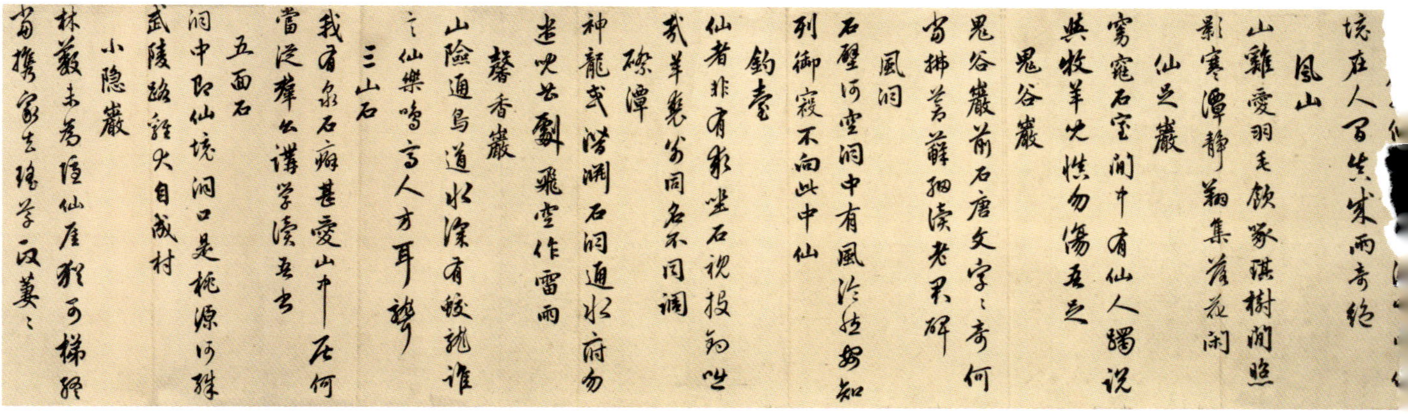
鳳山
山雞愛羽毛飲啄湛樹間照影寒潭靜翁集落花閑
仙之巖
窮窿石室間中有仙人獨說與牧羊兒性勿傷吾之
鬼谷巖
鬼谷巖前石唐文字字奇何當拂苔蘚細讀老君碑
風洞
石壁何空洞中有風冷然知列御寇不向此中仙
釣臺
仙者非有形坐石視投釣此哉羊裘翁同名不同調
磔潭
神龍或潛淵石洞通水府勿達吹芒劍飛空作雷雨
馨香巖
山險通鳥道水深有蛟龍誰之仙樂鳴高人方耳聽
三山石
我有點石癖甚愛山中石何當從舉公講學讀吾書
五面石
洞中即仙境洞口是桃源何殊武陵路鷄犬自成村
小隱巖
林藪未為隱仙崖猶可梯

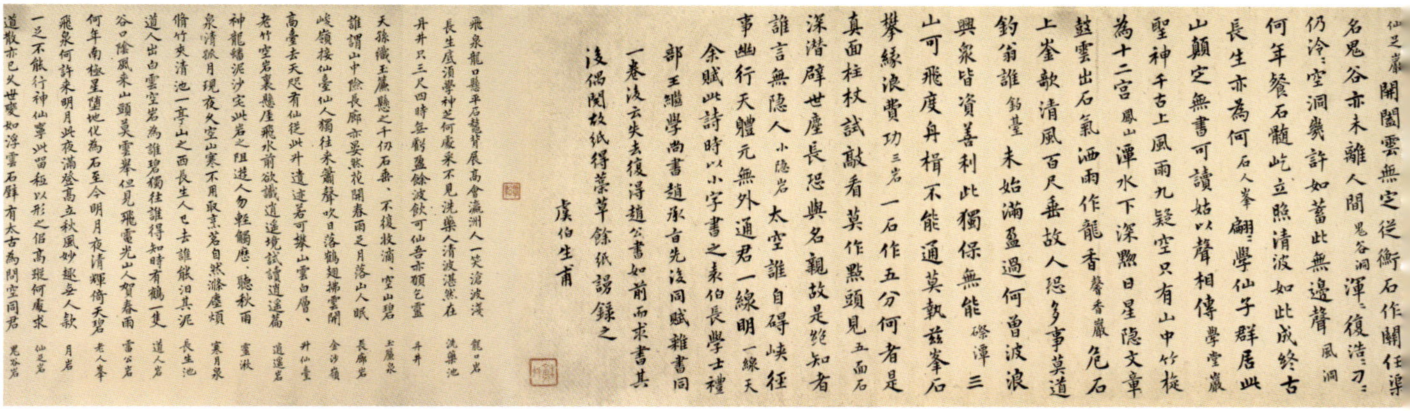
開闔雲無定從衡石作關任渠名鬼谷亦未離人間 鬼谷洞
渾渾復浩浩刁刁仍泠泠空洞幾許如蓄此無邊聲 風洞
何年餐石髓屹立照清波如此成終古長生亦為何 石人峯
翩翩學仙子群居此山顛定無書可讀姑以聲相傳 學堂巖
聖神千古上風雨九疑空只有山中竹旋為十二宮 鳳山
潭水下深黝日星隱文章鼓雲出石氣洒雨作龍香 馨香巖
危石上崟嵚清風百尺垂故人恐多事莫道釣翁誰 釣臺
未始滿盈過何曾波浪興衆皆資善利此獨保無能 磔潭
三山可飛度舟楫不能通莫執茲峯石攀緣浪費功 三岩
一石作五分何者是真面柱杖試敲看莫作點頭見 五面石
深潛辟世塵長恐與名親故是絕知者誰言無隱人 小隱岩
太空誰自碍峽徑事幽行天體元無外通君一線明 一線天
余賦此詩時以小字書之袁伯長學士禮部王繼學尚書趙承旨先後同賦雜書同一卷後云失去復得趙公書如前而求書其後偶閱故紙得藁草餘紙謾錄之
虞伯生甫
飛泉龍口懸平石龍背展高會瀛洲人一笑滄波淺 龍口岩
長生底須學神芝何處采不見洗藥人清波湛然在 洗藥池
丹井只三尺四時無虧盈餘波飲可仙吾亦頗乞靈 丹井
天孫織玉簾懸之千仞石垂垂不復收滴滴空山碧 玉簾泉
誰謂山中險長廊亦晏然花開春雨足月落山人眠 長廊岩
峻嶺接仙臺仙人獨往來蕭聲吹日落鶴翅拂雲開 金沙嶺
高臺去天咫有仙從此升遺迹若可攀山雲白層層 升仙臺
老竹空岩裏懸崖飛水前欲識逍遙境試讀逍遙篇 逍遙岩
神龍蟠泥沙宅此岩之阻遊人勿輕觸應聽秋雨 靈湫
泉清孤月現夜久空山寒不用取烹茗自然滌塵煩 寒月泉
脩竹夾清池一亭山之西長生人已去誰能汩其泥 長生池
道人出白雲空岩為誰碧獨往誰得知時有鶴一隻 道人岩
谷口陰風來山頭黑雲舉但見飛電光山人賀春雨 雷公岩
何年南極星墮地化為石至今明月夜清輝倚天碧 老人峯
飛泉何許來明月此夜滿登高立秋風妙趣無人欵 月岩
一足不能行神仙寧此留秪以形之侶高蹤何處求 仙足岩
道散亦已久世變如浮雲石壁有太古為問空同君 鬼谷岩

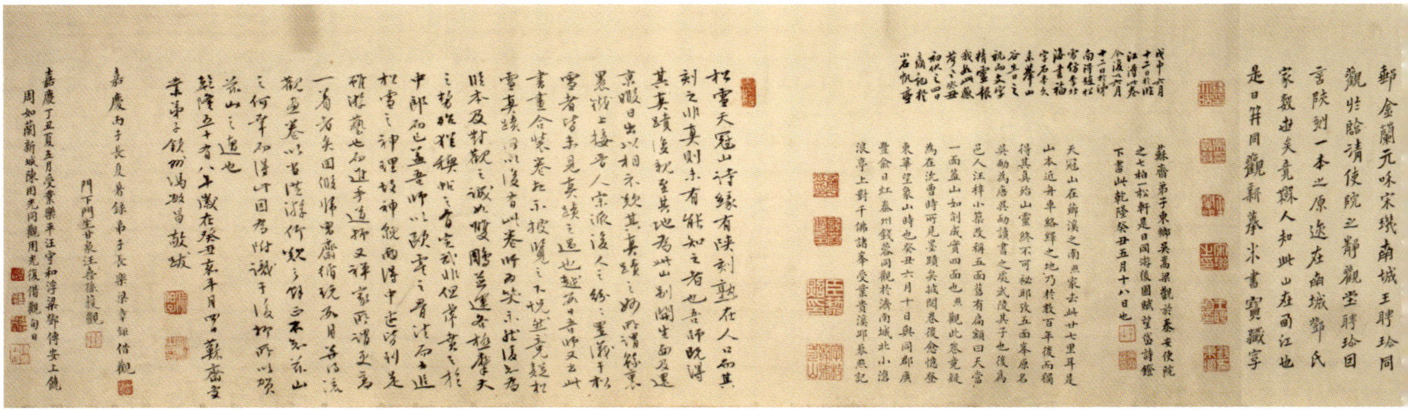

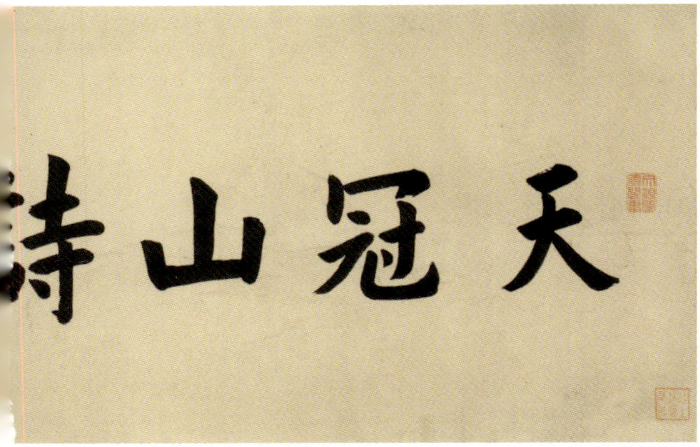
天冠山詩

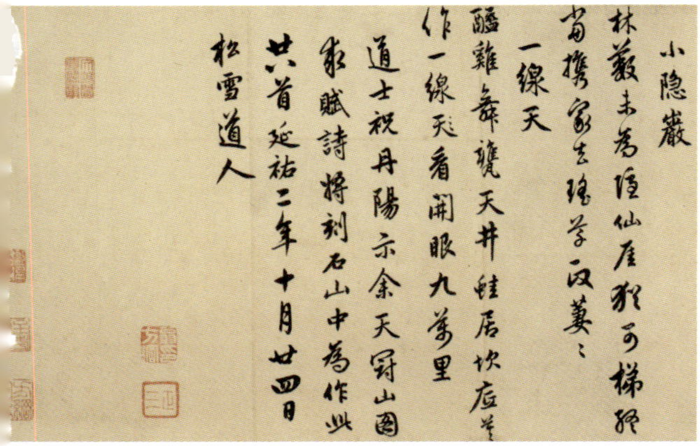

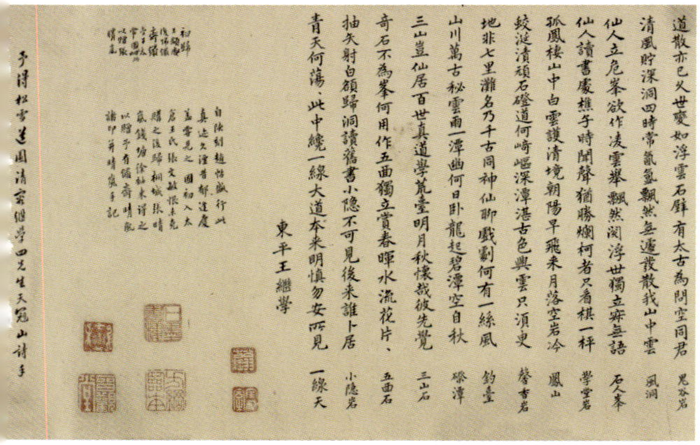

翁方纲、万上遴

天冠山诗画合卷

纵 28 厘米 横 1360 厘米

纸本 绢本 手卷

钤印：万上遴印 殿卿 辋冈 苏米斋 大雅 长毋相忘 曾观堂 翁方纲覃溪 江西督学使者 翁方纲印 正三 主考两江 方纲临本 文渊阁直阁事 诗境 覃溪 苏斋 宝苏室

翁方纲（1733—1818），字正三，一字忠叙，号覃溪，晚号苏斋，顺天大兴（今北京大兴区）人。官至内阁学士。精通金石、谱录、书画、词章之学。书法与刘墉、梁同书、王文治齐名。著有《粤东金石略》《苏米斋兰亭考》《复初斋诗文集》《小石帆亭著录》等。

万上遴（1739—1813），字殿卿，号辋冈，江西分宜人。曾任清宫画院待诏，善山水，也能指墨作梅。

此卷为翁方纲摹写其收藏的《元赵松雪、袁清容、虞道园、王继学四先生题咏信州天冠山图诗墨迹》（下文简称《墨迹》），不具其个人风格。万上遴所绘天冠山图，笔法清苍雅俊，水墨淋漓。此卷隔水、拖尾等处具翁方纲题跋 10 余处，跋文书体多为苏体，为翁氏书法本来面目，其内容亦有极高的学术价值。跋文中，翁氏明确了《墨迹》的来源、收藏时间、地点及流传递序；并将其作为鉴定赵孟頫书法的标尺，以此考订陕西石刻赵孟頫《天冠山诗》为伪刻，同时实地考察天冠山，以为佐证；另外，翁氏在南昌亲手摹刻《墨迹》，而此本未见传世。

畫合卷

此山妙蹟四百年而始見真此卷五年而始裝就

元趙松雪袁清容寘道圖王繼學四先生題詠信州天寶山圖詩墨迹

因得此蹟適遊此山併寫此圖合裝此卷

天寶山題詠

龍口巖

峭石立四壁寒泉飛雨龍人間昔炎熱仙山已秋風

洗藥池

真人栖隱處洗藥有清泚金丹要沐浴玉水自生肥

錬丹井

丹成神仙去井冽寒泉甘美無比倫華池咽玉液

長廊巖

脩巖如長廊下有流泉注山中古仙人步月自來去

乙酉初春於廣州見松雪著色小畫絹左方小行楷延祐處年處月子昂一行神光圓瑩小憾章不能得之時時入我夢寐逾廿二年乃得此卷實香偎風瀨耶 石笑書屋記

春見趙蹟輙舉此句證之所謂龍見仙人聽吹玉笛者矣

山鬼小兒是木精游女神據會學真隱下視飛花塵 小隱巖

深睡失明珠猫走飛流涎松花卷軒雨滴〻百重泉 馨香巖

露盤下金薤雲笈流珠纓泠〻寒巖下猶有嬰兒聲 學堂巖

縱横太古石短長千歲藤感彼巖居子獨飲古澗冰 鬼谷巖

寂〻入太清金門繚紫垣或云有官府徹誦五千言 昇僊臺

垂綸落澄潭小魚儵然來大魚引之去釣石何崔嵬 釣臺

茲山可容天舉世皆笑之我不答此語皷腹支弄頤 一線天

分一只成五〻石各有一誰能據其上面〻不相失 五面石

曉汲寒泉清明月各在缶〻空不見月引水復在手 寒月泉

金沙雖爲貴履之傷我足愧彼側布人欲獲無量福 金沙嶺

飲水人已去山中多白頭青蘋空淺處時見玉蟾浮 長生池

高帽側聱〻秀領深重〻積此太古雪遂名老人峰 老人峯

三山不可度絶壁峙書堂流水日浩〻太極彌茫〻 三山石

沉〻無底谷央〻太古雲杰日焦下土老蛟眠不聞 磜潭

截玉作明簾不知簾外事應有碧眼僊隔簾見人至 玉簾泉

飡玉未得法變形成楚囚九轉乞換骨三沐期黜頭 石人峰

山深猿狖驚瞬息下神步空飛本無蹤長嘯上天去 仙足巖

顧蒐樂嬉遨入地不得騁化爲

鄭君小字季門人也時自南昌之貴溪任子託為繪圖屬為生敷飾燕染成積表而鄭君復始跋山中屢屬請題字寄至南昌其祝丹陽求四先生賦詩數當時不果刻茲今見廣信府志載錄趙詩而脩志者初未嘗辨正陳刻之誣則其詩名非淸自陳西石本而此山中舊有傳本亦不知其餘石刻僅存者小隱巖室和七年乙巳二月廿三日鄭君張季洪副父一段文六多湘仙之舉魯國陳成父朱子後胡子儀韓伯父盛父錢法寬凡之古申是日謁象山遊真巖紫杜道香黃花昔來舉杯相屬尚羊竟日始分攜筆以記歲月時紹定壬辰季秋既望金沙嶺側石上云甲戌四月己巳宣城王昌留題不可盡辨一線天嘉靖乙丑雪谷山人江休詩小隱巖又有嘉靖乙丑鄧渊史已卯詩又金沙之巔四字五面奇峯四字小隱巖飛仙臺一線天諸大字飛仙臺字極大尤佳其他題字不閱此卷者不坐記僅錄其概以志靈境墨緣云尓

乾隆戊申仲冬十日書於谷園書屋

此帖予手摹刻於南昌吳板寄許生家乙卯春許生北來乃證朙此事五月朔記

什是圖之明年春二月二日始遊薜山枝春寺之中家高者一線天也蕭削峙者五面石也彎厂者小隱巖也長廊之橫迤月巖之中處鳳山之軒者皆指而可識不煩題記祝道人之圖分幅而合則全山也四先生之什遠題而合則目見也拙詩并跋錄於蕭卷蕭不具書

袁耀

猎马带禽归

纵 202 厘米　横 92 厘米

绢本　立轴

钤印：昭道士

袁耀（约活动于18世纪中期），字昭道，清代江都（今江苏扬州）人，工于山水楼阁界画，继承了唐宋及明代仇英青绿山水的画法。笔墨严整工细，设色艳丽浓郁，与袁江同为清代界画代表人物。

“猎马带禽归”出自唐代诗人王绩的作品《野望》，此画山势凌动，讲究虚实变化，细部繁而不乱，视线可随人物、景物游动，韵律尽显，加上界画楼房，精细入微，使整体动中带静，是为袁耀典型之作。

余集

拟唐寅仕女图

纵 154 厘米　横 89 厘米

纸本　立轴

钤印：余集

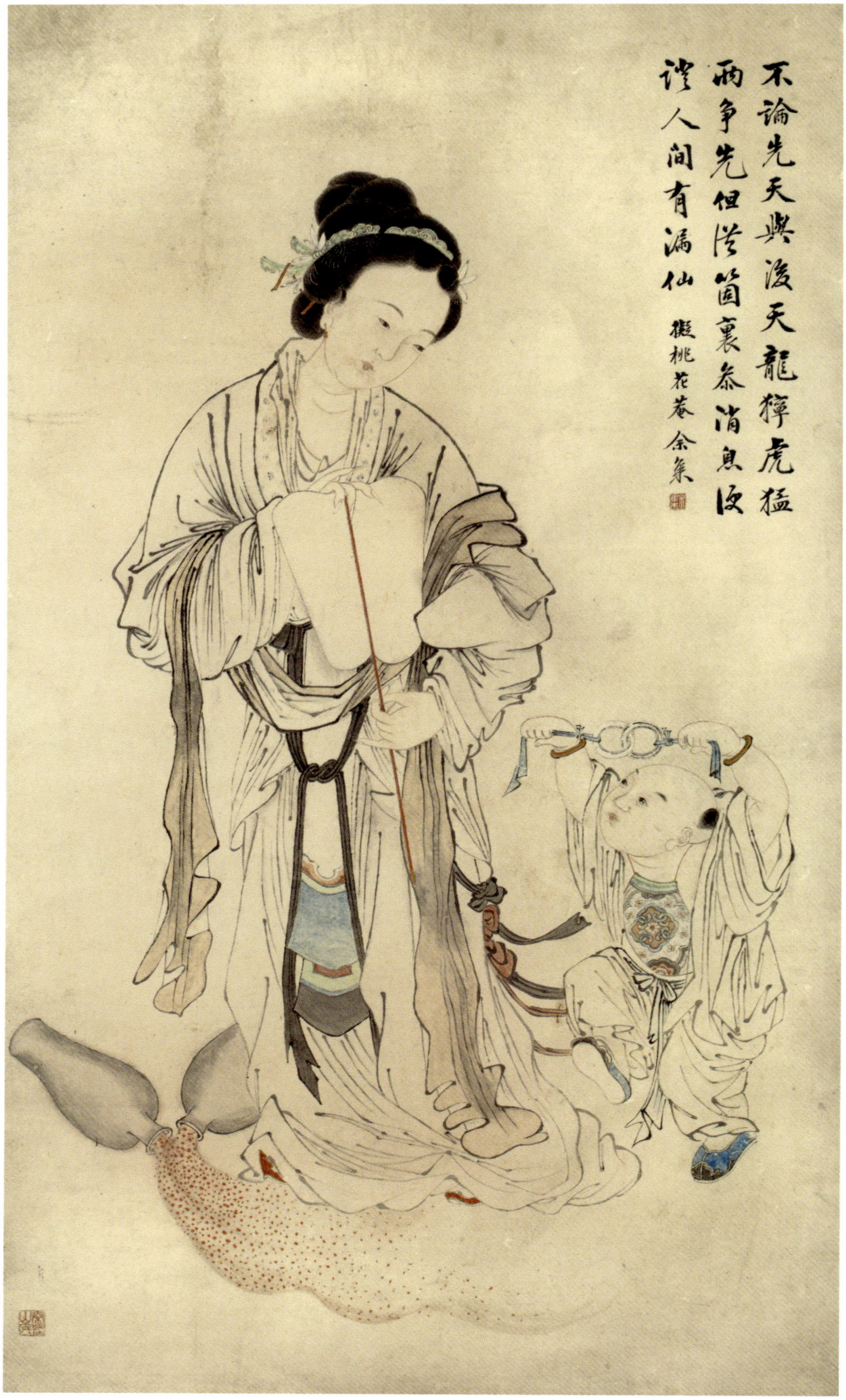
不論先天與後天龍獰虎猛
兩爭先但從箇裏參消息須
證人間有漏仙
擬桃花菴 余集

余集（1738—1823），字蓉裳，号秋室，又号秋室居士。浙江杭州人。室名忆漫庵。乾隆三十一年（1766）进士，乾隆三十八年（1773）授翰林院编修，山水秀逸别致，尤擅人物，所作仕女有余美人之誉。著有《忆漫庵剩稿》《秋室诗钞》《历代画史汇传》等。

此轴笔法流丽，刚柔并济，有曹衣吴带之妙，运笔流畅熟练，线条利落具节奏感。

张赐宁

山涧草阁

纵 181 厘米　横 66 厘米

纸本　立轴

壬戌年（1802）作

钤印：张赐宁印

张赐宁（1743—1817），字坤一，号桂岩、十三峰老人、富春山樵、北海外史，沧州（今河北沧县）人。初游幕于江南，后官通州管河州判，晚年侨寓维扬（今江苏扬州），山水、人物、花鸟、墨竹，无所不工。笔墨爽健，苍秀浑厚，超然拔俗，不拘旧法，气魄沉雄，与罗聘齐名，雅近石涛，吴熙载、赵之谦、吴昌硕等都曾多次模仿其作品。

此轴笔墨精炼，布局奇美，画面洁净，布置经营讲究疏密轻重、错落呼应，苍秀浑厚中带有超然拔俗的艺术情趣。

伊秉绶

行书

纵 196 厘米　横 53 厘米

纸本　立轴

钤印：客子墨卿　秉绶之印

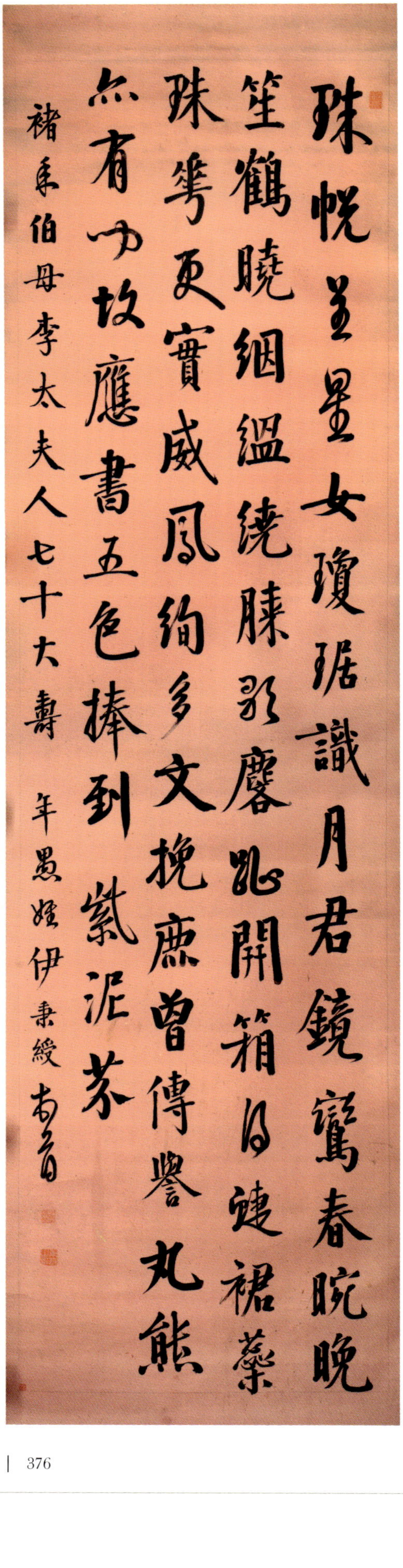

伊秉绶（1754—1815），字组似，号墨卿、墨庵、南泉、秋水、西湖长，福建宁化人。乾隆五十四年进士。官惠州、扬州知府。工书，尤精篆隶，精秀古媚。与邓石如并称大家。

此轴字体平正与奇肆相辅，体势疏朗流动，在雄浑古拙中又有一种清丽俊逸的气象，体现纵横阔大、古雅飘逸的独特魅力。整幅作品点画精到，生动传神。

石山晖

汉宫春晓图

纵175厘米　横99厘米

绢本　立轴

钤印：石山晖印　竹轩

石山晖（约光绪年间），资料无考。从此图看应在光绪年间，绘画风格承自界画大家袁江一路。《汉宫春晓图》设色艳丽，远处山峦叠嶂，近处庭院楼台掩映翠柳之中，以浩渺的江湖为背景，大有江山无尽之感。图中雄伟壮阔的山水与富丽堂皇的楼阁很好地融合在一起，既精细入微又气势磅礴，亭台与烟水刻画得极尽精细，各尽其美，又浑然一体，从而赋予了界画山水深远的意境和宏大的气势。

后 记

六十载披荆斩棘，一甲子砥砺奋进。

在天津市文物交流中心成立六十周年之际，广大干部职工始终肩负时代赋予的文化使命，充分利用库存文物优势，大力开展科研出版工作，编著《艺海撷珍——天津市文物交流中心文物精品集》，以兹纪念。

江山如有待，峥嵘气象开。希望这本文物精品集，能带领广大读者共同欣赏文物之美，探索文化之美，传递精神之美，深入挖掘文物本身的故事、文物所属历史阶段的故事，让文物“活起来”；能为文物工作者做好研究工作、提升学术能力创造良好条件。

保管部、业务中心的工作人员从库存文物商品中遴选精品，付出了大量辛勤工作；书画、陶瓷、玉石、杂项业务人员承担了文字编辑工作；其他部门的同志也以不同方式为本书出版做出了贡献；本书的出版得到了天津市文化和旅游局相关领导的支持与帮助，在此一并感谢！

编者

2021 年 12 月